生命科學系列經典

《大學》廣義

著

《禮記・大學》原文

　　大學之道，在明明德，在親民，在止於至善。知止而後有定，定而後能靜，靜而後能安，安而後能慮，慮而後能得。物有本末，事有終始。知所先後，則近道矣。

　　古之欲明明德於天下者，先治其國；欲治其國者，先齊其家；欲齊其家者，先修其身；欲修其身者，先正其心；欲正其心者，先誠其意；欲誠其意者，先致其知；致知在格物。

　　物格而後知至，知至而後意誠，意誠而後心正，心正而後身修，身修而後家齊，家齊而後國治，國治而後天下平。自天子以至於庶人，壹是皆以修身為本。其本亂而末治者否矣；其所厚者薄，而其所薄者厚，未之有也。此謂知本，此謂知之至也。

　　所謂誠其意者，毋自欺也。如惡惡臭，如好好色，此之謂自謙。故君子必慎其獨也。小人閒居為不善，無所不至。見君子而後厭然，掩其不善而著其善。人之視己，如見其肺肝然，則何益矣？此謂誠於中，形於外。故君子必慎其獨也。曾子曰：「十目所視，十手所指，其嚴乎！」富潤屋，德潤身，心廣體胖。故君子必誠其意。

　　《詩》云：「瞻彼淇澳，菉竹猗猗；有斐君子，如切如磋，如琢如磨；瑟兮僴兮，赫兮咺兮；有斐君子，終不可諼兮。」如切如磋者，道學也；如琢如磨者，自修也；瑟兮僴兮者，恂慄也；赫兮咺兮者，威儀也；有斐君子，終不可諼兮者，道盛德至善，民之不能忘也。

　　《詩》云：「於戲！前王不忘。」君子賢其賢而親其親，小人

樂其樂而利其利，此以沒世不忘也。

《康誥》曰：「克明德。」《大甲》曰：「顧諟天之明命。」《帝典》曰：「克明峻德。」皆自明也。

湯之《盤銘》曰：「苟日新，日日新，又日新。」《康誥》曰：「作新民。」《詩》曰：「周雖舊邦，其命維新。」是故，君子無所不用其極。

《詩》云：「邦畿千里，惟民所止。」《詩》云：「緡蠻黃鳥，止於丘隅。」子曰：「於止，知其所止，可以人而不如鳥乎？」《詩》云：「穆穆文王，於緝熙敬止。」為人君，止於仁；為人臣，止於敬；為人子，止於孝；為人父，止於慈；與國人交，止於信。子曰：「聽訟，吾猶人也，必也使無訟乎！」無情者不得盡其辭，大畏民志。此謂知本。

所謂修身在正其心者，身（應為「心」）有所忿懥，則不得其正；有所恐懼，則不得其正；有所好樂，則不得其正；有所憂患，則不得其正。心不在焉，視而不見，聽而不聞，食而不知其味。此謂修身在正其心。

所謂齊其家在修其身者，人之其所親愛而辟焉，之其所賤惡而辟焉，之其所畏敬而辟焉，之其所哀矜而辟焉，之其所敖惰而辟焉。故好而知其惡，惡而知其美者，天下鮮矣。故諺有之曰：「人莫知其子之惡，莫知其苗之碩。」此謂身不修，不可以齊其家。

所謂治國必先齊其家者，其家不可教，而能教人者，無之。故君子不出家，而成教於國。孝者，所以事君也；弟者，所以事長也；慈者，所以使眾也。《康誥》曰：「如保赤子。」心誠求之，雖不中，不遠矣。未有學養子而後嫁者也。一家仁，一國興仁；一家讓，一

國興讓；一人貪戾，一國作亂；其機如此。此謂一言僨事，一人定國。堯舜帥天下以仁，而民從之；桀紂帥天下以暴，而民從之。其所令反其所好，而民不從。是故君子有諸己，而後求諸人；無諸己，而後非諸人。所藏乎身不恕，而能喻諸人者，未之有也。故治國在齊其家。

《詩》云：「桃之夭夭，其葉蓁蓁。之子于歸，宜其家人。」宜其家人，而後可以教國人。《詩》云：「宜兄宜弟。」宜兄宜弟，而後可以教國人。《詩》云：「其儀不忒，正是四國。」其為父子兄弟足法，而後民法之也。此謂治國在齊其家。

所謂平天下在治其國者，上老老，而民興孝；上長長，而民興弟；上恤孤，而民不倍。是以君子有絜矩之道也。所惡於上，毋以使下；所惡於下，毋以事上；所惡於前，毋以先後；所惡於後，毋以從前；所惡於右，毋以交於左；所惡於左，毋以交於右。此之謂絜矩之道。

《詩》云：「樂只君子，民之父母。」民之所好好之，民之所惡惡之，此之謂民之父母。《詩》云：「節彼南山，維石巖巖。赫赫師尹，民具爾瞻。」有國者不可以不慎，辟，則為天下僇矣！

《詩》云：「殷之未喪師，克配上帝。儀監於殷，峻命不易。」道得眾則得國，失眾則失國。是故君子先慎乎德。有德此有人，有人此有土，有土此有財，有財此有用。德者，本也；財者，末也。外本內末，爭民施奪。是故財聚則民散，財散則民聚。是故言悖而出者，亦悖而入；貨悖而入者，亦悖而出。

《康誥》曰：「惟命不於常。」道善則得之，不善則失之矣。《楚書》曰：「楚國無以為寶，惟善以為寶。」舅犯曰：「亡人無以為寶，仁親以為寶。」《秦誓》曰：「若有一介臣，斷斷兮，無他技，

其心休休焉,其如有容焉。人之有技,若己有之;人之彥聖,其心
好之。不啻若自其口出,寔能容之,以能保我子孫黎民,尚亦有利
哉!人之有技,媢疾以惡之;人之彥聖,而違之俾不通。寔不能容,
以不能保我子孫黎民,亦曰殆哉!」

　　唯仁人放流之,迸諸四夷,不與同中國。此謂唯仁人,為能愛
人,能惡人。見賢而不能舉,舉而不能先,命也;見不善而不能退,
退而不能遠,過也。好人之所惡,惡人之所好,是謂拂人之性,菑
必逮夫身。是故君子有大道,必忠信以得之,驕泰以失之。

　　生財有大道:生之者眾,食之者寡;為之者疾,用之者舒,則
財恆足矣。仁者以財發身,不仁者以身發財。未有上好仁,而下不
好義者也;未有好義,其事不終者也;未有府庫財,非其財者也。
孟獻子曰:「畜馬乘,不察於雞豚;伐冰之家,不畜牛羊;百乘之家,
不畜聚斂之臣;與其有聚斂之臣,寧有盜臣。」此謂國不以利為利,
以義為利也。長國家而務財用者,必自小人矣。彼為善之,小人之
使為國家,菑害並至,雖有善者,亦無如之何矣!此謂國不以利為
利,以義為利也。

目次

弁言片語

　　余少年向學，根器不敏。其時舉國貧困，余家尤甚。以至於賣血換錢以購書，故倍感學路之艱辛。初徜徉於佛老與文史哲等凡二十有年，終覺此身無歸，此心難安。其間數度經歷天崩地塌式的精神危機，幸有聖賢蔭佑，每每得以歷劫重生。

　　雖於二十歲前已接觸儒學，那時年少輕浮，學力太淺，見地不足，於此學不能感應道交，不能欣賞其宮庭之富麗、道德之莊嚴。自經歷更多生活之曲折、人生之沉浮後，復玩味於仁義良知之教，忽然間情有所動，心有感通，方知華夏智慧，一脈千古，樸實無華而又微妙深遠。遂涵養此學於日日夜夜，參悟性理於事事物物，不覺間十數春秋恍惚而過。

　　久欲為此學進獻點滴綿力，以報聖賢教化之恩，以報國土養育之德，故不避孤陋，發憤著此《〈大學〉廣義》。值此時代巨變、舉世彷徨之際，以期張揚此聖學於當世及未來，企求薪火相傳，為民族指示方向，為人生指示歸途。若如是，吾心得安，餘願足矣。

大學之道，在明明德，在親民，在止於至善。知止而後有定，定而後能靜，靜而後能安，安而後能慮

《大學》之由來

　　有「儒家《聖經》」或「中國《聖經》」之稱的《大學》，本是《小戴禮記》中的第四十二篇。東漢鄭玄注《禮記》時一併作注，唐孔穎達作《禮記正義》也一併作疏。至宋代，仁宗天聖五年（西元1027年）八月，以《大學》賜新第進士王拱辰。後來，登第者皆賜以《儒行》、《中庸》、《大學》等篇。不久，司馬光著有《大學廣義》一卷，是為《大學》別出單行之始。

　　至二程〔程顥（西元1032～西元1085年）、程頤（西元1033～西元1107年）〕兄弟，表彰《大學》、《中庸》二篇，以為《大學》是「孔氏之遺書，而初學入德之門也。於今可見古人為學次第者，獨賴此篇之存，而《論》、《孟》次之。學者必由是而學焉，則庶乎其不差矣」。宋南渡之後，朱熹（西元1130～西元1200年）於孝宗淳熙時，撰《大學章句》，與《中庸章句》、《論語集注》、《孟子集注》並行。元仁宗皇慶二年（西元1313年），朱子所撰《大學章句》被定為科舉考試官方教材，一直沿襲到清代，《大學》遂成為士人應舉之必讀書。

　　《禮記》是戰國至秦漢年間儒家學者解釋說明經書《儀禮》的文章選集，是一部儒家思想的彙編。《禮記》的作者不只一人，寫作時間也有先有後，其中多數篇章可能是孔子（西元前551～西元前479年）的七十二弟子及其學生們的著作，還兼收先秦的其他典籍。

　　《禮記》是中國古代一部重要的典章制度書籍。漢代把孔子編

定的典籍稱為「經」，其弟子們對「經」的各種解說和詮釋，則統稱為「傳」或「記」，《禮記》因此得名，即對「禮」的解釋。

先秦流傳下來的《禮記》共有一百三十一篇。西漢禮學家戴德和他的侄子戴聖對《禮記》進行了重新選編。戴德選編的八十五篇版本，叫做《大戴禮記》，在後來的流傳過程中若斷若續，到唐代只剩下了三十九篇。戴聖選編的四十九篇版本，叫做《小戴禮記》，即我們今天見到的《禮記》。

這兩種版本各有側重和取捨，也都各有特色。東漢末年，著名學者鄭玄為《小戴禮記》作了出色的注解，後來這個本子便盛行不衰，並由解說經文的著作逐漸成為經典，到唐代被列為「九經」之一，到宋代被列入儒家「十三經」之中，成為古代士人必讀之書。

《禮記》的內容主要是記載和論述先秦的禮制、禮儀，解釋《儀禮》，記錄孔子和弟子間的問答，記述修身為學的準則。實際上，這部九萬字左右的著作內容廣博，門類雜多，涉及到政治、法律、道德、哲學、歷史、祭祀、文藝、曆法、地理、日常生活等諸多方面，幾乎包羅萬象，集中展現了先秦儒家的政治、哲學和倫理思想，是研究先秦社會的重要資料。

北宋程顥、程頤兄弟在數十年的講學中，時常引用或講說《大學》，贊其為「入德之門」，並對《大學》語句次序，進行了多處調整和重新編輯。南宋朱熹在二程改編的基礎上繼續加工，將《大學》、《中庸》、《論語》、《孟子》合編在一起，稱為《四書》，並分別注釋之，名之為《四書章句集注》，簡稱《四書集注》。

從成篇直到北宋儒學復興之前的千餘年間，《大學》作為《禮記》中的一篇，並未受到特別的重視。此間雖有鄭玄為之作注，

孔穎達為之作疏，卻都是並《禮記》而行。降乎中唐，韓愈（西元768～西元824年）鑒於佛、老二家「欲治其心而外天下國家，滅其天常；子焉而不父其父，臣焉而不君其君，民焉而不事其事」以及「老者曰：『孔子，吾之弟子也。』佛者曰：『孔子，吾師之弟子也。』為孔子者，習聞其說，樂其誕而自小也，亦曰：『吾師亦嘗師之云爾。』不惟舉之於其口，而又筆之於其書。噫！後之人，雖欲聞仁義道德之說，其孰從而求之」之現狀，憤而著《原道》一篇，於其篇中著重引述《大學》「古之欲明明德於天下者，先治其國；欲治其國者，先齊其家；欲齊其家者，先修其身；欲修其身者，先正其心；欲正其心者，先誠其意」一段，以《大學》所秉承的堯、舜、禹、湯、文、武、周、孔、孟等古來聖賢「一以貫之」之仁義之道，闡述其「吾所謂道德云者，合仁與義言之也，天下之公言也。老子之所謂道德云者，去仁與義言之也，一人之私言也」，據以批判佛、老的「一人之私言」。自韓愈著《原道》引用《大學》語句後，《大學》遂漸為天下學者所重。

南宋寧宗嘉定五年（西元1212年），朱熹的代表作《四書集注》中的《論語集注》和《孟子集注》被正式列入官學，作為法定的教科書。理宗於寶慶三年（西元1227年）下詔盛讚《四書集注》「有補治道」。宋以後，元、明、清三朝都以《四書集注》為官學教科書和科舉考試的標準答案，《四書集注》被歷代統治者抬舉到了無以復加的高度。

其後，宋元明清通儒碩學，幾乎鮮有不對《大學》加以闡發者。諸代《藝文志》以及《四庫全書總目》著錄《大學》專門著述達六十餘種，而以「四書」為名論及《大學》的著作尚不知凡幾。

因此可以說，《大學》乃是由宋迄清九百年間最為流行的經典之一。而在所有依《大學》立論的著述中，對社會思想發生最為重大和深遠影響的，當首推朱熹的《大學章句》，其次便是王守仁（號陽明，西元 1472～西元 1529 年）的《大學古本旁注》。

在《大學章句》中，朱熹遵從二程觀點，認為《禮記》中的《大學》一篇（即後來王陽明所謂「大學古本」）有問題：「河南程氏兩夫子出，而有以接乎孟氏之傳，實始尊信此篇而表章之，既又為之次其簡編，發其歸趣，然後古者大學教人之法、聖經賢傳之指，粲然復明於世。雖以熹之不敏，亦幸私淑而與有聞焉。顧其為書猶頗放失，是以忘其固陋，采而輯之，間亦竊附己意，補其闕略，以俟後之君子。極知僭逾，無所逃罪，然於國家化民成俗之義、學者修己治人之方，則未必無小補云。」（朱子《〈大學章句〉序》）

所謂「采而輯之，間亦竊附己意，補其闕略」者，除了將古本「在親民」之「親」改為「新」，「身有所忿懥」之「身」改為「心」之外，最主要的是將古本分為「經」一章，「傳」十章，並按「經」之「明明德」、「新民」、「止於至善」、「本末」、「格物致知」、「誠意」、「正心修身」、「修身齊家」、「齊家治國」、「治國平天下」的論說次序，對「傳」文直接進行了調整。

所謂「補其闕略」，則是在「傳」之第五章下，以「按語」形式補入一段曰：「所謂致知在格物者，言欲致吾之知，在即物而窮其理也。蓋人心之靈莫不有知，而天下之物莫不有理，惟於理有未窮，故其知有不盡也。是以《大學》始教，必使學者即凡天下之物，莫不因其已知之理而益窮之，以求至乎其極。至於用力之久，而一旦豁然貫通焉，則眾物之表裡精粗無不到，而吾心之全體大用無不

明矣。此謂物格，此謂知之至也。」

在朱熹《大學章句》大行天下的氛圍中，明代王陽明起而對之提出了異議。他批評朱熹對《大學》舊本的調整是「合之以敬而益綴，補之以傳而益離」，認為「舊本析而聖人之義亡矣」，因而「吾懼學之日遠於至善也，去分章而復舊本，傍為之什，以引其義，庶幾復見聖人之心，而求之者有其要」（《〈大學古本〉序》）。

王陽明這種「悉以舊本為正」的做法，甚至連其親密弟子都「始聞而駭」。究其實質，王陽明是基於「聖人之道，吾性自足，不假外求」的「格物致知之旨」（《明儒學案·姚江學案》），標舉「《大學》之要，誠意而已」，以反對程朱之格物求理、由外及內的工夫進路。王陽明所謂「格物致知之旨」，即「致吾心之良知於事事物物也。……致吾心之良知者，致知也。事事物物皆得其理者，格物也」（《傳習錄·答顧東橋書》）。

這也就是專一用力於內以求本心之誠，進而將本心之誠顯發推擴於外的工夫進路。自王陽明大力提倡古本《大學》並為之傾力作序與注釋之後，古本《大學》同樣在士林之中得到廣泛重視，成為繼朱熹《大學章句》之後，又一部影響深遠的《大學》版本，即《大學古本》。相對《大學古本》，朱熹所編輯的版本則稱之為《大學新本》或《大學今本》。本次我們講解《大學》，取王陽明之見，以《禮記》中《大學》原文（即陽明所謂之「古本」）為準，不取朱熹「竊附己意，補其闕略」之《大學新本》。

宗聖曾參

　　關於《大學》的作者，程顥、程頤認為是「孔氏之遺言也」。朱熹把《大學》重新編排整理，分為「經」一章，「傳」十章，認為「經一章蓋孔子之言，而曾子述之；其傳十章，則曾子之意而門人記之也」。就是說，「經」是孔子的原話，曾子只是將其忠實地記錄下來；「傳」文部分是曾子解釋「經」文的話，為曾子所說並由曾子的弟子們記錄下來。自《大學》成篇以來，曾子一直被認為是其作者，至少被認為是其主要作者。

　　曾子（西元前 505～西元前 435 年），姓曾，名參，字子輿，春秋末年生於魯國東魯（今山東省平邑縣），後移居魯國武城（今山東省嘉祥縣）。16 歲拜孔子為師，勤奮好學，頗得孔子真傳。積極推行儒家主張，傳播儒家思想。他的「修齊治平」的政治觀，「省身」、「慎獨」的修養觀，「以孝為本」的孝道觀等影響了中國兩千多年。除《大學》一書外，儒家另一部重要經典《孝經》亦歸為其名下。曾子為先秦儒門五聖之一，後世儒家尊他為「宗聖」。（另四聖為：孔子「至聖」，顏回「復聖」，子思「述聖」，孟子「亞聖」。）

　　曾參之父名曾點，字子皙，亦稱曾皙，生卒年月不詳，為孔門弟子七十二賢之一。曾點對子女教育之嚴堪稱第一。據《孔子家語》載，有一次，曾點叫曾參去瓜地鋤草，曾參不小心將一棵瓜苗鋤掉。曾點認為其子用心不專，便用棍子責打曾參。由於出手太重，將曾參打昏。

　　當曾參甦醒後，立即退到一邊「鼓琴而歌」，以此告訴父親，

作為兒子的他，並沒有因為被誤打而憤憤不平。孔子知道此事後說：「小杖則受，大杖則走。今參委身待暴怒，以陷父不義，安得孝乎？」參曰：「參罪大矣！」

孔子說：「如若父母不是很嚴重的責打，做子女的承受即可。如若此時父母處於盛怒之下，出手難免過重，這樣很可能將子女打傷殘，待父母氣消之時，必然後悔莫及。你這不是孝，而是陷父於不義之中。」（曾點那時已處於盛怒之下，而曾參並沒有逃走，任其責打直至休克為止。）曾參聽到孔子這一番教導後說：「（我以為任由父母責打就是所謂的孝啊！）看來是我理解錯了。」

據《論語·先進篇》載，曾點和子路、冉有、公西華侍坐於孔子旁談論各自的志趣，當孔子問曾點：「點，爾何如？」曾點鼓瑟希，鏗爾，舍瑟而作，對曰：「異乎三子者之撰。」子曰：「何傷乎？亦各言其志也。」曰：「莫春者，春服既成，冠者五六人，童子六七人，浴乎沂，風乎舞雩，詠而歸。」夫子喟然歎曰：「吾與點也！」

孔子問：「曾點，你的人生志趣是怎樣的呢？」正在彈瑟且近尾聲的曾點「鏗」的一聲將瑟放下，站起來答道：「我和他們三位所言志趣不同。」孔子說：「那有什麼關係呢？也就是各人講自己的志向而已。」曾點道：「暮春三月，穿上春天的衣服，我和五六位成年人、六七個少年，去沂河裡洗洗澡，在舞雩臺上吹吹風，再一路唱著小曲走回來。」孔子聽後喟然長歎一聲說：「我的志趣與曾點不謀而合呀！」

魯國大夫季武子（春秋時魯國正卿，相當於現今的國家總理）去世了，曾點前去弔唁，「倚其門而歌」，故被稱為「魯之狂士」。

但其狂狷之狀受到了孟子的讚美:「狂者進取,狷者有所不為也。」不是誰都有資格被稱為「狂狷之士」的,他除了於人生中積極進取之外,還要有足夠的智慧與德行,明白何事當為,何事不當為。

有這樣一位狂狷之士的父親,才能調教出如此出色的兒子。曾點教子,一直以來被作為教子有方之典範,與「孟母三遷」的故事一樣,被後人所傳誦。

曾子小孔子四十六歲。孔子去世後,曾參始聚徒講學,有不少弟子。曾子終生汲汲於講授孔子思想,並身體力行之,對先秦儒家學說有頗多豐富與創造。相傳他就是儒家子思、孟子一派(史稱「思孟學派」)的創始人。

其上承孔子道統,下開思孟學派,曾參在孔門弟子的地位原本不太高,其於儒家思想史上以及中國思想史上崇高的學術地位,在唐、宋以後才為一些人所逐步承認,唐玄宗時追封其為「伯」。中唐以後,隨著孟子地位的上升,曾參的地位也隨之步步高陞。北宋徽宗時加封為「武城侯」,南宋度宗時加封為「國公」,元代至順元年時加封為「宗聖公」,到明代世宗時改稱為「宗聖」。

曾子年譜

魯定公五年（西元前 505 年）十月十二日，曾參生於魯國南武城。是年，孔子 47 歲，少孔子四十六歲。

魯哀公元年（西元前 494 年）曾參 12 歲。常隨父學《詩》、《書》，有「伏案苦讀」之說。

魯哀公三年（西元前 492 年）曾參 14 歲。「躬耕於泰山之下，遇大雨雪旬日不得歸，因思父母，而作梁山之歌。」（《淮南子》）

魯哀公五年（西元前 490 年）曾參 16 歲。奉父命至楚，從學孔子。

魯哀公七年（西元前 488 年）曾參 18 歲。隨孔子離楚去衛。

魯哀公十一年（西元前 484 年）曾參 22 歲。隨孔子自衛返魯。《孔子家語》記，他「敝衣而耕，常日不舉火」。魯國君要贈其「食邑」（中國古代諸侯封賜所屬卿、大夫作為世祿的田邑。又稱采邑、採地、封地。因古代中國之卿、大夫世代以采邑為食祿，故稱為食邑），曾參辭而不受。

魯哀公十三年（西元前 482 年）曾參 24 歲。孔子的高才弟子顏回病故，曾參遂成為孔子學說的主要繼承人。

魯哀公十五年（西元前 480 年）曾參 26 歲。孔子呼而告之，曰：「參乎！吾道一以貫之。」曾子曰：「唯。」子出，門人問曰：「何謂也？」曾子曰：「夫子之道，忠恕而已矣！」（《論語·里仁篇》）

魯哀公十六年（西元前 479 年）曾參 27 歲。是年，孔子卒，終年 73 歲。曾參若父喪，守孔子墓。孔子臨終將其孫子子思托孤於曾參，令曾參將所受之學傳授於子思。

　　魯哀公十九年（西元前 476 年）曾參 30 歲。三年守墓過後，「子夏、子張、子游以有若似聖人，欲以所事孔子事之，強曾子。曾子曰：『不可。江漢以濯之，秋陽以暴之，皓皓乎不可尚已！』」（《孟子·滕文公上》）

　　（孔門弟子子夏、子游、子張認為有一個師兄弟──有若，他的面貌與恩師孔子很是相似，就想把有若當孔子來侍奉，逼著曾參同意。曾參拒絕說：「不可。老師的德行如江水般清澈，如秋陽般高潔，怎能僅憑外貌的相似呢？」）

　　魯哀公二十年（西元前 475 年）曾參 31 歲。父病故時曾參「淚如湧泉，水漿不入口者七日」，以後「每讀喪禮則泣下沾襟」（《禮記》）。

　　魯哀公二十七年（西元前 468 年）曾參 38 歲。武城大夫聘曾參為賓師，設教於武城（今山東平邑城南 40 公里曾子山下）。

　　魯悼公元年（西元前 466 年）曾參 40 歲。離魯去衛。

　　魯悼公十一年（西元前 456 年）曾參 50 歲。時齊聘以相，楚迎以令尹，晉迎以上卿，曾子皆不應命。

　　魯悼公二十一年（西元前 446 年）曾參 60 歲。與子夏、段干木等設教於西河一帶。

　　魯悼公三十一年（西元前 436 年）曾參 70 歲。是年，曾參有疾臥床，把弟子叫到跟前說：「啟予足，啟予手！《詩》云：『戰戰兢兢，如臨深淵，如履薄冰。』而今而後，吾知免夫！小子！」

　　（「你們掀開被子，看看我的腳和手，都保全得很好吧！我一生正如《詩經》所說：『戰戰兢兢，如臨深淵，如履薄冰。』小心謹慎，以保其身。從今以後，我知道身體能夠免於毀傷了。弟子們，要記住

啊！」)

　　魯悼公三十二年（西元前 435 年）曾參 71 歲。曾子寢疾，病。樂正子春坐於床下，曾元、曾申坐於足，童子隅坐而執燭。童子曰：「華而睆，大夫之簀與？」子春曰：「止！」曾子聞之，瞿然曰：「呼！」曰：「華而睆，大夫之簀與？」曾子曰：「然。斯季孫之賜也，我未之能易也。元，起易簀。」曾元曰：「夫子之病革矣，不可以變，幸而至於旦，請敬易之。」曾子曰：「爾之愛我也，不如彼。君子之愛人也以德，細人之愛人也以姑息。吾何求哉？吾得正而斃焉，斯已矣。」舉扶而易之。反席未安而沒。（《禮記·檀弓上》）

　　（曾子臥病在床，病得很重。樂正子春坐在床下，曾元、曾申坐在腳旁，童兒坐在牆角，端著蠟燭。童兒說：「好漂亮光滑的席子，是大夫用的墊席吧？」子春說：「不要做聲！」曾子聽到了，猛然驚醒，籲了一口氣。童兒又說：「好漂亮光滑的席子，是大夫用的墊席吧？」曾子說：「是的。這是季孫氏的禮物，我沒能換掉它。元兒，扶起我換掉它。」曾元說：「老人家的病很危急了，不能夠移動，希望待到早晨，再允許我恭敬地換掉它。」曾子說：「你愛我還不如那個童兒。君子愛人靠的是德行，小人愛人靠的是姑息遷就。我還能有什麼要求呢？我能夠按照規矩而死就罷了。」大家抬起曾子，幫他換掉席子。等放回到席子上時，還沒有放平穩就斷氣了。）

　　曾子臨去世時，心智仍然高度清醒，生死能夠自主，來去能夠自由。這從一個面向反映出曾子一生之修為已達圓滿與成熟之境——因為在生死面前，最能反映出一個人平素之行持與造詣。

何謂「大人」

大學之道

程子曰：「如讀《論語》，未讀時是此等人，讀了後又只是此等人，便是不曾讀。」此處程子即二程之弟──程頤。程子談讀《論語》需如此，我們今日學習《大學》、《中庸》等儒家經典，何嘗不是如此！

蓋儒家之學，以及中國和印度在內的整個東方傳統學術，無不始終緊扣著「實踐」而為學。故東方文化是人生實踐之學，是心性實踐之學，是聖賢實踐之學（即內聖之學），是智慧實踐之學，其學可一言以蔽之：皆為生命實踐之學，簡稱為「生命學」。

所謂「生命學」，它是探索生命真相、轉化身心素質、掌握生命智慧的一門學問。包括中國和印度在內的東方文化，因其始終緊扣生命探索和生命實踐而為學，故我們將東方文化定義為「生命的文化」，將東方的學問定義為「生命的學問」。具言之，生命學即是「探索作為意識存在的生命之真相，並透過不同方式（實踐的路徑）回歸生命本身而獲得人生終極圓滿的一門科學。」

「作為意識存在的生命」一語中的「意識」與「生命」為同義語。在生命學中，生命即意識之義，意識即生命之義。生命與意識在生命學中，及在東方文化中隨時可以互用。不僅生命與意識二詞為同義，在正統儒家思想中，「天」、「道」、「體」、「仁」、「心」、「性」、「理」等等，皆為生命之別名，這些詞語或指生

命之體，或指生命之相，或指生命之用，或兼備體、相、用三義。

　　近來也有統稱西方科學中的腦科學、神經科學、生物學、生理學、解剖學、遺傳學等為生命科學的說法。嚴格而言，這些學科只應稱之為「生命體科學」或「生物體科學」，而不應稱「生命科學」。依我們東方文化中對「生命」一詞之理解和界定，生命是一個超越而本體的概念，它是一個意識性的、主體性的存在。

　　對於超越而本體、意識性和主體性的存在，古人有「天」、「道」、「體」、「仁」、「心」、「性」、「理」等種種之異稱。儘管儒、佛、道諸家之思想形態各異，實踐與體證入路多端，但其講學運思，皆不離「心性」二字則同也。因「心」、「性」二字為生命之別名，故東方諸學皆可稱之為「生命科學」則無疑問。如是，我們可以說，真正的生命科學在東方，而西方的「生命體科學（Bioscience）」群則仍屬於自然科學範疇。

　　如是，人類基本的科學系統可分為三類：建立在人對自然界認識之上的科學，稱之為「自然科學（Natural Science）」；建立在人對社會認識之上的科學，稱之為「社會科學（Social Science）」；建立在人對自己認識之上的科學，則稱之為「生命科學（Life Science or Lifeology）」。現代意義上的自然科學和社會科學，起源和發展於西方，傳統意義上的生命科學則一直是東方文明的核心價值之所在。

　　千百年來，我們只是將儒學（還有佛家之學與道家之學等在內）視之為一門哲學思想體系，或視之為一門倫理思想體系，再或視之為一門宗教信仰體系。殊不知，它們是經歷了數千年歷史發展十分精深的生命科學體系。

　　近一兩百年來，西方文化強烈影響著東方人的價值觀。因西方人不能理解和契合東方文化，不知其價值與精蘊所在何是，故不承認我們東方文化中具有體系完備且高度成熟的科學，因而十分粗暴地斷言：東方無科學，他們有的只是一堆讓西方人感到莫名其妙的鬼神崇拜和散亂的哲理格言而已。

　　由於受到西方價值觀的嚴重影響與左右，我們自己也於不自覺間持同樣的認識了。如是，在我們眼中，包括儒家在內的東方諸學體系只是一個哲學思想系統、一個倫理道德系統，而無人將其視作一個有著數千年發展史的完備而嚴謹的科學體系——生命科學體系。

　　相較西方自然科學和社會科學而言，隱含在東方諸學術流派中的生命科學，無論其義理之完備、驗證之嚴謹、內涵之富博，還是其對人類在認識真理之方式、實現終極解放之實踐上，皆有著無可取代、難以稱量的意義！

　　《大學》作為儒家以及整個東方文化中最為重要的經典之一，毫無疑問，它是一部典型的生命學著作——指示終極生命之真相、生命實踐之方法與次第的學問著作。在我們看來，《大學》不是一般的著作，它是一部中國古聖賢生命實踐後的心得報告之書，是生命到達聖賢之地後對其境界的真實描述之書。

　　《大學》又可細分為生命哲學和生命實踐兩部分。將其細分為哲學和實踐兩部分，只是一時行文之方便。在正統儒家，哲學思想（又名義理或知識）與生命實踐（又名踐履或工夫）是鳥之雙翼、車之雙輪，不可須臾離也。明代王陽明將其概括為「知行合一」，並對此有精到的闡發：「知之真切篤實處，即是行；行之明覺精

察處，即是知。知行工夫，本不可離，只為後世學者分作兩截用功。……真知即所以為行，不行不足謂之知。」（王陽明《傳習錄》）

何謂「大學」？朱子對此有一個解說：「人生八歲，則自王公以下，至於庶人之子弟，皆入小學，而教之以灑掃、應對、進退之節，禮樂、射御、書數之文；及其十有五年，則自天子之元子、眾子，以至公、卿、大夫、元士之適子，與凡民之俊秀，皆入大學，而教之以窮理、正心、修己、治人之道。」（《〈大學章句〉序》）

朱子對「大學（大人之學）」是從外在的、年齡的角度來解釋的。把「大人」理解為歲月上（生理上）長大了的人，其說不可謂錯，但可謂偏。上溯孔孟，下及北宋五子（周敦頤、邵雍、張載、程顥、程頤），儒家千古論學，皆起於內聖而復歸於內聖，緊扣內在的心性而為學，故皆為生命之學。朱子如此解「大人」一詞，外在的、後天的意味重，而本體的、心性的、生命的意味則隱沒。

「大人」一詞最早見於《詩經·小雅·斯干》「大人占之」。此處「大人」即太卜，太卜是周代執掌占卜的官員。這是有文字記載的「大人」一詞之始。其次「大人」一詞出現於《易經》之乾卦的爻辭中「九二，見龍在田，利見大人」（《易經·乾卦》）。此處「大人」一詞已不是指具體某官職，而是指品德和智慧之傑出者。

到了戰國時期，孟子從心性上指示何以為「大人」。「公都子問曰：『鈞（同均）是人也，或為大人，或為小人，何也？』孟子曰：『從其大體為大人，從其小體為小人。』曰：『鈞是人也，或從其大體，或從其小體，何也？』（孟子）曰：『耳目之官不思，而蔽於物；物交物，則引之而已矣。心之官則思，思則得之，不思則不得也。此天之所與我者，先立乎其大者，則其小者不能奪也。

此為大人而已矣。』」（《孟子·告子上》）

孟子此處論「大人」，非從年齡上（生理上）立論，而直承心性上指示。其論與「大人」相對之「小人」，也是從儒門心性上揭示「從其小體為小人」，「蔽於物」，溺於「耳目之官」為小人，非謂其年歲之小也。孟子論「大人」，乃直承相傳為孔子所作的《易經·乾卦·文言》「夫大人者，與天地合其德，與日月合其明，與四時合其序，與鬼神合其吉凶。先天而天弗違，後天而奉天時。天且弗違，而況於人乎？況於鬼神乎？」而來。

誠如唐代韓愈所言：「斯吾所謂道也，非向所謂老與佛之道也。堯以是傳之舜，舜以是傳之禹，禹以是傳之湯，湯以是傳之文武周公，文武周公傳之孔子，孔子傳之孟軻；軻之死，不得其傳焉。」（《原道》）堯、舜、禹、湯、文、武、周公、孔、孟，諸聖遞相傳授者何道也？乃仁義之道也，心性之學也。此仁義之道，此心性之學，「軻之死，不得其傳焉」。直到千載後宋明諸大儒出，此學方得以復明於世。

王陽明集儒門心性之學之大成，其對儒家千古一貫之聖學（即心性之學，吾輩則謂之為儒家生命學）的理解與體會，直接上承思、孟，兼括儒門諸子。其解「大人」一詞，有獨到之證悟與心得：「大人者，以天地萬物為一體者也。其視天下猶一家，中國猶一人焉。若夫間形骸而分爾我者，小人矣。大人之能以天地萬物為一體也，非意之也，其心之仁本若是，其與天地萬物而為一也。豈惟大人，雖小人之心亦莫不然，彼顧自小之耳。」（《大學問》）

如此解「大人」一詞，飽滿精透，徹上徹下，緊握儒門千載一貫之聖脈，陽明不愧為「儒家之殿軍」也。先生如此解「大人」，

十分相應於孟子，直承孟子之義而為言，且將意思更推進了一層，論說得更為明白曉暢。

除「大人」一詞外，還有「君子」一詞。在儒家，大人和君子可以互用。在孔子喜用「君子」，在曾參、孟子，則喜用「大人」一詞。「大人」與「君子」其旨義雖一，俱在描述聖賢生命的品質與境界，然其表述角度各有偏重：「君子」一詞，重在表示聖賢生命中溫柔敦厚的特性；「大人」一詞，重在突出聖賢生命中廣大高遠的一面。

為己之學

　　既然大學之道中的「大學」是指「大人之學」，「大人之學」蓋有兩義：其一義指，一門關於如何成長為大人的學問；另一義指，已經晉身大人之列的聖賢君子如何為學耶，所向何學耶。

　　孔子曰：「古之學者為己，今之學者為人。」（《論語·憲問篇》）將此語譯為現代白話即是：古代（孔子之前的時代）學者們，其學習目的在於認識自己（即明白生命之真相及人生的意義與價值所在），修養自己（透過涵養心性本有之德——仁義，漸次化除小我與氣質之偏雜，而使生命越來越充實，人格越來越光輝），以至完善自己（修養日久，則達生命圓熟飽滿，與天地同流，證成大而化之之聖境）。但可歎的是，現在學者（孔子指與其並世者）從學之目的，卻是將千古聖賢之學用來裝飾自己門面，以利誇耀於人。如此，則有「為己之學」與「為人之學」之分。

　　將所學配合於自家身心生命之中而時刻體證之，實踐之，涵養之，消融之，通化之，此之謂「為己之學」。

　　若將所學僅看作思想之餘緒、記憶之資糧，以粉飾自己，傲視於人，此之謂「為人之學」。

　　將學習視之為轉化自己（身心內種種習氣與偏雜，在時刻反躬自省中一一超越和化除之）、充實自己（透過切實修養，將聖賢的指示與教導一一落實於身心生命中，使我們的人格越來越充實，生命格局越來越宏廓）、圓滿自己（透過切實的修養工夫，最終達成恢復人人本俱之良知天性，也即實現後天返還先天。對內成就覺悟解

脫，儒門謂之「成仁」或「成聖」，對外成就盛德偉業。莊生稱其為「內聖外王」）所必盡之義務，視之為與生俱來的使命與責任，此之謂「為己之學」。

將學習僅視作知識之積累，僅視作耳目之記誦，僅視作社會階位晉升之需，僅視作與己並無關聯且外在於身心生命之事，此之謂「為人之學」。

肯認「萬物皆備於我矣。反身而誠，樂莫大焉」（《孟子·盡心上》），「己之心，無異聖人之心，萬善皆備。故欲傳堯舜以來之道，充擴是心焉耳」（程顥語），「宇宙即是吾心，吾心即是宇宙」（《陸九淵集·雜說》），「知聖人之道，吾性自足，向之求理於事物者誤也」（王陽明語），此聖學不在心性（生命）之外，且勤加修養之，則為「為己之學」；反之，則為「為人之學」。

佛陀說：「心內求法，是為正道。心外求法，是為外道。」

「心內求法」者，「為己之學」也；「心外求法」者，「為人之學」也。

順便說一下，在俗諺中盛行的「人不為己，天誅地滅」，其「為己」是指「為己之學」。若一個人，他學習不是「為己」，而是「為人」，其結果將會導致「天誅地滅」。

道具三義

　　「大學之道」的「道」字初始義為道路，延伸而為遵循、法度、守則、真理、依憑等。成就「大人」的道路有三條：

　　其一為「堯、舜，性者也」（《孟子‧盡心下》）。

　　其二為「湯、武，反之也」（《孟子‧盡心下》）。

　　其三為「中道」：「喜怒哀樂之未發，謂之中；發而皆中節，謂之和。中也者，天下之大本也；和也者，天下之達道也。」（《中庸》）「夫大人者，與天地合其德，與日月合其明，與四時合其序，與鬼神合其吉凶。先天而天弗違，後天而奉天時。天且弗違，而況於人乎？況於鬼神乎？」（《易經‧乾卦‧文言》）

　　什麼是「堯、舜，性者也」呢？在《孟子》中有一個舜的事例恰好說明之：「舜之居深山之中，與木石居，與鹿豕遊，其所以異於深山之野人者幾希。及其聞一善言，見一善行，若決江河，沛然莫之能禦也。」（《孟子‧盡心上》）

　　意思是說舜這個人是天縱之聖，生而知之，他長期居住在深山之中，形同一個沒有教養的野人。但那只是從外部看來像個野人，就其內在而言，大舜與野人有著本質的區別。因為他「聞一善言，見一善行，若決江河，沛然莫之能禦也」，只要外部有一點善言善行啟發一下，他內在本有之德性善性，猶如江河之決堤，「沛然莫之能禦」。這就是「堯、舜，性者也」。

　　什麼是「湯、武，反之也」呢？朱熹的解釋是：「孟子曰：『堯、舜，性者也；湯、武，反之也。性者，得全於天，無所汙壞，不假

修為，聖之至也。反之者，修為以復其性，而至於聖人也。』程子曰：『性之、反之，古未有此語，蓋自孟子發之。』呂氏曰：『無意而安行，性者也；有意利行，而至於無意，復性者也。堯、舜不失其性，湯、武善反其性，及其成功則一也。』」（朱子《孟子集注》）

《孟子》曰：「湯、武，反之也。」「反」為動詞，即恢復、逆覺、修證、奮鬥之義。「之」者道義，具體是指堯舜這些聖人的內在德性、聖性、天性。「反之」即反躬自省，透過長期而篤實的踐履德行，以恢復吾輩人人內在本有之德性。

呂氏疑為北宋大儒張載之弟子呂大臨（西元 1044～西元 1091 年）。大臨一生著述頗豐，曾著有《大學說》一卷、《孟子講義》十四卷等。其解「性之」為「無意而安行」。

「性之」內涵兩義：一者「無意」義；二者「安行」義。

無意即孔子所言「毋意，毋必，毋固，毋我」之義，其字面意思是：不刻意強為，不絕對肯定，不拘泥固執，不唯我獨是。孔子以此「四毋」指示堯舜等聖人內在德性中所涵的無為性、自然性、先天性、超越性、清淨性、通化性等諸特性。

對吾人內在本有之德性（天性、良知、仁性、聖性）中所涵的無為、自然、先天、超越、清淨、通化等諸特性，儒家對此有著透澈的認識，前聖、後聖皆能緊扣之而不走失，以成始終一貫之道。

「性之」另一義為安行。安行者，安之而行也。安之即因之、由之、依之、源之義，行即形成、顯著、生發、創造義。

「易，無思也，無為也，寂然不動，感而遂通天下之故。」（《周易·繫辭傳上》）「無思」、「無為」、「寂然不動」即無意之義，此是表述易之體性之狀。易之體性即吾人內在之德性（天性、良知、

仁性、聖性）。「感而遂通天下」是表述易之體性——德性，有無窮之生發力和創造力，故易之體性「範圍天地之化而不過，曲成萬物而不遺」（《周易·繫辭傳上》）。此即安行義。

「之故」中的「故」為倒裝，意即「所以」或「由是」。整句意思是：為什麼易之體性（即本性、德性、天性）能夠無窮盡地隨感而應於天下事事物物？那是因為易體是「無思」、「無為」、「寂然不動」的。因為易體「無思」、「無為」、「寂然不動」，所以它可以隨感而應於天下事事物物而無窮盡。

此感通天下有兩義：一者，覺知義，即覺知天下事事物物之理；二者，創生義，即創造生化天下萬事萬物，使其新新不已，使其生生不息。

無意即安行，安行即無意。因無意故而能成就安行，而安行皆源於無意。故無意與安行之間互為因果，即互為成就對方之前提。

孔子用「天何言哉？四時行焉，百物生焉，天何言哉？」來表述無意而安行：天地猶如我們內在的本性（或我們內在的本性猶如這外在的天地那樣），它不言不語，天地雖然「毋意，毋必，毋固，毋我」，但它時刻在生生不息（四時行焉），創發不止（百物生焉）。天地何以如此？因為天地是我們內在的生命——本性的顯化，是我們本性的外在化。故我們可以透過此外在顯化出來的天地之德（無意而安行），而體悟出我們內在本有之德性。孔子借四時百物之論，以指示吾人內在本有之德性。

堯、舜是天縱之聖，他們真正達到了感應無間。從外界「聞一善言，見一善行」，其內在本有之德性立即「若決江河，沛然莫之能禦也」，此即謂「感應無間」（外感與內應之間無有少許時間和

空間之間隔）。「性之」之路以成就聖賢，可名之為「頓悟之路」，「若決江河，沛然莫之能禦」，即為頓悟之義。「聞一善言，見一善行」，當下豁然貫通，圓滿朗現自家本有之德性，自此不再迷失，安處於此德性聖境之中而不動搖。

「堯、舜，性之」之頓悟，乃終極之悟，無需階級，不假次第，類似於印度釋迦牟尼在菩提樹下發生的大徹大悟那樣。頓悟之路亦名「圓成之路」，即我們內在本有的德性（天性、良知、仁性、聖性）是萬善皆備，真善美圓滿具足，毫無虧欠。對於此德性中所涵的萬善、真善美等，不是今天悟一點，明天得一點，而是一悟永悟，一得永得。

此頓悟之路，此圓成之路，又可名「直貫之路」。德性如瀑布，自上直貫而下，勢不可擋。此德性又如決堤之江河，浩浩蕩蕩，所行之處，一切山丘、一切阻塞，悉數衝破而化除之，故孟子形容之「沛然莫之能禦」。

山丘、阻塞者，比喻意也。其於身體，喻為一切氣血經絡病患之糾結紊亂；其於心理，喻為一切無明習氣，私心雜念；其於行為，喻為一切顛倒妄動，非理性不如法之行；其於社會，喻為一切假惡醜之存在；其於天地，喻為一切陰陽失調，萬物失序。

在儒家看來，我們內在的德性一旦彰顯出來，它有著無窮的生化力量，不惟為我個體身心之主宰，它同樣為天地萬物之主人。德性不只為人類個我賴以存在之基，其同樣為天地萬物之內在的本性，故我們的德性一旦覺醒彰顯，其非我一人之德性覺醒彰顯，而是萬物之內在的德性與我一起覺醒彰顯。此即孟子「萬物皆備於我」之義，也為王陽明闡發「良知」之義。

據說一次王陽明與友人同遊，友人指著岩中花樹問道：「天下無心外之物，如此花樹在深山中自開自落，於我心亦何相關？」王陽明回答說：「汝未來看此花時，汝花於汝心同歸於寂，汝來看此花，此花顏色一時明白起來，便知此花不在汝心之外。」（《傳習錄》）

不在心外即不在良知之外，不在良知之外即不在德性之外。良知者，心也；德性者，性也。此處心、性同義，心體即性體，性體即心體。（心性之關係，下文詳之。）如此，吾輩德性一旦覺醒彰顯，於內，身心言行獲得了真正的主宰，獲得了真主人；於外，則是「範圍天地之化而不過，曲成萬物而不遺」（《周易·繫辭傳上》）。

「性之」之路，即安而行之之路，亦即此直貫之路，是真正的聖人之果境，是於聖人之果位上立言立行，立心立德。此果境為生命之真境，聖人之化境，人生之究竟，道德之極則。

立言者，儒家一切言語文教，皆源於此真境、此化境、此究竟、此極則，千經萬論最終也必匯歸於此真境、此化境，並以此究竟為極則。立行者，儒家一切內聖外王之盛德大業，皆源於此真境，皆源於此化境，其終也必匯歸於此，方為究竟，方為極則。立心者，儒家立此為天地之心，內於身心，外於萬物，此為真宰。立德者，禮儀三百，威儀三千，儒家一切德目德行，若溫良恭儉讓，若仁義禮智信等，皆源於此真境，皆源於此化境。及其終也，也必以此為匯歸，必以此為極則。

本「性之」而來直貫之路，是立守於先天而統攝貫徹於一切後天，立守於形而上而統攝貫徹於一切形而下，立守於本體而統攝貫徹於一切現象，立守於無為而統攝貫徹於一切有為，立守於創造之

源而統攝貫徹於一切被創造之萬有。

　　受以儒家為主的中國文化深刻影響的佛教禪宗，其根本宗旨同樣是建立在「性之」之上，提倡直指心性，不立文字，見性成佛，不假次第。現引述若干禪宗言論，以助我們理解「堯、舜，性者也」的頓悟之路、圓成之路、直貫之路：

　　若見性即是佛，不見性即是眾生。若離眾生性，別有佛性可得者，佛今在何處？即眾生性，即是佛性也。性外無佛，佛即是性；除此性外，無佛可得，佛外無性可得。（禪宗初祖達摩大師《血脈論》）

　　不識本心，學法無益；若識自本心，見自本性，即名丈夫、天人師、佛。

　　何期自性，本自清淨；何期自性，本不生滅；何期自性，本自具足；何期自性，本無動搖；何期自性，能生萬法。（《六祖壇經》）

　　夫芸芸眾生者，之所以是凡夫，皆因不同程度地迷失了內在本有之德性，為感官所惑，為物欲所驅，為私心所局，為無明所障，故無法做到如堯舜那樣「性之」，必須做一番「反之」的工夫，即必須做一番「復性」之工夫方可。此「復性」之工夫，乃是逆覺修證之路，儒家名之曰「踐履」或「體證」，泛名「工夫」。

　　先秦的孔孟、宋明諸儒，皆有很多工夫入路和修證次第的指示，我們現在正在學習的《大學》也有很多修證的教導。依之切實修證，即可超越物欲，化除習氣，以恢復吾人本有之德性。一旦「反之」之工夫純熟，完全恢復內在本有之性，「至於無意」，即達至德性自然無為之聖人境界。「及其成功則一也」，達至聖人之境界是相同的，成就內聖外王之功德是相同的。

　　孟子在「堯舜，性之也；湯武，身之也」之後，緊接著說道：「五霸，假之也。久假而不歸，惡知其非有也？」

　　「五霸」者，指春秋時五國之霸主。其能為霸主，必多行不義，自暴自棄，陷溺物欲，不修仁道。但即便如此，「惡知其非有也？」意為並不證明他們沒有德性。佛陀一再強調：一切眾生皆有佛性，因有佛性，皆可成佛。即使「一闡提」人，因有佛性故，也終可成佛。

　　《大般涅槃經・梵行品》云：「夫一闡提者，不信因果，無有慚愧，不信業報，不見現在及未來世，不親善友，不隨諸佛所說教誡。如是之人，名一闡提。」

　　佛陀於是經《如來性品》云：「彼一闡提雖有佛性，而為無量罪垢所纏，不能得出，如蠶處繭。以是業緣，不能生於菩提妙因，流轉生死無有窮已。」但即使如此，佛陀仍堅稱一闡提人終可成佛。何以故？佛陀於《大般涅槃經・高貴德王菩薩品》云：「佛性無差別相，犯四重罪，謗方等經，作五逆罪，及一闡提，悉有佛性。」

　　復於是經《如來性品》云：「如來善知一闡提輩，能於現在得善根者則為說法；後世得者，亦為說法，今雖無益，作後世因。是故如來為一闡提演說法要。……譬如淨人墜墮圊廁，有善知識見而湣之，尋前捉髮而拔出之。諸佛如來亦復如是，見諸眾生墮三惡道，方便救濟令得出離。是故如來為一闡提而演說法。」

　　孟子也明確肯定：「人皆可以為堯舜。」（《孟子・告子下》）堯舜是聖人，故「皆可以為堯舜」意即皆可以為聖人。為什麼皆可為聖人呢？孟子給出的有力證據是：人人皆有惻隱、羞惡、辭讓、是非之心。

「惻隱之心，仁之端（端者，源頭義）也；羞惡之心，義之端也；辭讓之心，禮之端也；是非之心，智之端也。」（《孟子・公孫醜上》）此四端之心廣被天下，人人皆有，不獨聖人爾。只是聖人能安止於此四端，並能時時擴而充之，失此四端之心時，且能努力修德敬業以恢復之。既然人人皆有與聖人無異之德性，與生俱來，在聖不增，在凡不減，五霸當然也有此德性，只是此德性深隱不彰，沉沒於紅塵物欲之中。

聖凡之別不在其所承德性之多寡有無，只問其隱顯純雜與否。此德性為生命惟一之真實，遠離德性即遠離我們的真實，故孟子曰：「五霸，假之也。」莊子謂得此本性者為「真人」（莊生本人即被後世稱為「南華真人」），孟子則謂失其本性者為「假人」，佛陀則謂之為「幻人」。

五霸們還不是一時一地之假，而是「久假而不歸」。「不歸」就是不願「反之」或不善「反之」。商湯（商朝開國君主）與周武王（西周創建者，姬姓，死後諡號「武王」）不如堯舜那樣是天縱之聖，不是生而知之。但他們之所以是一代聖君，是因為他們善於反省，勤於覺察，聞過則喜，積極修德。經過一段次第修證之後，其良知復萌，天性朗現，終於成就一代聖君偉業。

「堯、舜不失其性，湯、武善反其性，及其成功則一也。」《中庸》述此「其成功則一也」的「中道」之路曰：「不勉而中，不思而得，從容中道，聖人也。」

「反之」是因位反於果位，後天反於先天，有為反於無為，造作反於自然，現象反於本體，形而下反於形而上，物欲反於清淨，凡夫反於聖賢，小人反於大人……相較於「性之」的頓悟之路、直

貫之路，「反之」則是漸修之路、逆覺之路。

　　若將「性之」之路比喻為自江河源頭處直瀉而下，浩浩蕩蕩以至於海洋，則「反之」之路即是逆流而上，直至源頭。因「反之」之路為逆流而上，故需時時勤勉，處處警醒，不可懈怠，始終有一向上奮鬥之精神與意志，直至德性之源而後方休。

　　在這一持續向上超越自己的奮鬥過程中，不斷修德敬業，自強不息，如此便昭示出作為一名儒者的無限神聖與莊嚴。故曾子曰：「士不可以不弘毅，任重而道遠。仁以為己任，不亦重乎！死而後已，不亦遠乎！」（《論語・泰伯篇》）

　　除此「性之」與「反之」之外，成就內聖外王之道者，尚有第三條路徑：渾圓之路。所謂「渾圓之路」者，即不將先天後天、因位果位、有為無為、造作自然、現象本體等強分為兩段，而是合為一體，混為一味，打通間隔，不分彼此。

　　傳為孔子作的《易經・乾卦・文言》有言：「夫大人者，與天地合其德，與日月合其明，與四時合其序，與鬼神合其吉凶。先天而天弗違，後天而奉天時。天且弗違，而況於人乎？況於鬼神乎？」

　　此「合」字有吻合、相應、非離、不二、順適、渾圓、貫通等諸涵義。「合」有「性之」之合和「反之」之合。「性之」之合是本有之合，不是大人（聖賢）拿一個德性去與天地合，與日月合，與四時合，與鬼神合；而是大人之德性本來已與天地合其德，與日月合其明，與四時合其序，與鬼神合其吉凶。

　　天者，生生不息之義也；地者，厚德載物之義也。與天地合其德即是大人不拘束自己，也就是放開自己，任其生命內在的德性，興發其全體大用而彰顯其生生不息、厚德載物之功用。「與日月合

其明，與四時合其序，與鬼神合其吉凶」，皆同此義也。鬼神者，陰陽二氣之變化也。「與鬼神合其吉凶」，即是明陰陽變化之理而順之。知陰陽變化則吉，不明陰陽變化之理則凶。

「反之」之合是始有之合，即本來不合，現在方開始努力地與其合之，即後天主動地將我們的整個身心言行努力地「與天地合其德，與日月合其明，與四時合其序，與鬼神合其吉凶」。除了非此即彼的「性之」與「反之」外，尚有第三條道路——「中道」之路，也即「渾圓之路」。

孔子透過「先天而天弗違，後天而奉天時」這句話來指示「中道」。德性若收藏於生命之內，則無形無相。一旦彰顯於外，在天，則顯化為生生不息之創造；在地，則顯化為承載萬有之厚重；在日月，則顯化為普照之光明；在四時，則顯化為春生夏長秋收冬藏之循環不已；在鬼神，則顯化為陰陽調暢、生死自在的解脫之境。

天若違背德性，則不能成就其生生不息的創造之德；地若違背德性，則不能成就其承載萬有之德；日月若違背德性，則不能成就其光明普照之德；四時若違背德性，則不能成就其循序之德；鬼神若違背德性，則不能成就其把握陰陽、超越生死之德。

是故「天且弗違，而況於人乎？況於鬼神乎？」天地不能違背德性，若違背之，天將不成其為天，地將不成其為地。「況於人乎？況於鬼神乎？」

「夫子以仁發明斯道，其言渾無縫縫。孟子十字打開，更無隱遁。」（《陸象山集》）孔子將他之前的三代文教中，凡涉及或指稱那超越而內在的本體之辭，如易、天、寂感、道、乾坤、上帝、神明等皆收攝於內在的生命之中，重新名之曰「仁」。

易、天、寂感、道、乾坤、上帝、神明等超越的意味重，「仁」則內在的意味重。孔子將易、天、寂感、道、乾坤、上帝、神明等一起收攝入內在的生命之中，肯定它們皆為吾人內在生命之本有。此確是孔子獨家發明，是中華民族乃至整個人類文明發展史上、生命學發展史上的里程碑。孔子之「仁」既涵有「性之」義，也涵有「反之」義。故「仁」之一字，將先天後天、因位果位、有為無為、造作自然、現象本體，打成一片，混為一味，「渾無罅縫」，此為「中道」。

孔子將德性的超越性和內在性澈底打通，將內在的主宰之心與外在萬有的本體之性澈底打通。仁者，既含有心之義（仁心、德心），也含有性之義（仁性、德性），此義首發於孔子。中國上古文明發展至孔子這裡，發生了一次本質的飛躍，此正是孔子為大成至聖所以至聖之處。孔子是中華文化發展史上承前啟後的劃時代之聖哲。

孔子將三代以來數千年的中華文化收攝於「仁」中，如是，上古文化自此得以匯歸之，凝結之，貞定之，純化之，圓融之，昇華之，彰顯之。「夫子以仁發明斯道」，仁道者，何道也？「仁者，人也。」（《中庸》）「仁也者，人也。」（《孟子·盡心下》）「樊遲問仁。子曰：『愛人。』」（《論語·顏淵篇》）仁道，人道也，「為人之道」或曰「成人之道」也。

故知，真正的人本主義、人文文化、人道思想，始自孔聖。是孔聖將人首次提升到宇宙之真正主宰、歷史與人生命運之真正主宰的高度，充分肯定人的無上神聖與尊嚴。仁者，是具有超越和內在這兩大根本特性的生命之別名。仁即是生命，生命即是仁。仁非虛

稱，必有所指以實之。

　　仁主宰於內，名之曰「心」，故仁者，心也，俱名之曰「仁心」；仁承載於天地萬有（也包括人類在內），名之曰「性」，故仁者，性也，俱名之曰「仁性」。其仁心、仁性者，統而言之，曰「生命」。

　　故知，仁即生命之別名。生命為現代名，仁為古代名，其義一也。孔子緊扣生命，立定生命，彰顯生命，「發明斯道」，即發明此仁道，亦即發明此生命之道，以開後世千古文運。「天不生仲尼，萬古如長夜」，孔聖高舉生命之道，弘揚心性之仁學，麗如日月，朗照百代，自此我華夏智有所發，學有所依，行有法度，命有所歸。是故孔聖實為「中國古代最偉大的生命學家」。

　　到了後孔子一百多年的戰國，「孟子十字打開，更無隱遁」。孟子將心體與性體、先天後天、因位果位、有為無為、造作自然、現象本體等，作了明確的分別與辨析。

　　故朱熹引程子之語曰：「性之反之，古未有此語，蓋自孟子發之。」（《孟子·盡心下》）站在人類思想發展史上言之，從混沌走向分明，從綜合走向解析，這是人類思想發展的內在邏輯與必然趨勢。

　　然莊子對此深有覺察：「賢聖不明，道德不一，天下多得一察焉以自好。譬如耳目鼻口，皆有所明，不能相通。猶百家眾技也，皆有所長，時有所用。雖然，不該不遍，一曲之士也。判天地之美，析萬物之理，察古人之全，寡能備於天地之美，稱神明之容。是故內聖外王之道，暗而不明，鬱而不發，天下之人各為其所欲焉以自為方。悲夫，百家往而不反，必不合矣！後世之學者，不幸不見天地之純，古人之大體，道術將為天下裂。」（《莊子·天下篇》）

心體與性體，先天與後天，本來通而為一，渾全難分。如若強為分別，勢必產生「一曲之士」，如此則「寡能備於天地之美，稱神明之容」，其結果則是「道術將為天下裂」。

為了避免出現「一曲之士」、「往而不反」和「道術將為天下裂」的局面，我們還需再次回到孔子所開出的「渾圓之路」。通觀《論語》可知，孔子以「仁」之一字，統攝心體與性體、先天與後天、「性之」與「反之」、形而上與形而下、德性與德行、因位與果位等一切之強分。

儘管曾子的《大學》和孟軻的《孟子》等後世儒家著述，為了將儒家思想進一步地體系化，十字打開，辨而示之，但這些大儒對「道術將為天下裂」還是很有自覺意識的。故他們在著述中，始終將孔子的「渾圓之路」作為其立言之背景，而貫穿於篇章字句之間，以期最大限度地避免莊生之憂。

我們將在以下的《大學》學習過程中，時時能感受到這一點。依正宗儒家，雖有歷代大儒對仁道的闡述，多似孟子「十字打開」，但究竟不失孔子之旨，始終保持著即本體（性之）便是工夫（反之）、即工夫便是本體的「渾圓之路」。此亦為評議是否為正宗儒者的一個重要標準——失此準繩，不名儒者；握此樞機，則為正宗。

德性與仁心

　　包括《大學》在內的整個儒學，皆為成德之教（仁教），皆是為仁之學也。此「教」非宗教之教，乃啟示、指引、教化之教也；此「學」非一般世間小學、俗學，或百技之學，實乃發明心性、圓滿人格、彰顯生命、成就內聖外王之學也。儒家講學化民，始終不離「心性」二字。儒家以「仁」立言立教，仁既包涵心（仁心），也包涵性（德性）。若欲明仁之義，需先徹知「心性」二字之所涵蘊：

　　性者，本體義。性以自己為體，故曰「性體」。不是說除性之外還有一個東西來作為性的體，而是性包括其自身在內，即是一切萬有之體。關於此性體，各家皆有很多異名。儒家常稱之為「天性」、「本性」、「仁性」、「德性」、「理性」、「中道」、「易體」、「誠體」、「寂感真幾」等。道家常稱之為「道」、「自然」、「無」、「一」、「無為」、「無名」、「玄德」、「眾妙之門」、「太上」等。佛家於性體之異名最多，如「實際」、「真如」、「真理」、「如來」、「如來藏」、「法性」、「法界」、「法身」、「大光明藏」、「佛性」、「空性」、「自性」、「常寂光土」、「大陀羅尼」、「涅槃」等。

　　性者，真理義。性者，以理為性，故名「理性」或「性理」。（因性中俱含一切理。宋明儒學因特標「性者理也」之義，故宋明儒學又名「理學」。）因性體所含之理，至真至實，故名「真理」。此性理為形而上之理，非形而下之理。形而下之理是事物的結構之理；形而上之理為事物的所以然之理，也即存在之理，非事物的結

- 40 -

構之理。

形而下之理為物理。西方的自然科學和社會科學所求之理，皆為形而下之理。形而下者，謂之器。器者，物也。故形而下之理，謂之「物理」（此物理之「物」字，取其最廣之義）。依東方傳統觀念，凡與主體相對之客體，統名曰「物」。所有自然科學和社會科學所發現的真理，皆為客體事物的形質之理和結構之理。結構真理又可稱之為外延真理，因此類真理皆為從外部發現和證實。結構真理也可稱之為相對真理，因此類真理皆建立在物與我、彼與此的相望相對之基礎上。

形而上之理為性理，為事物何以如此之超越的所以然之理。此理在外，為天地萬物存在的所以如是存在之理，簡言之，即事物存在的存在性之理；此理在內為生命之理，為能動之理，為主體之理。

依東方傳統觀念，凡與客體相對之主體，統名曰「心」。心者，主宰義、能動義、主體義、生命義、覺知義，因此，性理於外而言，曰「存在之理」；於內而言，則曰「心之理」。此主體真理、存在之理，推至極致，則超越物我，泯除能所，達至絕對之境，則名「絕對真理」。此絕對真理，佛家名之為「空理」，因其超越一切，無形無相，無聲無嗅，而故有此名。形而上者謂之道，因此中國儒、道、易等諸家名之為「道理」。

絕對真理因其絕對（不與客體相對而有），故不能用「發現」一詞。「發現」一詞依其通常含義，是指我發現你，你發現我。在自然科學和社會科學那裡，可言發現了某某真理，但於超越一切的絕對真理處，則無法如此言之。絕對真理因其絕對，故此理只能待其自發自顯，自動地呈現給我們。故在絕對真理這裡，只能言「呈

現」，不能言「發現」。如若必需使用「發現」一詞，那也需對這個詞作特別的解釋：發而現之（自發地呈現出來）。

性者，創造義。創造復有兩義：一、創造天地萬物；二、創造人類社會，尤其是人類社會中的道德創造和文化創造。創造，即生生不息——生而又生，以至無窮。

歷代儒者論述性之創造義的語句不知凡幾，此處摘引幾條：「範圍天地之化而不過，曲成萬物而不遺。」（《周易·繫辭傳上》）「君子所性，仁義禮智根於心；其生色也睟然，見於面，盎於背，施於四體；四體不言而喻。」（《孟子·盡心上》）「天（儒家時常以天喻性）只是以生為道。」（《二程語錄》卷二）慧能大師的「何期自性，能生萬法」亦為此意。

「穀神不死，是謂玄牝。玄牝之門，是謂天地根。綿綿若存，用之不勤。」（老子《道德經》）道家稱此創造義為「穀神」，為「玄牝」。穀神是老子拿神祕深奧的山谷來作比喻，喻示性體之創造力如山谷一般生發草木，吞吐大荒。玄者，深遠難測之義；牝者，女性生殖器，即子宮之義。老子復將性體之創造力，比喻為一個無形無相、深邃玄遠的子宮那樣，可以生化一切。

性者，圓滿義。萬有源自此性體，終亦匯歸此性體。由是而知，性者，具足一切。此為性之圓滿義。慧能大師的「何期自性，本自具足」亦為此意。

性者，清淨義。性含「真善美」三德，且此三德純潔無雜。此純潔無雜之真者，謂之「至真」；此純潔無雜之善者，謂之「至善」；此純潔無雜之美者，謂之「至美」。

道家以美為主，將真善俱援入美中以成就之和通化之。在道家

看來，性者，全體是美，全美是性，至於真善兩德，只是美之雙翼而已。

佛家以真為主，將善美俱援入真中以成就之和通化之。在佛家看來，性者，全體是真，全真是性，至於善美兩德，只是真之雙翼而已。

我儒以善為主，將真美俱援入善中以成就之和通化之。在儒家看來，性者，全體是善，全善是性，至於真美兩德，只是善之雙翼而已。

儒佛道以其所立不同，趣向不同，入路不同，性格不同，故有世界觀、人生觀、價值觀和修行觀等等之不同，以此而有三家之別，以此而有各性所性，各心其心。若將三家各性所性各心其心，剖析明白，條理清楚，所需篇幅甚巨，故此處從略。

三家之學無不源於性體，臻於至境，故皆為究竟圓滿之教，皆堪為人生指南、學問標的。因三家之學全為性源之學，為究竟圓滿之教，為清淨之學，皆可為人類理想指示出一個終極歸宿，所以三家之學皆可昭示出無上之莊嚴，無比之神聖。佛家以「佛國淨土」，道家以「神仙真境」，我儒以「聖賢化境」來指稱此性者清淨義。

性者，定止義。性體是既存在又活動，既活動又存在。其存在義，即寂靜義，即定止義；其活動義，即繁興大用之創生義。性體的另一特性是既內在又超越，既超越又內在。性體超越一切主客能所，絕對存在，不為一切所限所束。因性體超越一切，不為一切所左右和干涉，故為絕對定止。佛家將此絕對定止義喻為金剛，喻為空性。慧能大師的「何期自性，本無動搖」亦為此意。道家謂之「清虛」或「靜一」。

性者，永恆義。性體超越一切，為絕對主體的存在，性體即超越之自身。性體即超越，超越即性體。因性體超越一切，故為永恆。得性體者，即得永生。成為性體者，即成為永恆。永恆者，不生不滅、不增不減之義也。永恆性即普遍性。性體「範圍天地之化而不過」，無處不在無處在，亙古亙今。

佛家稱此性者永恆義為「涅槃」。「以是義故，佛性常恆無有變易。無明覆故，令諸眾生不能得見。」（《大般涅槃經》）「佛性與真如。能覺悟成佛之性，叫做佛性；不生不滅之實體，叫做真如。佛性與真如，同體異名。」（《佛學常見辭彙》）「寂兮寥兮，獨立而不改，周行而不殆，可以為天地母。吾不知其名，強字之曰道。」（老子《道德經》）「夫道，有情有信，無為無形；可傳而不可受，可得而不可見；自本自根，未有天地，自古以固存；神鬼神帝，生天生地；在太極之先而不為高，在六極之下而不為深，先天地生而不為久，長於上古而不為老。」（《莊子・大宗師》）

性者，自然義。自然者，自己而然、自己如是之義也，也即無需造作、無需勉強之義也。自然即「毋意，毋必，毋固，毋我」（《論語》）。「易，無思也，無為也，寂然不動，感而遂通天下之故。」（《周易・繫辭傳上》）自然即無為，無為與有為相對反；自然即先天，先天與後天相對反。是故：

自然必自在。自在即自己而在，不依因待緣而後方在。性體即超越，超越即性體。超越了一切束縛的超越之本身，必為自在。自在即無為，無為即自在。自在成就無為，無為成就自在。

自在必自主。自主即自己就是自己的主宰，自己就是自己的命運。

　　自主必自由。自由即是自己內含著決定一切的意志，此意志名曰「自由意志」。自由意志決定著意志之自由，即不被束縛的自由，此自由可名之曰「終極之自由」。自由即是解脫。解脫是相對於束縛而言，不被一切所束縛的解脫，就是澈底的自由。

　　此澈底的自由或曰終極的自由，不是人為造作出來的，而是我們（的性體）本來就是自由的。就生命而言，即究竟而言，我們無法、也無需人為地造就出任何自由，我們只是回歸本來即有（與生俱來）的自由。

　　自由必自發。我們似乎可以對任何事物發問：「為什麼這個樣子，而不是別的樣子？」這在現象世界裡可以如此質問，但於自在之境、自主之域裡，如此發問是沒有意義的。若非得如此發問，那只能回答說：「它自己讓自己如是如是這般的。」這等於沒有回答，因為在此究竟的自發之境中，一切存在皆呈現出它們本然的樣子，禪宗稱此為「本來面目」或「本地風光」。

　　自發必自足。自足即圓滿，唯有自足的圓滿，方為真圓滿。現象界的各樣圓滿只能稱之為「相似圓滿」，相較於此，性體內涵的自足方是真正的圓滿、究竟的圓滿。禪宗六祖所言「何期自性，本自具足」即此究竟圓滿之義也。晚期大乘佛教——密宗，其最高法門名之曰「大圓滿」。其大圓滿旨趣，同樣是指此性體所涵自足之義也。莊子所謂的「逍遙」、「自得」、「自適」、「無待」、「天籟」等，皆此自足之圓滿義也。

　　自足必自律。自律者，自有律則，自己為自己立法。一切與真善美相關的法則，即性體為自己所立之法。源於性體的善（道德），謂之「性德」，謂之「至善」。儒家的成德之教，即立定於性德之

上而為教。立於性德的道德為自律道德，社會習俗與政府法律皆為他律道德。自律道德即一切道德行為和道德創造皆源於性體的自足、自律、自在、自由。

自律必自生。自生者，性體顯化其自身之義也。究竟而言，就是我們所看到的現象界的生生不息，造化不已，緣起緣滅，循環無端。但那只是因為我們是從其外部現象地、形式地視之，就其超越地、究竟地言之，無生也無滅，不增也不減，皆為性體自生也。自生者，自己出生自己也。既然自生是自己出生自己，那也就無所謂生不生了。是故，自生即是無生，無生即是自生。

此義非常不易領會。佛家對此無生（自生）義，十分重視。佛陀講法四十九年，所說經典不計其數，如是不計其數的經典，其旨趣所在，可一言以蔽之——皆在闡述「無生」之玄義。道家對無生義同樣十分強調，整部《道德經》皆在闡述「無生」之玄義。唯儒家對性德之無生義議論不多（但並非沒有），這並不證明儒家不知性體之無生義（無生為生，生即無生），只是我儒喜從正面——生生不已，以成立道德之創造（仁義）。「天地之大德曰生。」（《周易・繫辭傳下》）「生生之謂易，是天之所以為道也。天只是以生為道，繼此生理者，即是善也。」（《河南程氏遺書・卷二・二先生語上》）

佛道兩家從萬物的無常幻滅入手來體悟性體的無生義，儒家從萬物的生生不已、健行不息的道德創造入手，來體悟性體的自生義。儘管無生與自生是性體之兩面，如硬幣之兩面，但因從不同面入手以立學，其結果則成系統性格差異巨大的不同學說和修證體系。

　　自生必自覺。自覺即自明，自明即反省察識以自肯。但此自肯不是執著，不是陷於小我自我之自戀。自肯是對性體之自覺性的自然地、自發地肯認與貞定。自覺必須在無我之中方能實現性體之自覺的超越式的、存在式的肯認與貞定。自覺必無我，無我必自覺。而不可將性體之自覺性認同為陷於小我自我之自戀。

　　自覺即是心。心者，自覺義。性體全體為覺，故性體全體為心。當全水為波之時，也即全波為水之時。當全性為覺，也即全性為心。如是，則性體即覺體，覺體即心體，心體即性體。心性通而為一，心性合而為一，心性本一。上述性體所涵之自在性、自足性、自律性、自生性等屬性，同為心體所共有。性體者，性以其自己為體，非性以其之外某物為體。心體者同然，心以自己為體也，非心以其之外某物為體。

　　全性即覺，全覺即心。故全性即心，也即全心即性。

　　性之覺察謂之心，性之自明謂之心，性之自省謂之心，性之自識謂之心，性之自肯謂之心，性之自生謂之心，性之無我謂之心，性之主宰謂之心，性之運動謂之心，性之自控謂之心，性之趣向謂之心，性之無限超越與無限回歸謂之心。

　　性自具三德：真、善、美。真者即心，曰「真心」；善者即心，曰「善心」；美者即心，曰「美心」。

　　真心即心體內含一切存在之理、一切真理、一切律則法度。此即陸、王所謂的「心即理」之義。全真即心，全心即真。真外無心，心外無真。在真之時，善與美也全為真所攝，所容，所化，所統。

　　善心即心體內含一切與生俱來的本然之德，即仁、義、禮、智、信，溫、良、恭、儉、讓等等，一切儒家之德行、德目、德操、德

境皆為心體之本有。德行者，心體之行也。德目者，心體之節目與構成也。德操者，心體之操守也，心體之護持也。「操則存，舍則亡。」（《孟子·告子上》）存者，存此心（體）之義也；亡者，亡此心（體）之義也。德境者，心體之體段與境界也。

修身、齊家、治國、平天下，小人、君子、賢達、聖人等，皆為心體之體段與境界，皆為心體之本有。全善即心，全心即善；善外無心，心外無善。在善之時，真與美也全為善所攝，所容，所化，所統。

美心即心體內含一切與生俱來之大美、之至美、之完善。美者，欣賞義、愉快義、享受義、幸福義、激情義。佛家謂美為「極樂世界」——終極的或極度的快樂之境域。儒家謂美為「發憤忘食，樂以忘憂，不知老之將至」（《論語·述而篇》）。美者，心體之所涵。一切對美的感受、體悟、欣賞、享受、經歷，皆為心體之本有。全美即心，全心即美；美外無心，心外無美。在美之時，真與善也全為美所攝、所容、所化、所統。

孟子曰：「盡其心者，知其性也。知其性，則知天矣。存其心，養其性，所以事天也。夭壽不貳，修身以俟之，所以立命也。」（《孟子·盡心上》）「天」在此句中為「體」義。當盡心之時，此心即是天，即是體。盡心即是盡性盡天（盡體），識心即是識性識天（識體）。「盡其心者，知其性也。知其性，則知天矣」，此是「性之」；「存其心，養其性，所以事天也」，此是「反之」；「夭壽不貳，修身以俟之，所以立命也」，此為合先天與後天、合無為與有為、合心體與性體之渾圓「中道」。

儒佛道等人類大的文明體系，無不是盡心盡性之教，非獨儒家

若此。只不過不同的文明體系，是以各自的方式來實現著各自的盡心盡性。概略而言，儒家以善（德）為道來盡心盡性──盡善心，盡德性；道家以美為道來盡心盡性；佛家以真為道來盡心盡性──破幻顯真，轉迷為覺。

性之覺察義、自明義、自省義、自識義、自肯義、自生義、無我義等，皆可統而名之曰「性體之智慧」，簡稱「性智」或「智」。儒家的「仁義並行」、「德智雙彰」之智，即指此性智而言。

宋明儒所謂的「德性之知」、「致良知」之「知」，也指此「性智」而言。「知」字在古文中有二義。一者，主宰義。「知州」、「知府」之知，即主宰、掌管之義。二者，覺察義、智慧義。「德性之知」、「致良知」之「知」，即智慧義。古文中「知」與「智」通用。

性體所涵之智慧，即為心。全智是心，全心是智。宋儒將智慧分為「見聞之知」與「德性之知」。佛家也將智慧分為「世間智」與「出世間智」。基督教分為「人的智慧」與「上帝的智慧」。其出世間智、上帝之智與德性之知相似，世間智、人之智與見聞之知相似。

儒家稱此先天本有之智慧，為「生而知之」之智慧，此生而知之的「生」字，指的是與生俱來之義。但此與生俱來的智慧，對於一般人而言，並不是與生俱顯的，而是處於相對隱藏狀態。對於天縱之聖的堯舜而言，出生或長大後也是一直處於顯存狀態，「及其聞一善言，見一善行，若決江河，沛然莫之能禦也」。於一般人而言，出生或長大後，我們的這個良知、德智，是處於深淺不一的隱蔽狀態的，需切實做一番「反之」的復性工夫，方可將此良知、德

智全體朗現。

東西方都承認除了人類常規的感官認知事物之外，還有一種直覺的、神奇的、無為的、先驗的、本有的認知事物的智慧。佛家稱此為「般若」（另有佛智、出世間智、無師智、根本智、空性智等別名），道家稱此為「玄智」，儒家稱此為「良知」，基督教稱此為「神智」（上帝之智）。

東西方所差別者，是東方以儒佛道為代表的中國與印度文化，皆肯認此先天智慧，人人具有，不異分毫；而西方基督教只承認，此智慧為上帝所獨有，人類沒有，人類只擁有依感官而來的情識智慧和依推理、邏輯而來的知性智慧。依感官而來的情識智慧和依推理、邏輯而來的知性智慧，皆為後天智慧，皆為經驗智慧。故西方文化只認可人類擁有經驗智慧，不承認人類擁有神智。以基督教為代表的西方文化，將人類的經驗智慧與神靈的先驗智慧分割開來，實是將人類與神靈分判開來。

依此，則成人天相望、人神永隔之分裂格局。唯有東方文化承認我們既有後天的經驗智慧，也具有先天的本有智慧。如此則能圓滿而澈底地打通先天與後天、「性之」與「反之」、先驗與經驗、性體與心體這兩個相異的世界。

經驗智慧是後天的累積型智慧，所謂的「經一事，長一智」是也。《新編五代史平話‧漢史》載：「人有常言：『遭一蹶者得一便，經一事者長一智。』」先驗智慧是先天的存在型智慧，無需累積，只需呈現。

經驗智慧認知的是事物的結構之理。先驗智慧認知的是事物的存在之理，即事物的所以然之理，或事物的超越之理。

　　經驗智慧為執著的智慧，於探求事物之時，需鍥而不捨，日積月累而後得之。如無此執著，無論於科學研究，還是世間功業，皆不能成就之。先驗智慧是無為無執之智慧，必於無我、無執、無為、超越中彰顯之。

　　經驗智慧是間接認知事物，故需借助於某種手段和工具（如顯微鏡、各種科技儀器等），方可更好地認知事物。先驗智慧是直接覺知事物，直接於心中呈現出事物存在的存在性之理，即事物的所以然之理。

　　經驗智慧發現的是事物的形構之理、材質之理、外延之理，此理名為「客體真理」。先驗智慧發現的是事物的存在之理、超越之理、所以然之理、內容之理、生命之理、性體之理，此理名為「主體真理」。

　　經驗智慧可以讓人類實現從外在的各種社會束縛中，從外在的大自然中，越來越深度地獲得解放和自由；先驗智慧可以讓人類實現從身心內在的各種束縛中，從生死束縛中，從無明、業障、愚癡、顛倒、幻妄、煩惱、感官、自我、各種負面情緒和生物本能，以及各種經驗之局限中，越來越澈底地超越和解放出來，獲得身心、人格和人生最大限度的自由與圓滿，即如其所是地實現人生的終極目的與終極關懷，實現生命的永恆。

　　經驗智慧可成就自然科學和社會科學，先驗智慧可成就生命科學。

　　經驗智慧與先驗智慧，或自然科學、社會科學與生命科學之間的關係，如鳥之雙翼、車之雙輪，缺一不可。過去東方文化中，很不重視經驗積累和經驗智慧，視之為小術、世法、俗學、有為法、

功利、物欲等而輕視之，甚至鄙視之。故東方傳統中，在社會科學和自然科學方面，始終進步緩慢，難有突破性的建樹，在有些歷史時段裡，甚至長期停滯不前；唯有在對內在的生命世界之探索方面，成果斐然，尤其是對生命之本質——心體與性體方面的探究，更是碩果纍纍。致使東方文化（含中國文化和印度文化在內）只成為生命文化，東方科學只成為生命科學。

儘管儒家高舉「內聖外王」並重之思想，但歷史地觀之，儒家仍然是內聖面重，外王面輕。「內聖之學」即生命之學、心性之學、先驗之學，「外王之學」方是今日所謂的社會科學和自然科學。因儒家重內而輕外，故被儒家思想主導數千年的中國，始終在自然科學和社會科學方面難以形成系統，難以步入成熟之境，最終這兩大類科學系統從西方文化中孕化而生，並迅速地走向成熟。

自然科學和社會科學為人類打開了一個又一個全新的境界，使人類對外界的認識與理解，達到了前所未有的深度和精度。那些層出不窮的發現與發明，為人類的生活與生產帶來了巨大的解放與方便，儘管只是外在的解放，但其功德之盛、成就之著，言語無以稱量。

儒家相較內聖之道，其外王之學雖不甚重視，但儒家本質上並不拒斥經驗智慧和建立於經驗智慧之上的自然科學與社會科學，只是歷史地看，於此興趣不甚恆久而已。如若於外王之道上發起恆久之興趣，儒家是完全可以開發出西方近現代意義上的自然科學和社會科學的。

相較於儒家，佛、道兩家在對待外王方面要極端得多，幾乎視外王為敵。佛、道兩家多視外王之經驗智慧為物化之由、墮落之源、

障道之因、束縛之本，極欲棄之，破之，將經驗智慧與先驗智慧對立而觀，視若水火。

不獨於佛、道兩家將經驗智慧與先驗智慧對立而觀，以基督教為代表的西方文明，同樣將神智與人智對立而觀，否定人類擁有神智，僅將神智歸屬於上帝（神）所專有。因人類不具有神智，當然也就不存在如何在人類的身心中和人生中去彰顯神智的問題了。故西方只將注意力放於人類的經驗智慧之上而重視之。

如是西方文明只成為經驗智慧之文明，而缺般若之智。在過去的歷史中，東西方文明各有偏重，執於一面而不及另一面，故東西方文明各有所得，也各有所失。若使人類文明臻於中道與圓滿，必至內聖外王互為前提、相互補助而後已。

止於至善

　　經文的第一個「明」字是動詞，即明白、透澈、依從、彰顯、圓滿之義。第二個「明」字是形容詞，形容「性德」或「性體」的自明性、自覺性、自生性等涵義。

　　「明德」者，心（體）也，尤其側重於指儒家的道德之心、良知之心、仁義之心。道德之心、良知之心、仁義之心，為性體所涵，為先天本有，由是而知，明德非為外物。「明明德」，即孟子所言的「盡心」。盡心即透澈、飽滿地彰顯心之全體自明、自覺、自足、自生等諸義，也即將孟子所言的「四端之心」（惻隱之心，仁之端也；羞惡之心，義之端也；辭讓之心，禮之端也；是非之心，智之端也）充擴之，貞定之，飽滿之，通化之。

　　通化之，就是將充擴、貞定、飽滿後的「四端之心」，透過身心言行彰顯出來，使其貫徹天地間所有事事物物之中。此充擴、飽滿之後的「明德」之境，即儒家所言的聖賢之化境，也為儒家修持之最高境界、成德之教的終極目標。

　　「明明德」就是禪宗所言的「明心見性」。只是儒佛兩家各明各的心，各見各的性。儒家明道德之心、良知之心、仁義之心，見德性，見仁性，見本善之性，故儒家緊扣「仁心」、「德性」而言明心見性。禪宗（佛家）所明之心為清淨心、本覺心、涅槃心、無我心，所見之性為佛性，為法性，為覺性，為空性，故禪宗緊扣「覺

心」、「空性」而言明心見性。此心此性無道德內涵，不能成就生生不已的道德創造和興起道德的全體大用。

佛家言心言性，側重於心性的無為面、自然面、超越面、無我面，佛家是從消極面入手而言「覺心佛性」，故力倡出世、避世、遁世、厭世。儘管佛家也曾言「一切治生產業，皆與實相（佛性）不相違背」，「大乘菩薩需作眾生不請之友」，「佛法在世間，不離世間覺；離世覓菩提，猶如求兔角」……但這僅僅是佛家的一個姿態、一句口號，並沒有真正落於實處，也難以真切地落於實處。就其基本性格而言，佛家為出世之教而無疑。大乘佛教起源於小乘，並以小乘為基礎，小乘佛教是一個典型的出世、厭世之宗教。

儒家的言心言性，側重於從心性的創生面、道德面、自律面、自發面入手而言「仁心德性」，故力倡入世，不避世間紛雜艱險，正視社會現實，於人倫日用之間成就人格，昇華身心，參悟人生價值，彰顯道德莊嚴，實現生命終極關懷。

在親民

「親民」有多重涵義，無我地成就他人，至誠地關愛別人，擔當起時代和社會的各種責任與義務等等，只要做與他人有益之言行，皆在「親民」範疇之內。雖佛家也盛言「無緣大慈，同體大悲」，但其慈悲落實了講，是引領眾生走向出世之路，是引領眾生到彼岸世界。

儒家從來沒有西方極樂世界，更不倡導出世，其「無緣大慈，同體大悲」，其親民愛人，皆在人倫日用間實現之，皆在現實世界

中落實之。儒家不似佛家那樣，把世間與出世間、此岸與彼岸、眾生與諸佛、俗世聰明（經驗智慧）與聖智般若（先驗智慧）等對立起來，分割開來。

在儒家，則將一切彼岸全部攝入此岸之中，將一切出世間全部攝入世間之中，將一切淨土攝入此五濁惡世之中，將一切神佛攝入此眾生之中，以成就之，以圓滿之。孟子曰：「聖人者，人倫之至也。」儒家成就聖賢，並不悖離人倫日用，而是就著此世間人倫以成就之，圓滿之。

親民之心與愛人之行起於何處？起於性體之自律性，此自律性內涵真、善、美三類創造規律與運行法則。儒家偏重其道德行為和道德創造之律則。

此道德律為性體之無上命令與絕對命令，依循此無上命令，對內得心安，得解脫，得永恆，得圓滿，得（先驗）智慧；對外實現一切道德創造，成就一切道德行為。人生之價值、生命之意義，合賴此道德創造與道德行為得以成立，得以實現。此價值為人生之終極價值，此意義為生命之究竟意義。

「可以贊天地之化育，則可以與天地參矣。」（《中庸》）後朱子發揚之曰：「此儒者之學，必至參天地，贊化育，然後為功用之全也。」（《白鹿洞志》）「贊」具三義：

1. 幫助、輔佐義，如贊助、贊成等；
2. 主持義，如古之「贊禮」；
3. 誇獎、稱揚義，如讚歎、稱讚等。

「贊天地之化育」即輔助、主持、稱揚天地之化育，就是將我們內在的心體、性體自發而出的道德之創造，與天地之化育（創

造）貫通相應，融合為一。天地之化育與個人之道德創造本來即一。心體、性體在天地間，即表現為生化養育萬物；心體、性體在人際間，即表現為一切道德創造和道德行為。故吾人之道德創造與道德行為，本來就是天地生生不息、化育萬物的一部分。在儒家，道德秩序即是天地秩序，天地秩序即是道德秩序（天地是依循著道德法則而化育萬有的）。

「參」者，三也，意為如此之人，可與天與地鼎足而三。天地為化育創造之源，與天地鼎足而三的人，同樣是化育創造之源。「可以贊天地之化育」之「可以」二字為假設語，意為如若我們對內在的心性不限，不束，不塞，不離，反而時刻充擴之、彰顯之、顯揚之、貞定之，如此則可以達至「參天地，贊化育」之聖賢化境，以圓滿地實現親民愛人之道德創造與道德行為。

親民即化民。此「化」字有教化、轉化、通化、感化以及化境之化義。教化者，以古聖先賢之思想和德行，教導民眾，令民眾生有所由，死有所歸，言行有則，創造有源，所謂化民成俗者也。若此，則民風歸厚，文明暢達。

轉化者，將一切世間不平、氣質之偏、本能獸性（生物性）、物欲之私、自我無明、虛假幻妄、暴戾邪魔等，皆正之以心性之光明而扭轉之，化除之。通化者，將一切身心癥疽病患、社會顛倒混亂、天地晦暗失常，皆以心性之自然、自律、自明、自足、自生等之力而暢達調適之。感化者，「寂然不動，感而遂通天下」（《周易‧繫辭傳上》）。

寂然不動者，心性為體；感而遂通天下者，心性為用。心性既為體亦為用，心性全用為體，全體為用。聖賢者，心性之化身也。

聖賢以心性之自然、自律、自明、自足、自生等之力，於內而為形體精神、言行舉止，於外則感物化民。

「夫君子，所過者化，所存者神，上下與天地同流，豈曰小補之哉？」（《孟子‧盡心上》）意為，儒家之君子或聖賢，其為道德之化身、心性之化身，他們的思想言行所被之處，身形舉止所至之處，一切人與物，無不感應而轉化。

雖千萬里之外，或千百年之後，隨感赴應，無遠弗屆。佛家稱此心性之自然、自律、自明、自足、自生等之力，為佛力，為法力，為般若力，為三昧力，為大悲力，此力最為不可思議，神鬼莫測。佛家又稱此力為「加持力」，加持力通俗地講，就是影響力、感化力。在此加持力之影響下，一切不正之事物，悉皆歸正；一切貪嗔癡，在此加持力感化下，悉皆轉化為戒定慧。

在止於至善

「止」即到達、安處、融入、成為之義。「至善」即最高善、終極善、圓滿善之義。

「善」有二義：一義是指心體、性體為（自律）道德理想之源、仁義之本，一切德目、德行、德化、德馨之所由；另一義是情感歎詞，對一切真善美的由衷讚歎。《孟子》一書中時常出現「善哉，善哉」之歎，即為此義。後世佛經譯入中華，內中多有「善哉」之褒歎，其詞正是擷取《孟子》而來。

「至善」一詞具含上述二義。若依第一義，至善則是指道德仁義之圓滿極致之境界，也即指心體、性體已然充擴飽滿達至澈底朗

現，無有餘蘊，無有隱曲，無有混雜。內與外、主與客、心與物、生生與無生、有為與無為、經驗與先驗、「性之」與「反之」、人與神（或曰凡與聖）等等，皆統攝於心性之中而貫通之，消化之，圓融之，成就之。此境儒家名曰「（道德之）化境」。不達此境，不名為極，不名為圓，也不名為至。若進至此境，方可名為「至善」。第一義成，至善第二義亦隨之而成。進至此圓極之境，方可稱讚為「善哉之至」也。

至善者必至美。雖然儒家以德立言，成德為教，但善美者，一體之兩面，至善者必至美。只是儒家將美之一面統攝於、消融於善之中而不甚顯赫，但並不能依此即謂儒家無美之一面。善之與真，亦復如是。

至美者，妙樂（心體、性體自發之樂，又名「自得其樂」。因此樂為本有、自得故，不假外求）之至也；至真者，心體、性體自明之智慧（理性或曰性理）之至也；至善者，心體、性體依自律道德而興起生生不已之創造之至也。故至善者，必得心體、性體自發之無上妙樂（佛家以極樂世界喻之）；至善者，必得心體、性體自明之智慧（般若智慧、先驗智慧）而發明生命和存在的至真之理（簡稱「真理」）。

如何判定我們的「明明德」和「親民」已臻於「至善」與否呢？此中關鍵在於有我還是無我。有我即有自我之義，無我即無自我之義。有我即有限，無我即無限。

「我」是心體、性體之封限。若有我，有多少自我，心體、性體就有多少被封限；若無我，心體、性體則無封限。發自無封限的心體、性體之善，就是無限善，無限善就是至善，就是圓滿之善，

就是終極之善。有我（有限）之善，為善之分段，為某一面某一點之善，此善因雜以小我、自我、私念、物欲、封限之善，故名「小善」。小善不能盡善之全體大用，不能盡善之全部蘊涵，不能盡善之無限永恆之體性，不能盡善之生生不息之道德創造。

　　無封限之心，就是無限心；無封限之性，就是無限性；無封限之善，就是無限善（至善）。無限即絕對，無限即普遍，無限即超越，無限即永恆。無限善即絕對善，因此善非相對而在，必為純主體而在，故絕對善即純主體之善，此時全部主體即是善，全善即是主體。無限善就是普遍善，其善非局限於某處，而是遍在於一切處。無限善就是超越善，此善因無我而無執、無為、自然、自在，超越即解脫，故超越善即為解脫之善──以善（良知、道德）為入路而至解脫。無限善即永恆善，當善臻於無限之境時，即是善臻於永恆之時。

　　永恆在佛家名曰「涅槃」，佛家以覺（真）為入路，達至不生不滅的永恆涅槃；儒家以德（善）為入路，達至不生不滅的永恆涅槃。

物有本末，事有終始

知止而後有定

此段經文是闡述《大學》修行之次第。此次第不是通常人們所意會的從低到高、由偏至圓、自下而上之次第。此通常人們所意會的從低到高、由偏至圓、自下而上之次第，是「從因到果」之次第，而「知止而後有定，定而後能靜，靜而後能安，安而後能慮，慮而後能得」之次第，名之曰「倒果為因」之次第。

「倒果為因」之次第，是以修行之極果、修行之最終聖境為起點。「倒果為因」的「因」即是起點、基礎之義。「倒果為因」就是下手時即以聖賢之極果為修行之起點，為修行之基礎，並在此起點上，在此基礎上，擴而充之，以至其極。「倒果為因」之次第是無次第的次第，是有次第（即有階段、有步驟、有先後）而無次第相（無次第相意為無次第之跡象，無不可更改之次第，有次第但不為次第所束）的次第。

從因到果修行法與倒果為因修行法相較，有如下若干之差異：

從因到果修行法是從現象進至本體；倒果為因修行法是從本體進至現象。

從因到果修行法有次第，而且其次第是機械的，是難以更改的；倒果為因修行法也有次第，但其次第是靈活的，是可以更改的，是以一種超然之態度來看待次第的，也即雖然有次第，但無次第相，不執著於次第，不為次第所束。

從因到果修行法是將聖賢之境界作為一個理想、一個假設，一個仰望中的終極目標，一個心中並沒有確定把握的期望；倒果為因修行法是起步即立定於聖賢之境界，聖賢之境界不是一個終點，而是將終點與起點合一。在倒果為因修行法的實踐者那裡，聖賢之境界不再是一個理想、一個假設，一個仰望中的終極目標，一個心中並沒有確定把握的期望，而是一個存在於此時此地的現實，我們現在要做的僅僅是，將自己越來越深入地、完整地、純粹地、無我地融進此聖賢之境，成為此聖賢之境。

從因到果修行法是「反之」；倒果為因修行法是「性之」。

「知止而後有定」的「知」字，是覺知、覺察、明確之義。經過歷代聖賢的言教與開示（包括本《大學》在內），使我們這些後學明白了心體與性體，明白了良知與仁義，明白了至善是生命和人生之價值與意義的來源與歸屬，如是等等。明白後，我們便將身心言行歸止於此心性之上，歸止於此至善之境。如此便是「知止」——確定地知道自己身心言行應當歸止於何處。

確定地知道自己身心言行應當歸止於何處，計有兩種路徑：一種是特殊路徑，一種是平常路徑。

遵循特殊路徑的有兩類人：天縱英才之人和忠厚老實之輩。對於天縱英才（上智之人），如堯舜者，無需後天長期而艱苦地學習多少思想學說，「見一善行，聞一善言，（心體、性體所涵之仁德良知）若決江河，沛然莫之能禦」。另一類人為文盲野夫（下愚之人），由於種種原因沒能接受到很好的教育。在儒者看來，如此文盲野夫照樣可以實踐德行，完善人格，發明心性，活出德化之人生。「若某則不識一個字，亦須還我堂堂地做個人。」（《陸九淵集·

語錄・上》）「堂堂地做個人」，就是成為一個「大人」，成為一個聖賢。聖賢之為聖賢，在於其人是否發明心性，止於至善，是否成就一番內聖外王之事功，不在於這個人一定要學習多少學問，累積多少知識。

雖然是一位「不識一個字」的文盲野夫，但只要成為一個「擇善固執」之人，每臨事待物之時，俱能盡心盡力，始終恪守仁心良知而不失，如此之人，必定活出德化之人生，終達至善之境，成就為一名聖賢。

孔子曰：「唯上智與下愚不移。」（《論語・陽貨篇》）此之謂歟？不移者，無需旁顧左右，思慮忖度，直下行去是也；不移者，誠也。「誠者，物之終始；不誠，無物。是故，君子誠之為貴。」（《中庸》）佛曰：「制心一處，無事不辦。」（《遺教經》）「制心一處」即止心一處，為滌慮精誠之義；「無事不辦」為所願皆成，止於至善之義。

另一種路徑為平常路徑：廣學聖賢之教，披閱古今文典，「博學之，審問之，慎思之，明辨之」，最後匯歸於「篤行之」（《中庸》）。如是，方可漸臻於理明法透之境。一旦理明之，法透之，則不會再有疑慮。因無再疑，而生實信，而得真誠。自此以後，發明心性，成就德化人生。

佛曰，眾生皆具五毒——貪、嗔、癡、慢、疑，有此五毒而蠶食慧命，斷人善根，顛倒真理，遮蔽心性。其中「疑毒」為五毒之一，不可不慎。疑病難袪，亙古如斯。為除世人疑病，古今聖賢智者，廣立言行，建構文教，條理思想，標示體系，以求文明普被，顯著心性，導引歸宿，安排次第。

如此，而有各種智慧系統之誕生，如此，而有各種文化體系之發展。儒佛道各家體系，非供後人娛樂耳目之用，非為增添茶餘飯後笑談之資，實乃仁心之不容已，為斷除世人五毒之害。五毒除，無我現，誠信立。如此，方能確定地知道自己身心言行應當歸止於何處。如此，方為知止——止於至善。

「知止而後有定」。印度文明的結晶——佛法，有「戒、定、慧」三無漏學。整個浩如煙海的佛教經律論三藏，無不圍繞著「戒、定、慧」三學而廣泛闡述。佛法就是「戒、定、慧」三學，離開「戒、定、慧」三學，別無佛法。故此三學，佛家稱之為「三無漏學」——其中任何一學皆不可忽略。如若遺漏任何一學，則整個佛法體系不能成立。

戒者，戒律之省稱。狹隘之戒律，在不同的宗教或思想體系裡有不同的要求。依佛教而言，狹隘之戒就是以釋迦佛為主的歷代佛教宗師們為規範約束佛弟子的言行而制定的各類律條。廣義之戒律，是指一切倫理學說、民俗傳統、道德實踐等。戒為遮止，遮擋和阻止一切惡行之發生；律為顯揚，顯化和發揚一切善行，令其彰著。

儒家旨在建立道德，發揚仁義，刊定善惡，在明明德，因此整個儒家思想學說，種種德目——溫良恭儉讓、仁義禮智信、君君臣臣、父父子子等等，究其實質，無非是一個龐大的戒律學說。相較於佛學或其他思想系統，儒學是一個最為完備、最為透澈的戒律體系。

戒律又分為「有相戒律」和「無相戒律」兩種。有相戒律，指各種戒規戒條，如法律之種種條文，學人依此，知所進退。有相戒

律為他律道德，或曰「他律倫理」，即此類道德行為和倫理行為，皆源於我們之外的宗教、法律、習俗、傳統等對人們的強制規定和要求。

無相戒律為自律道德，或曰「自律倫理」，即此類道德行為和倫理行為，皆源於吾人內在的心體、性體，是心體、性體彰顯後，自其間顯化出的良知善願對我們言行的指引與命令。此命令為吾人道德行為倫理行為的最高命令、絕對命令。

簡單言之，此最高命令或曰絕對命令，即是儒家所謂的「仁心之不容已」、「義不容辭」、「（心）安與不安」、「求仁得仁」、「殺身成仁」、「富貴不能淫，貧賤不能移，威武不能屈」等諸句之義。

為什麼「不容已」、「不容辭」、「不能移」、「殺身（以成就之）」？因為這是來自心體、性體的道德指令與道德規定，此指令與規定是天命！——猶如基督教中所言的上帝之命令。故此命令為無上之命令、終極之命令、絕對之命令、定然之命令。

因這類道德律令源自無形無相的心體、性體，故而佛教禪宗名之為「無相戒律」。此戒由禪宗六祖慧能大師首次提出。記錄六祖言行的《六祖壇經》開篇就說：「慧能大師於大梵寺講堂中，升高座，說摩訶般若波羅密法，授無相戒。」（敦煌本《六祖壇經》）此為「無相戒」一名之始。何謂「無相」？六祖解釋是：「外離一切相，名為無相。」

通觀《六祖壇經》，慧能大師主要從以下幾個方面來闡述「無相戒」（下文皆引自敦煌本《六祖壇經》）：

1. 自性三歸依：

從今日起，稱覺為師，更不歸依邪魔外道。以自性三寶，常自證明。勸善知識，歸依自性三寶。佛者，覺也；法者，正也；僧者，淨也。自心歸依覺，邪迷不生，少欲知足，能離財色，名兩足尊。自心歸依正，念念無邪見，以無邪見故，即無人我貢高貪愛執著，名離欲尊。自心歸依淨，一切塵勞愛欲境界，自性皆不染著，名眾中尊。

若修此行，是自歸依。凡夫不會，從日至夜，受三歸戒。若言歸依佛，佛在何處？若不見佛，憑何所歸，言卻成妄。善知識，各自觀察，莫錯用心，經文分明言歸依自佛，不言歸依他佛。自佛不歸，無所依處。

今既自悟，各須歸依自心三寶。內調心性，外敬他人，是自歸依也。善知識，既歸依自三寶竟，各各志心，吾與說一體三身自性佛，令汝等見三身，了然自悟自性。總隨我道：於自色身歸依清淨法身佛，於自色身歸依圓滿報身佛，於自色身歸依千百億化身佛。

善知識，色身是舍宅，不可言歸。向者三身法，在自性中，世人總有，為自心迷，不見內性，外覓三身如來，不見自身中有三身佛。汝等聽說，令汝等於自身中見自性有三身佛，此三身佛，從自性生，不從外得。

何名清淨法身佛？世人性本清淨，萬法從自性生。思量一切惡事，即生惡行；思量一切善事，即生善行。如是諸法，在自性中，如天常清，日月常明。為浮雲蓋覆，上明下暗。忽遇風吹雲散，上下俱明，萬象皆現。世人性常浮游，如彼天雲。

善知識，智如日，慧如月，智慧常明。於外著境，被妄念浮雲

蓋覆自性，不得明朗。若遇善知識，聞真正法，自除迷妄，內外明澈，於自性中，萬法皆現。見性之人，亦復如是，此名清淨法身佛。

善知識，自心歸依自性，是歸依真佛。自歸依者，除卻自性中不善心、嫉妒心、諂曲心、吾我心、誑妄心、輕人心、慢他心、邪見心、貢高心及一切時中不善之行，常自見己過，不說他人好惡，是自歸依。常須下心，普行恭敬，即是見性通達，更無窒礙，是自歸依。

何名千百億化身？若不思萬法，性本如空，一念思量，名為變化。思量惡事，化為地獄；思念善事，化為天堂。毒害化為龍蛇，慈悲化為菩薩，智慧化為上界，愚癡化為下方。自性變化甚多，迷人不能省覺。念念起惡，常行惡道。回一念善，智慧即生，此名自性化身佛。

何名圓滿報身？譬如一燈能除千年暗，一智能滅萬年愚。莫思向前，已過不可得；常思於後，念念圓明，自見本性。善惡雖殊，本性無二。無二之性，名為實性。於實性中，不染善惡，此名圓滿報身佛。自性起一念惡，滅萬劫善因。自性起一念善，得恆沙惡盡。直至無上菩提，念念自見，不失本念，名為自性報身佛。

2. 無相懺悔：

今與汝等授無相懺悔，滅三世罪，令得三業清淨。善知識，各隨我語，一時道：

弟子等，從前念今念及後念，念念不被愚迷染，從前所有惡業愚迷等罪，悉皆懺悔，願一時消滅，永不復起。

弟子等，從前念今念及後念，念念不被驕誑染，從前所有惡業驕誑等罪，悉皆懺悔，願一時消滅，永不復起。

弟子等，從前念今念及後念，念念不被嫉妒染，從前所有惡業嫉妒等罪，悉皆懺悔，願一時消滅，永不復起。

善知識，以上是為無相懺悔。云何名懺？云何名悔？懺者，懺其前愆。從前所有惡業，愚迷，驕誑，嫉妒等罪，悉皆盡懺，永不復起，是名為懺；悔者，悔其後過。

從今以後，所有惡業，愚迷，驕誑，嫉妒等罪，今已覺悟，悉皆永斷，更不復作，是名為悔。故稱懺悔。凡夫愚迷，只知懺其前愆，不知悔其後過，以不悔故，前愆不滅，後過又生。前愆既不滅，後過復又生。何名懺悔？

3. 發四弘誓願：

善知識，既懺悔已，與善知識發四弘誓願，各須用心正聽：自心眾生無邊誓願度；自心煩惱無邊誓願斷；自性法門無盡誓願學；自性無上佛道誓願成。善知識，大家豈不道眾生無邊誓願度，恁么道？且不是慧能夠度。

善知識，心中眾生，所謂邪迷心，誑妄心，不善心，嫉妒心，惡毒心，如是等心，盡是眾生。各須自性自度，是名真度。

何名自性自度？即自心中邪見、煩惱、愚癡眾生，將正見度。既有正見，使般若智打破愚癡迷妄眾生，各各自度。邪來正度，迷來悟度，愚來智度，惡來善度，如是度者，名為真度。

又，煩惱無邊誓願斷。將自性般若智，除卻虛妄思想心是也。

又，法門無盡誓願學。須自見性，常行正法，是名真學。又，無上佛道誓願成。既常能下心，行於真正，**離迷離覺**，常生般若，除真除妄，即見佛性，即言下佛道成。

4. 授無相戒：

善知識，若欲修行，在家亦得，不由在寺。在家能行，如東方人心善。在寺不修，如西方人心惡。但心清淨，即是自性西方。

韋公又問。在家如何修行？願為教授。師言：吾與大眾作無相（戒）頌，但依此修，常與吾同處無別。若不作此修，剃髮出家，於道何益？頌曰：

心平何勞持戒，行直何用修禪；恩則孝養父母，義則上下相憐；讓則尊卑和睦，忍則眾惡無喧；若能鑽木取火，淤泥定生紅蓮；苦口的是良藥，逆耳必是忠言；改過必生智慧，護短心內非賢；日用常行饒益，成道非由施錢；菩提只向心覓，何勞向外求玄；聽說依此修行，天堂只在目前。

近世儒者常言，六祖慧能猶如儒家孟子之在佛家，心學大師王陽明猶如六祖之在儒家，信然也。佛門之「無相戒」與「有相戒」略如儒家的「堯舜，性之」與「湯武，反之」之學。戒定慧無漏三學為各大文化系統、各大思想流派所共同重視，視之為各自學術之綱骨，佛家自然不能例外。

但相較佛儒而知，佛家之戒律學（道德學或曰倫理學）雖然也進至先天之境，達於無相之域，以此為戒律之體，也以此為戒律之基，但由於佛教文化受其母體文化背景──印度傳統思想（印度文

化是一個宗教化、出世化程度最高的文化）之深重影響，同樣以出世為歸，過分突出心體、性體之超越面（佛家名之為「空性」，省稱「空」）、清淨面、無為面，而很少涉及其餘面向，故佛家之戒律學終究成為一門消極的、被動的、避世的、封閉的、機械的、缺少勃勃生機的倫理道德學。

受到「人生皆苦，無有少樂」的基本思想影響，佛家的戒律學說處處充斥著深重的厭世情緒和耶穌受難式的悲壯情懷，終究成為一門偏極的、懸空的、枯寂的、自虐式的、隱士式的、苦行僧式的倫理道德學。如此之戒律學非為道德學之正宗，並不能成就道德之所以為道德的本義與正義。

由是衡之，真正的戒律學（倫理道德學）必歸為儒家所有，換言之，唯儒家能始終緊扣戒律之正義而不走作，不偏離。因為儒家是自心體、性體之正面、積極面、自足面、自生面、自明面而立戒律之體，以成戒律之由，以此為立學之本，實現德化人生。

因此，儒家之戒律學，方是真正的經國濟世的倫理道德學，於人倫日用之間以成就之，落實之，充擴之，圓滿之，如是方為開放的、光明的、入世的、充滿生機的、積極樂觀的、飽滿透脫的倫理道德之學。

定學是滌蕩虛妄，昇華與規範種種非理性之本能和情執，暢通人與自然、人與社會、人與自身的種種阻隔封限，克除小我自我之陷溺，導正言行，條理思維，彰顯本心本性之學。「定」有貞定、清澈、歸順和明確方向之義。

慧學是闡發心性之學。依其所見而建立學思體系，指示生命核心價值之所在，標明人生終極意義之所是。

戒定慧三學之間互為前提，互為因果，相互解釋，相互成就。戒學明，則定學（實踐方向、修行方式）也必明，由是，建基於戒定二學之上的慧學（思想性格、學問體系）也必明。若定學明，或慧學明，則另外兩學也必明。

故《大學》曰：「知止而後有定。」只有澈底理解了儒家開示什麼，遮戒什麼，且為何如此，只有澈底理解了儒家的義理系統的基本性格和立學之本，且為何如此，這便是「知止」。知止就是理明法透，見地真切。

知止了，我們也就自然地明白，什麼是我們人生實踐之方向，什麼是生命價值之所在，這便是「有定」──有了真切之見地。有此真切之見地，自然在紛繁復雜的人世間，就不會輕易迷失方向；在面臨種種微妙難辨的善惡、美醜、是非等之時，就不會輕易迷失判斷──依於心體、性體而來的自明智慧（性智）之判斷。

這便是「有定」，即擁有了不退之信心、不移之決心，擁有了明確之志向、永恆之依歸，定力自然生起，且隨時日推移而漸次充盈，直趨圓滿至極而後已。此定力者，心體、性體本有之如如不動、自定方向、自貞自肯之謂也，不談隨緣而又隨緣不變之謂也，也即易的三義──不易、變易與簡易之「不易」之謂也。心體、性體超越而絕對，因其超越而絕對，故如如不動：太古之初不改其性，萬世之後，不易其體。佛陀將此心體、性體喻為「金剛」──能摧破一切邪妄，而自體如如不動。

戒定慧皆為心體、性體之所涵，為其本有之物。戒者，良知之別名，性德之異稱，顯而為德行，即「君子有所為，有所不為」也。定者，性體本無動搖，亙古不失自性（即不失其所涵諸特性，如自

足性、自明性、理性等）之謂也。定顯而為德行，即「誠心」與「慎獨」也。「誠心」即不自欺。「慎獨」即無需外在警示與監督，若神靈在天，若聖賢在側，若千夫所指，若萬民在望，時刻自覺地實踐道德，守護心性，精進修持，止於至善。

慧者，心體、性體所涵萬理之顯發也，在內為明德，為圓覺，為至善，在外顯發則為思想，為理義，為學統，為文明。戒定慧在心體、性體內之關係是：慧為體，定為相，戒為用。

佛家喜用法身、報身、化身這三身來表示：法身為慧，為體；報身為定，為相；化身為戒，為用。但此辨示只是方便，如究竟言之，乃三位一體，一體三位：在戒之時，全部定慧即是戒；在定之時，全部戒慧即是定；在慧之時，全部戒定即是慧。

定而後能靜

定為內，靜為外。定為內容，靜為形式。一旦於內得定，我們外在的文化、生活、人生、社會和整個天地萬物，就能靜下來。靜有沉靜、安穩、條理、暢達、莊嚴、聖潔等諸含義。禪宗說「萬法本閑，惟人自鬧」，意為天地萬物、人倫社會等，本來是沒有什麼事的，一切都很好的，只因人的顛倒迷亂，人的強行作為才有了事。這樣的人走到哪裡，都是麻煩、動亂的源頭，不僅打擾自己，也嚴重地打擾他所接觸到的一切人和一切事。佛陀稱內在有定的人可以「莊嚴國土」。

因為此人有定、得定了，其定力顯發於外，就可以讓外在的他人他物在其定力加持下，當下自然地獲得從未有過的沉靜、暢達、

莊嚴和聖潔，轉貪嗔癡為戒定慧，這就是「莊嚴國土」。儒家的「一日克己復禮，天下歸仁」與「莊嚴國土」有異曲同工之妙。但我儒更喜歡使用風氣、氣象、氣質等與氣相關的術語，來指稱內定外靜之境，如習俗風氣、聖賢氣象或天地氣象等。

在儒者看來，一個人內在是什麼，必難以隱藏而顯著於外，對外界產生相應的影響與作用。故《大學》曰：「誠於中，形於外。」至於奸詐之徒、虛偽之輩，其成於內，未必立即顯著於外。但這必然是暫時的，自長久觀之，其奸詐，其虛偽，必難以隱藏而顯著於外，此為定然也。

聖賢氣象就是天地氣象，天地氣象就是聖賢氣象。聖賢之智慧如天之高遠，難以稱量。正如子貢贊其師曰：「他人之賢者，丘陵也，猶可逾也；仲尼，日月也，無得而逾焉。」子貢另一贊曰：「夫子之不可及也，猶天之不可階而升也。」其「無得而逾焉」、「不可及也」之贊，皆在贊孔子之智慧如天之高遠。

聖賢之道德如地之深厚，運載萬物，同樣難以稱量。聖賢之氣象同具天之高遠與地之深厚，故聖賢氣象即天地氣象也。孟子所言的「上下與天地同流」、「養吾浩然之氣」之「大丈夫」境界，同樣是指此內定外靜之聖賢化境和描述聖賢特有的天地氣象。

一日，北宋大儒程頤先生的一個門生對程子說：「觀天地，則知聖人。」意即透過觀察天高地厚之氣象，便可體悟出聖人之境界。程頤聽後說：「不對，應是觀聖人，則知天地。」意即天地玄遠，莫知高厚，但我們透過聖賢之氣象，便可親切而真實地體悟出天地之德了。「觀聖人，則知天地」這句話裡，還暗含著儒家對人在宇宙中是何地位的看法。

在儒者看來，人是宇宙之主宰、萬物之靈長，有著無上之尊嚴。天地因為孕育了人類——尤其是聖賢，方使其存在有了價值；天地因為給聖賢提供了彰顯德智的舞臺，方使其存在有了意義；天地因為被聖賢彰顯而出的心體、性體所涵化，而獲得了圓滿與至善之境界，獲得了再次認識自己、反觀自己、超越自己、創造自己和回歸自己（即康德所言的回歸於物自身（Thing-in-Itself）——萬物回歸其自己，也即儒家所言的回歸心體、性體）的機會。

就現象而言，似是天地成就了聖賢，但究竟而言，實是聖賢成就了天地！若天地萬物無聖賢之德之智以照耀之，顯揚之，天地雖有日月，卻依然萬古長夜，其存在僅僅成一純形式的存在、空洞的存在、死寂的存在、暗啞的存在。自聖賢出世，以其心性之光、生命之光、德智之光照徹天地，將天地萬物內在之價值與意義發明出來。在此價值與意義之指引下，物各付物，萬物各歸其位，各倫其序。

父父子子，君君臣臣，父歸父位，子歸子位，君歸君位，臣歸臣位。依此類推，一切事物皆各得其位，皆各歸其位。「天地位焉，萬物育焉。」（《中庸》）當天地各歸其位之時，方是萬物生生不息、孕化無窮之際。

萬物各歸其位，各倫其序，就是《大學》此處所言的定而後能靜的「靜」。故知，靜者，天地氣象之義，莊嚴國土之義，聖賢化境之義，物各付物之義。「定而後能靜」的這個「而後」，是邏輯上的前後之後，不是時間上的前後之後。內定與外靜之關係是邏輯關係，不是時間上的先後關係。

接下來的「能靜」、「能安」、「能慮」、「能得」與「知止」

以及「有定」之關係，都是邏輯關係，不是時間上之先後關係。止、定、靜、安、慮、得，如同戒定慧三位一體、一體三位那樣，它們相互間也是六位一體、一體六位之關係。

靜而後能安

「安」指心（體）而言。性不存在安不安的問題，只有心才存在著安不安的問題。安心問題，或曰心安問題，是東方文化中儒、佛、道等幾大系統共同重視的核心問題，不獨儒家如此。在佛家有兩個最為著名的公案，以說明佛家對安心同樣有著高度的重視。

第一則公案是佛陀出家因緣：

據佛經記載，佛陀是古印度迦毗羅衛國（喜馬拉雅山脈南麓一個小國）的太子，自小享受極度奢華的生活。19歲時，風華正茂的年輕王子想到外面去看看，於是走出皇宮，穿行於市井之間，分別來到都城的東西南北四門。當王子從東門出時，看到了一位年歲很大的老人，白髮皺面，步履蹣跚，讓人頓生無限憐憫。

又一日，王子從南門出，見一位重病者，被疾病折磨得面目全非，身體扭曲，痛苦異常，讓人不忍正視。又一日，王子自西門出，見一隊人正在抬著一個剛死去的人去火葬，隨行眷屬因突然失去親人而悲痛欲絕，傷心之狀，難以形容。分別目睹衰老、疾病和死亡的王子，第一次體會到了良心不安的滋味。

奢華的生活再也不能令其快樂，他整日鬱鬱寡歡，思考怎樣讓人們從如是深重之苦海中拔離出來。又一日王子從北門出，見到一位出家修行的苦行僧。這名苦行僧雖然過著極度艱苦的生活，但卻

擁有著清澈而智慧的眼神、寧靜而愉快的表情，於大眾中，超然獨立，卓爾不群。王子一見傾心，頓生渴仰，暗下決心追隨此類人出家修行，直至找到澈底解脫眾生痛苦之方法為止。自此以後，王子心中只存一念：出家修行。因得不到父王允許，日夜苦悶。

某一夜，王子念眾生苦海無度，再次悲痛難抑，不能自已，決定不辭而別。於是翻越皇城，來到郊野，脫去華美服飾，換上從垃圾堆裡找來的破舊衣服，從此成為一位正式的苦行僧，開始了人們難以想像的苦行生涯。

於31歲時，在一棵菩提樹下終獲開悟，成為佛陀——這個世界上最偉大的生命覺醒者。開悟後的佛陀說法利眾四十九年，開創了歷史上又一博大精深的思想體系——佛教。無論是未成佛之前的王子決意放棄奢華生活，出家苦行修道，還是成就圓覺後的佛陀四處講法不輟，度生無量，皆源於最初一念——心中之不忍，或曰心中之不安。

另一則公案是中國禪宗第二祖師——慧可大師（西元487～西元593年）的悟道因緣：

慧可大師，俗姓姬，虎牢（又作武牢，今河南省滎陽市）人。慧可自幼志氣不凡，為人曠達，博聞強記，廣涉儒書，尤精《詩》、《易》，喜好遊山玩水，而對持家立業不感興趣。後來接觸了佛典，深感「孔老之教，禮術風規；莊易之書，未盡妙理」，於是便棲心佛理，超然物外，怡然自得，久之並產生了出家的念頭。

父母見其志氣堅定，便聽許他出家。於是他來到洛陽龍門香山，跟隨寶靜禪師學佛，不久又到永穆寺受具足戒。此後遍遊各地講堂，學習大小乘教義。經過多年學習，慧可禪師雖然對經教有了

充分認識，但是個人的生死大事對他來說仍然是個謎。

32歲那年，慧可禪師又回到香山，放棄了過去那種單純追求文字知見的做法，開始實修。他每天從早到晚都在打坐，希望能夠借禪定的力量解決生死問題。

這樣過了八年，有一天，在禪定中，慧可禪師突然看到一位神人站在跟前，告訴他說：「將欲受果，何滯此邪？大道匪（非）遙，汝其南矣！」（如若你想證得聖果，就不要再執著於枯坐、滯留在這裡了。大道離你不遠，你就往南方去吧！）

慧可禪師於是前往少室山，來到達摩祖師面壁的地方，朝夕承侍。開始，達摩祖師只顧在山洞內面壁打坐，根本不理睬他，更談不上有什麼教誨。但是，慧可禪師並不氣餒，內心反而愈發恭敬和虔誠。他不斷地用古德為法忘軀的精神激勵自己：「昔人求道，敲骨取髓，刺血濟饑，布髮掩泥，投崖飼虎。古尚若此，我又何人？」就這樣，他每天從早到晚，一直待在洞外，絲毫不敢懈怠。

過了一段時間，在一個臘月初九的晚上，天氣陡然變冷，寒風刺骨，下起了鵝毛大雪。慧可禪師跪在達摩面壁的洞口外，一動不動。天快亮的時候，積雪居然沒過了他的腰身。

這時，達摩祖師才慢慢地走出洞來，問道：「汝久立雪中，當求何事？」

慧可禪師流著眼淚，悲傷地答道：「惟願和尚慈悲，開甘露門，廣度群品。」

達摩祖師道：「諸佛無上妙道，曠劫精勤，難行能行，非忍而忍。豈以小德小智，輕心慢心，欲冀真乘，徒勞勤苦。」（諸佛所開示的無上妙道，須累劫精進，勤苦修行，行常人所不能行，忍常人

所不能忍，方可證得，豈能是小德小智、輕心慢心的人所能證得？若以小德小智、輕心慢心來希求一乘大法，只能是癡人說夢，徒自勤苦，不會有結果的。）

聽了祖師的教誨和勉勵，為了表達自己求法的真誠和決心，慧可禪師拿起鋒利的刀子，砍斷了自己的左臂，並把它放在祖師的面前。頓時鮮血染紅了雪地。

達摩祖師被慧可禪師的虔誠所感動，知道慧可禪師是個法器，於是就說：「諸佛最初求道，為法忘形，汝今斷臂吾前，求亦可在。」（諸佛最初求道的時候，都是不惜生命，為法忘軀。而今你為了求法，在我跟前，也效法諸佛，砍斷自己的手臂，這樣求法，必定能成。）

慧可禪師獲得了達摩祖師的開許，忙問道：「我心未寧，乞師與安。」（我的心至今不能真正寧靜，乞請大師示我安心之道。）

祖師回答道：「將心來，與汝安。」（你把心拿來，我為你安頓。）

慧可禪師沉吟良久，回答道：「覓心了，不可得。」（我找心了，可是找不到它。心無形色，無方所，無法呈送。）

祖師答道：「我與汝安心竟。」（剛才在你覓心之時，我已經為你把心安頓了。）

慧可禪師聽了達摩祖師的回答，當即豁然大悟，明心見性。原來並沒有一個實在的心可得，也沒有一個實在的「不安」可安。安與不安，全是妄想。

慧可禪師開悟後，繼續留在達摩祖師的身邊長達六年之久（亦說九年），後繼承了祖師的衣鉢，成為禪宗二祖。

佛家固然有不安之心，為慈悲之本；固然有安心之道，以息煩惱。與儒家相較，佛家不安之心，表現為引導人生以出塵離俗為歸；

佛家安心之法，在於指示心性以無染無執、無為無相、空性超然為體，其心性之全體大用，亦以無用之用，用而無用，離形離相而為用。因為佛家對心性所見，為偏而不圓，只知其一，不及其餘。故佛家所安之心，不免為空寂心、偏枯心、出離心、無用心，以離塵合覺以安其心。如是之心，不能成就道德、實踐倫理、彰顯創造、經世致用。如是安心，其心終得安乎？我們同樣以禪宗二祖為例。

二祖慧可得衣缽後，自河南少林寺南行至皖西大別山區的司空山，於山中隱居達數十年之久，終日與白雲為伴，餐松飲露，形同野人。後有少年受其點化，大悟生死後隨慧可出家，慧可為其取法名「僧璨」，令其同隱司空山數年，日夜授受。後慧可大師將祖祖相傳之衣缽付於僧璨，僧璨成為禪宗第三祖。

據史料記載，二祖慧可付法給三祖僧璨後，即前往鄴都（今河北臨漳），「韜光養晦，變易形儀，或入諸酒肆，或過於屠門，或習街談，或隨廝役。隨宜說法，一音演暢，四眾歸依。如是長達三十四年」。

曾有人問二祖：「師是道人（即得道之人），何故如是？」（你是個出家人，出家人有其戒律，你怎麼可以出入這些不乾不淨的地方呢？）

二祖回答道：「我自調心，何關汝事？」（我這是為了調理自己的心，跟你有什麼相干？他不是已於數十年前被達摩大師安過了心，怎麼還需調心呢？）

二祖在四處講法，道譽遠播之餘，「或入諸酒肆，或過於屠門，或習街談，或隨廝役」，惡名也在各處流傳，且影響越來越壞。明萬曆《成安縣誌》記載：「（慧）可乃飄然詣鄴都，隨宜說法，逾

三十四載，乃韜光晦跡，變易儀相，佯狂調心。繼往成安匡教寺山門談無上道，聽者林集。時有辯和法師者，於寺中講《涅槃經》，學徒聞（慧）可闡法，稍稍引去。辯和憤怒，遂興謗於邑宰翟仲侃，加以非法。（慧）可怡然委化。乃棄屍於平野，數日視之，異香馥鬱。仲侃復令移之漳河中，（慧）可忽於水面趺坐瞑目，溯流十八里，至蘆村而止。時一百七歲，〔隋〕文帝開皇十三年（西元 593 年）三月十六日也。」

雖然慧可大師證悟已達生死自在，智慧卓越，年歲高壽，「時一百七歲」，可以達到死後「數日視之，異香馥鬱」，死後仍然示現神通，「於水面趺坐瞑目，溯流十八里」，但他是自佛家義理入道，受其義理性格所限，不能成就德性人生，因其嚴重的敗德亂紀行為，終於引起同門憤怒，設法以害之。一代宗師，死於非命。

吾儒安心，緊扣「仁心」、「德性」而不失，於心體、性體之積極面發揚良知，於百姓日用間成就道德，於經國濟世中安頓其心，彰顯仁義。如此安心，參照於佛老兩家，有如下之異：

1. 自心體、性體健行不已的生生之德，從正面建立德行之先天根據，建立德目何以如此之所以然之理（定然不可改移之理），並於此實踐德行之過程中，實現安心。所安之心，為萬善皆備之心，為沛然莫之能禦之四端（羞惡、辭讓、惻隱、是非）之心，為參天地、贊化育的創造之心。

2. 自上慈下孝、忠信誠正的德化人生中，實現安心。所安之心，不離世間，不離人倫綱常，不離經世致用。

3. 佛家不安之心，自虛妄、夢幻、煩惱、顛倒、迷執、業障、無明等方面，指示何以不安之因；儒家不安之心，則自禮崩樂壞、

文明不傳、道德不行、人間不公、天下不平、聖賢不出、家國無道等方面，指示何以不安之源。故儒家常言，佛為大私，儒為大公，信然也。

因佛家所安之心，為個己之心，為自我之心，為偏隘之心，為消極之心。儒家並非不承認佛家其心不安之諸因──虛妄、夢幻、煩惱、顛倒、迷執、業障、無明等，但儒家安心之道不是對這些不安之諸因採取一味的消極、退避，而是運用積極地實踐德行，切實地成就德化人生，以衝破之，降伏之，昇華之，轉化之。

如是便突顯出儒家始終恪守的「直、方、大」之「吾道一以貫之」之性格。如是便突顯出，儒家其心不安，不是緣由個己之因，而是因為天下不安，故吾心不安。若天下太平，家齊國治，德化人生已成，則吾心自安矣。

4. 佛家安心後，方去濟世化民。儒家濟世化民後，其心方安。故佛家終極之處，恰是儒家起步之始。儒家一起步就站在佛家的佛菩薩之果境上，正面實現心性。

5. 佛家人生是覺悟人生，儒家人生是德化人生。佛家收納人性入佛性（神性），儒家是收納佛性（神性）入人性。故佛家究竟而言，是以神為本（佛是神化之後的佛）的神性化文明，儒家本質而言，是以人為本（將神靈仙佛以人化）的人性化文明。

佛家以覺悟圓滿為修行實踐之極果，儒家以德化人生的圓滿（止於至善）為修行實踐之究竟。此兩者皆可得徹底解脫（終極安心），但其路徑和理趣，則大為不同。

安而後能慮

慮者，心性內涵之本有智慧也。安於心性之真，則興發覺悟智慧；安於心性之美，則興發藝術式的欣賞與快樂智慧；安於善，則興發道德智慧。這三類智慧皆心性之所涵，依其任何一類智慧，皆可建立起相應的智慧體系，且此智慧體系將是一個動態的、不止境的智慧體系。任一智慧體系充擴至其極致，皆可將天地人物和思想文化等一切納入其中。

依於心性之真，則天地人物和思想文化，無非是一個巨大的、動態的、自洽的覺化宇宙人生和覺化思想文化；依於心性之美，則天地人物和思想文化，無非是一個巨大的、動態的、自洽的美化宇宙人生和美化思想文化；依於心性之善，則天地人物和思想文化，無非是一個巨大的、動態的、自洽的德化宇宙人生和德化思想文化。

以真視之，則一切皆真──一切事物皆納入覺性之中而統攝之，消化；以美視之，則一切皆美──切事物皆納入藝術式的欣賞之美中而統攝之，消化之；以善視之，則一切皆善──一切事物皆納入良知、德性之中而統攝之，消化之。

人類任何一家大的文化體系，如印度文化、中國文化、西方基督教文化等，無不建基於心性之上。非此，這些文化體系必將成一無體、無基、無本、無頭之存在，安能立世數千載也？現在需要辨別的不是其有無心性問題，而是需明瞭其心性之見是偏是圓，是大是小，是正面抑或負面等。這些是一個文化體系的基本性格、基本架構、基本方向。

用時下語言，這些都是這個文化體系自其誕生之初即已形成的DNA或曰種子。西哲海德格常言，世人至今不明如何入思。入思就是進入到某一家之思想脈絡之中。如若不能明瞭某一家之思想脈絡，無論如何看書學習，終不能得其思想之神韻、義理之靈魂。海氏所言之「入思」，就是指明瞭這一家學術思想的基本性格、基本架構、基本方向。

當我們能夠切實地明白了這一家學術思想的基本性格、基本架構、基本方向之時，自此方正式開始我們的思想活動。海氏名之為「運思」——開始正確地運用我們的思維。此時之思維，即佛陀所言「八正道」之「正思維」。

八正道是佛陀教導弟子們八種正確的修行之道：

1. 正見——正確地理解某一家學術體系之基本性格與方向。

2. 正語——正見是八正道其餘七道之前提，有了正見之後，方可有餘下之正道。正語就是正確的語文表達方式和表達邏輯。當我們擁有了正見之時，即切實把握和理解了某一家思想體系之基本性格與基本方向後，再運用言語和文字表述，就會自然地達到橫說豎講、反說正講，皆能不失其義。若不能通達此家之基本性格與基本方向，無論如何謹慎措辭、小心經營，終究是隔靴搔癢，難以若合符節。

3. 正行——培養出正確的生活方式和行為習慣。

4. 正命——正確地選擇職業，規畫人生。

5. 正精進——在切實把握和理解某家思想體系之基本性格與基本方向後，依順其基本性格與基本方向而前進與努力，方可事半而功倍。如若在沒有切實把握和理解之前，斷不可盲修瞎煉，亂使蠻

力，以逞匹夫之勇。如是於事無補，於學無益。

6. 正念——相當於《大學》的「知止」。儒家止於至善，佛家止於正覺。

7. 正定——在起心動念、言談舉止、待人接物時，展現出心性內涵的恆常性、清澈性、條理性、方向性、無我性等本有之特性，如此方可使我們在起心動念、言談舉止、待人接物之時，有本有根，有源有據。佛家修定，偏於靜態修行；儒家修定，偏於動態修行。

佛家小乘之「四禪八定」，大乘天臺宗之「大、小止觀」、賢首宗之「十玄門法界觀」、淨土宗之「十六觀」，金剛乘噶舉派之「大手印」禪修、寧瑪派之「大圓滿」禪修等等，概而言之，皆為靜態修行為主。儒家修定，次第簡化，從容中道，皆於日常行止動靜之間，彰顯心性本有之不動不搖、恆常不易之大定。儒家之定，因無定相，無定跡，成功地避免了被定法（禪定修行方法）所束，若執著於各種禪修方法和次第，則極易被其所拘束；亦成功地避免了被定境所迷。

於靜態禪定中，極易出現種種幻化之境象（如於意識中化現出西方極樂世界，或各種魔鬼神佛等境象），行者此時理若不明、法若不透，當出現各種期待之境象時，必然為境象所迷，而入邪道（儒家謂此為玩弄光影，播弄精魂，為儒士終生警策之處）。儒家之定，無定相，無定跡，難為法執，不受境束。故儒家之定，為無相之定，為無定之定，亦名為「性定」（性體本有之如如不動之定），此「性定」方為究竟圓滿之禪定。如衡之於佛，則名為「如來大定」，或曰「法界大定」。

8. 正思維——正確地入思和運思之義。有前面的七正道為基礎

- 84 -

和引導，思維即可得其正確之架構和方向。但此所謂的「正確之架構和方向」，是指在本系統內的正確之架構和方向，出離本系統後，則未必可言「正確之架構和方向」。一旦透澈地明白各自系統之架構與把握其方向，此時我們才能真正地實現入思和運思，才能真正地發展思想，豐富學術，傳承道統，成就義理。

狹義而言，正思維者，即是「慮」或「能慮」；廣義而言，整個八正道合而觀之，即是「慮」或「能慮」。非佛家獨有八正道，各家皆有各自之正道觀。各正所正，各道所道。

但無論何道，總需入乎其中，把握綱維，方可成就發展思想，成就義理，使心性所涵之先天智慧發明出來，落於實處。唯有落於實處，方可傳承道統，豐富學術，此為「能慮」。

慮而後能得

「得」者，德也。德者，「得」也。古來「德」、「得」互為通假。經過止、定、靜、安、慮之次第（說名次第，只是言表方便，實無定然之次第相可得），心體、性體內涵之真美，尤其是內涵之良知、仁義，充而擴之，漸臻於至善。援止、定、靜、安、慮入於生活與人生事事物物之中，必得德化人生之圓滿成就，必得人格豐沛之圓滿成就，必得心性朗現之圓滿成就，必得學術思想之圓滿成就。得此圓滿成就，則為道德圓滿實現，此為德之至也，亦為得之至也。

得之確義為人生與生命之意義和價值之實現。儒者，透過止、定、靜、安、慮這幾個步驟或面向，以實現出人之為人之意義和價

值。意義不可虛懸，價值不能空說，必透過某種路徑或某種方式以實現之，落實之。實現後的意義才是真實之意義，落實後的價值才是真實之價值。如此之得，方是真得；如此之德，方為實德。

物有本末，事有終始

自相上（即現象、表象）而言，此物為外在客觀之物，此事為外在客觀之事。但自心體、性體上而言，或究竟而言，本無「外在客觀之物」和「外在客觀之事」，所有事物都涵於心性之內，皆為心性之事物。

終極而言，事物者，心性顯現其自己之過程也，心性顯現其自己之跡象也（臨時性的軌跡與表象）。事物為虛在，心性為實在。這與我們平常的理解是相反的：平常我們一般是將事物理解成實在的，將心性看待成抽象的，甚至是虛幻的。宋儒謂「天下無實於理者」，即此意也。

理者，心性之別名也。在心曰「心理」，在性曰「性理」。儒家還有「天理」、「道理」、「易理」、「命理」等概念，這些概念皆具心性兩義，不特指心，非獨指性，而是心性皆含。

心性內含之理者，發之於外，則成事理和物理。此事理，不是指事之形而下的結構之理，此物理，也不是指物之形而下的材質之理，更非為事物間之關係之理，而是事物之所以如此這般運動、變化之超越的、形而上的所以然之理，也即事物如此這般存在的先驗之理。此事物之理，在儒家名之為「心理」或「性理」，最常用之名為「道理」，迄至宋儒，則簡化而為「理」之一字，自謂其學為

「理學」。

「物有本末，事有終始」，其理蓋有兩途：一者為形而下之形構材質之理，此理為後天之理、表象之理、經驗之理，乃西方文化、自然科學和社會科學興趣之所在；二者為形而上之超越的所以然之理，此理為先天之理、本質之理、先驗之理，乃為東方文化和生命科學興趣之所在。

此二理皆為真實之理（真理）。所別者，自然科學和社會科學之理為外延真理、形式真理、經驗真理；生命科學之理為內容真理、主體真理、先驗真理。外延真理可使人類越來越深入地認識外界事物之材質與結構，而為人類和人生帶來外部的解放；內容真理可使人類越來越深入地瞭解主體之內涵與性質，而為人類和人生帶來內部的解放。

知所先後，則近道矣

此中「先後」，分為事物形而上的存在性之先後和形而下的時空性之先後。若指形而下的時空性之先後，則只可成就自然科學和社會科學。但《大學》此處所言之先後，顯然是指事物形而上的存在性之先後，因為唯有指此之先後，才能呼應下句「則近道矣」。

「近道」可理解成接近於道，趨向於道，以及可直接理解成得道、證道、成道。儒家童蒙讀物《三字經》開首「性相近，習相遠」之「相近」，即可解為「相同」，故此處「近道」之「近」，亦可解為「同於道」、「合於道」、「相應於道」。

「解脫」一詞來自印度文化，西方文化中有「（上帝的）救贖」

一詞。以儒家為主流的中國傳統文化中無此等詞語，但我們有另一些名詞概念，可與此二詞同義。

在儒家，則有「成聖」、「得道」、「近道」、「成仁」等概念，與「解脫」、「救贖」等詞同義。《大學》謂之「近道」，猶印度瑜伽所言之「解脫」或「三摩地」，猶佛家所言之「涅槃」或「無上正等正覺」，猶道家之「成仙」或「成真人」，猶西方基督教所言之「（得上帝赦罪後的）自由」或「道成肉身」。

大圓滿與儒家近道

現在將晚期大乘佛教（又名金剛乘或密宗）最有代表性的法門──大圓滿作些介紹，以方便大家更進一步瞭解儒家「成德之教」的特色：（下文均引自邱陵先生所著的《藏密大圓滿心髓探奧》，北京：煤炭工業出版社，1993 年版）

九乘之巔：大圓滿心髓，又名大圓滿心中心、自性大圓滿心髓光明金剛藏乘、仰的（又譯作仰兌），為西藏密宗寧瑪派（紅教）最高超、最殊勝的法門，被譽為「九乘佛法之巔」。貢噶上師（民國時期西藏寧瑪派著名大師，首次將「大圓滿」密法普傳漢地──引者注）在《大圓滿最勝心中心引導略要》中指出：「誰得此法，皆起滿足之心，如得摩尼寶。」

又於《大圓滿灌頂及修持方法講解記錄》中說：「大圓滿之方法，為一切之心中心，一切如來所說法，無不注入大圓滿之海中。譬之登高山，可以遠瞻十方。得到此法，其他九乘教法都能了然。」蓮花生大士（註：西元八世紀人，印度密宗大師，應藏王赤松德贊邀請入藏弘傳密法，包括向藏人傳授大圓滿，成為藏傳密宗始祖）則稱之為「空前未有最勝法」。（P5）

現按九乘佛法系統，逐乘將其內容簡介如下：

聲聞乘：聞佛之聲教，修苦、集、滅、道四諦法門，唯求自度，而得開悟。

緣覺乘：不依佛之聲教，獨處修行，不能利他，現十二因緣以覺悟。十二因緣指眾生生死流轉過程的十二支分。從緣得覺，故名

緣覺乘。

菩薩乘：修六度萬行，上求佛道，下利眾生。以菩提心為念，急於為人，故稱菩薩乘。六度指佈施、持戒、忍辱、精進、禪定、般若，而略則六度，廣則萬行，包括了菩薩所修一切法門。

以上為外三乘，屬顯教。其中前二乘因不能兼濟利他，為小乘；後一乘，普利眾生，為大乘。

作密：修持注重事相及壇城莊嚴，不自觀想成本尊（註：即修行者選定作為依怙對象的某位佛），依靠本尊加持力而取得成就。

行密：行者亦可自己觀想成本尊，但仍以壇城本尊為法伴，仍依壇城本尊加持力而得到成就，但比較作密少了點事相功夫。

瑜伽密：瑜伽，意為相應。修瑜伽密的行者，自己觀想成為本尊，同時觀成「對生本尊」。（註：即想像選定之佛清晰地於自己對面而在。）雖然修法時也有壇城，不過事相壇城的意義便沒有那麼嚴重了。行者以「入我我入觀」（註：本尊內有一個我，我內部有一個本尊）起修，觀「對生本尊」與「自生本尊」相應。（如鏡內鏡外有兩個一樣的本尊在對看。）

以上為內三乘，屬於瑜伽部，即密宗下三部法。

瑪哈瑜伽：生起次第修法，主要在於收攝六根，即眼觀「對生本尊」以攝眼根，耳聽咒音以攝耳根，鼻嗅燒香以攝鼻根，舌念本尊真言以攝舌根，身結大印以攝身根，意自觀成本尊以攝意根。這樣透過明顯觀想，未生令生，已生令起，於意中生起本尊，復藉此自淨其意。此時行者已發揮自力，不是完全依靠本尊的加持力了。

修生起次第應次第井然，由簡入繁，觀想本尊要先觀對生，後觀自生；先觀一面二臂，後觀多面多臂；先觀自身，後觀眷屬，如此等等。

阿努瑜伽：圓滿次第修法，所修習的本身具足。因為修生起次第，一切依靠觀想而成，並非本身具足。行者的脈、氣、明點，就是本身具足，所以圓滿次第就是以種種善巧方便來修習脈、氣、明點，使脈調順清明，使氣通達流暢，使明點淨化昇華。

修脈、氣、明點的極致，是使明點昇華，有如固體化成液體，液體化成氣體，把身體變成光明的虹體。圓滿次第先由毗盧七支坐修起，然後修明點升降，生四喜四空，如是脈、氣、明點皆得調順。在此基礎上再修氣入中脈，心氣無二，達到空、樂雙融，樂、明、無念的境界，就會得到圓滿次第的成就。

阿的瑜伽：大圓滿和大手印修法。大圓滿是紅教特有的最高深的一種修法，認為行者只要具足菩提心，一切現成，本身具足，不假外求；行者修習生、圓次第，已能由中脈開顯法身光明，修大圓滿則直顯明空豁朗的自然智慧光明，步步顯現，無盡流露，各有不同，證得徵兆，亦各不同。

而歸根是由自心明證顯露出來，從而得到解脫，為解脫道中最高法門。大圓滿中的心、界、口訣三部法，一部比一部殊勝。心部認為所現皆心，都是在心性自然智中起現，即一切法皆由心造；界部認為安住遠離緣慮，不假事修功用，得智慧雙運而證虹身，即認為一切法從本以來，體性就是虛空；口訣部即以超越道的光明為主，現起空色影像，現前明證，而以究竟修成法性盡光明，證得虹身，即認為一切法皆是明體的顯現，不著斷常二邊。

此三部法雖均以化智慧為虹身為證果，但以心部即心，仍執意

識審察，界部執著法性，仍流於意識審察，惟口訣部則斷絕一切意度，能使實相自顯，所以最為殊勝。口訣部又分為「阿的」、「借的」和「仰的」三部分。「仰的」即大圓滿心髓，它吸取了阿的、借的前二法的精要，被稱為「總持之總持」、「心中心」。

其正行分「徹卻」、「脫噶」二法。徹卻漢譯為「立斷」，脫噶漢譯為「頓超」，後者以前者為依據。徹卻修無修、無整、無散亂、明朗朗、赤裸裸的定境；脫噶修由本性、虛空、法界上顯現的智慧光明。所以說，大圓滿心髓最為殊勝，為九乘之巔。

以上為無上密三乘，又名無上瑜伽。若相對於前述下三部密法而言，無上瑜伽（無上密）的特色道德在於本尊與行者無二無別，行者於行、住、坐、臥無時不成本尊，略去了事相，甚至無須特意取本尊的加持力；其次，無上瑜伽在脈、氣、明點的修持和心性修持上，其中許多修法可說是藏密所獨有，非下三部密可比。（P12）

關於大圓滿「徹卻」之修行

修徹卻（立斷）能夠剎那間得見自性而頓悟，這就是上面引述過的在一切法顯現上，於明空不二的第一剎那，無修無整無散亂定住，明明瞭瞭覺照認識這個就是自己的本心，勿令間斷。根桑上師在《大圓勝慧本覺心要修證次第》中說：「上根利智無修無整，如如而住，自見自性，自然而成者，名徹卻。」無垢光尊者說：「是法深妙，若能明瞭進修，剎那徹悟，自然見性成佛，無上捷徑。舍此無他道也。」

何謂「無修」？實際是無修之修。密宗認為，眾生本來清淨，

本來自在，本來解脫，本來光明，本來智慧，如若一剎那間即認知此理，心勿執著，勿分別，勿外施，就能正邪立判，把本來清淨、自在、光明、解脫、智慧的面目完全顯現出來。即在當下一念上認知了自性，見到了本來面目。

因為這只是一剎那間事，不必猛厲執持，所以說是「無修」。但這並不是說連前面的加行（註：即打基礎的修行，有磕千萬以上的長頭，念誦千萬次以上的相關咒語等）也不必修，也不是說可以放浪散亂，致成普通凡夫所說的「無修之修」。

何謂「無整」？整即整治、對治之義，這實際上是無整之整。「無整」是妄念起時，就是不跟它去，也不限制它，要不擒不縱，全任運自如。如起意對治，亦是妄念，會引起無窮的妄念；如不去對治，妄念自會消滅，譬如水上波浪，從水發生，從水平息；虛空雲彩，從空顯現，從空消散。

又譬如盤結之蛇，自能解脫。貢噶上師在《大圓滿灌頂及修持方法講解記錄》中說：「妄念即是本覺智慧，妄念即是實在本體。」這是說，妄念可化為菩提，毒藥可變為醍醐。

何謂「無散亂」？就是要專注於不昏沉、不掉舉（註：「掉舉」即俗語中的走神了）的明體，任運、安住於清虛寂照、微妙明淨之境。貢噶上師說：「此心如無波之水，如堅固之山，在寬坦、任運上安住，不起絲毫妄念，無論過去、未來功罪，概不著想，便能證得。譬如砍樹，將樹根砍斷，不必再砍枝葉；如到金島，地上、泥內，皆是黃金。」

所以，修「徹卻」行者現前一念，即是本心，即是自性，對此念要不執著、不降伏、不放縱、不收攝、任運而住。例如，修徹卻

行者看見山，第一念是見，第一眼看去即不分別是山，已無能所；而普通人於見山第一剎那，尚有山見，即有能所。貢噶上師說：「念頭念頭很要緊，覺照念頭，一剎那不可散亂。本覺智慧本自具足，不用執著，自然光明廣大普遍，非觀想可得，非修可出，非妄念分別所可見，本來清淨，即普賢如來之智慧，即修徹卻之心要。」

得見自性的境界，人們譬如為「無雲晴空」、「炳炳長空」、「虛空」等，這是一種難以言詮的境界。《寶積經》描寫見性的境界為：「心如地，無方分。如樹無根株，亦無上下，無能壓伏者，甚為希有。眾生無量劫來須臾不離，不變不壞，無明不能障，神通不能增，法爾而住，甚為希有。」

《金翅鳥飛空經》云：「真心無邊中，無表裡，無方所。若以執著、妄念而覓自性之真面目，無異雁群之飛尋天際，終不可得。終不可得者，即自性無變無增，如是而已。」這裡說的「真心」，即指自性。

貢噶上師則說：「認識此明空不二之體性，就是吾人本心，能所一體，無過去、現在、未來三時，無東、南、西、北、上、下、大、小、長、短之分，無青、黃、赤、白之色相，猶如虛空，一切法就在這虛空體性上任運明現。」由此可見，見性的境界是一種無邊中、無表裡、無方所、無上下、無大小、無始終、無增減、無時間分別、能所一體、赤裸裸、明朗朗的境界。（P59～P61）

行者若經多年修持，仍未見到明體，即從示見到自性，上師亦可利用側面辦法，使弟子看一看或經驗一下明體究竟是個什麼東西。據《大乘要道密集》及其他法本所載，嬰兒、醉後、悶絕、大樂、睡眠、呵欠、噴嚏、臨死亡時，明體亦有偶然顯現機會，但時

間甚短，經歷者無把握之力，故不能體會，縱得體會，亦無利益。

《椎擊三要決勝法解》說：「離境安閑頓住時，陡然斥心呼一『呸』。」就是上師於弟子靜坐入室時，忽然大聲呼「呸」，或突問一聲：「你此時心在何處？」利用弟子受驚時的心理狀態，以顯現明體。當時弟子頓斷妄念之流，赤裸現出明體，就可以於驚上認識明體為何物。

貢噶上師在《大圓滿灌頂及修持方法講解記錄》中也說：「師猛呸一聲，摧破我執，一切脫落，迷問心是什麼，於如是中，自己明朗赤裸之明體剎那顯現，即是本覺智光。」這固然是一種方便辦法，但弟子是否立即發現明體，則在乎上師加持力是否充實，弟子時機是否到了，受驚的程度是否適當。事雖剎那，而情況較為復雜。

自性和空性，在一定意義上也是相同的。《六百四十萬偈印授集》說：「空即自性心，自性與空無二無別，此即法身。」但這個「空」，並非頑空，而是非有非空，空有雙運。佛家最深奧的理論之一就是「空觀正見」。

所以，見性也就是空性體悟。行者在修空時，當使自己相信「我」實際上完全不存在，就會感到像虛空的空性，如若不忘失地執持這個空性，用上述的「息心」來修空性，便會對空的體悟越來越清楚，最後體悟到空性直覺地破除自存的我。當得到這樣直接的不假思維的覺受時，這就是見性的境界，就是明、空不二的境界，就超越了凡夫，登上了菩薩地。

修徹卻在念起剎那間見性開悟，屬於頓悟範疇，根據當時不同的解脫情況而分種種頓悟。《大圓滿最勝心中心引導略要》說：「總之此隨所顯現之明體，離於詮表，由自顯自解脫，無有決定之名言

故，為無執解脫，如本來解脫故，為離根本解脫。如降雷故，為頓然解脫。以顯與解脫同時故，為顯空解脫。」

這就是說，第一種頓悟是行者毫無執著之心，得見明體，在明體顯現以後一段時間，得到解脫，這叫做「無執解脫」，也就是無執而悟；第二種頓悟是行者一剎那間把本來清淨、本來光明智慧的面目完全顯現出來，這叫做「離根本解脫」，也就是離根本而悟；第三種頓悟是如降雷霆、頓然解脫，這叫做「頓然解脫」，也就是頓然而悟；第四種頓悟是明體一顯現立得解脫，這叫做「顯空解脫」，也就是顯空而悟。

以上四者的區別只是在時間、程度、方式上有所不同而已。

雖然見性開悟，得到解脫，但未必修習堅固，尚未究竟，仍須繼續保護任運的修持。這主要在護持無散亂之正念為要。所以，這也是「無修之修」。（P62～P65）

對於徹卻修法，根桑上師曾說：「上根利智一見即知，一行即成。下根得之，亦能開悟自心本具之理。」根器之說，密宗最為重視。「根」指宿根，「器」指學法的善巧和聰明才智。根桑上師所指之「上根利智」，恐怕是指具有深厚的宿根和十分機巧聰明的行者而言，是屬於特殊根器者。

此種行者一經上師加持，其宿根能圓滿頓然現起。甚至不必一一修行加行，亦能直趨入大圓滿心髓正行，但恐萬人中，難以挑一罷了。不具備這種素質的行者，修徹卻必感下手為難，唯有以加行補救，或走方便法門，能修到何等程度，那就很難斷定，得視行者的努力和精進如何而定了。（P66～P67）

關於大圓滿「脫噶」之修行

這裡要著重介紹的是大圓滿心髓獨有的脈、氣、明點系統。這個系統是較之上述共有的系統更為細緻，主要為脫噶修法所應用，筆者名之曰：「光明風脈」。根據郭元興居士在《大圓滿的意義和內容》一文的介紹，大圓滿心髓起碼有不共的四條脈道：

1. 迦底大金脈——在中脈中，與肉團心中央相連，有根本明點光滿其中。

2. 白絲線脈——附於迦底大金脈向上直通梵穴，有運轉法性的無生明點，這是修轉識法（破瓦法、開頂法）的道路。

3. 細旋脈——在臍、心、喉、頂四輪中，有頂上明點。

4. 晶管脈（遠通水光脈）——連結心、眼，為現起無數明點連系光明所依處。

密宗認為，人體遍布無數脈，無法數之，各說不一，一般說全身有七萬兩千條氣脈。大圓滿心髓脫噶修法著重應用其中心輪八瓣脈的系統。心輪有八瓣，分別各自再發出三脈，共二十四脈，每一脈走向身體不同的地方，郭元興氏所述四種脈道，多發自心輪。

古印度瑜伽術即認為，中脈脈內有脈，有一脈名為金剛脈，光耀如日；在金剛脈內又有一脈名心識脈，其性清淨，灰白色；此心識脈內復有一微細之管，名為梵淨脈，拙火燃起，即經此脈至頂輪。心識脈是瑜伽士最高最愛之脈，是一條細而具有五色光彩之脈。中脈內的這些脈，酷似上述迦底大金脈。

脫噶修法主要透過晶管脈（遠通水光脈）來進行。根桑上師傳授的《大圓勝慧本覺心要修證次第》談到晶管脈時說：「由心起上

至眼，有極密之脈，如水晶管。」

《六百四十萬偈金珠經》云：「由寶宮（即心宮）通於眼海（眼瞳），有一相聯之脈，透明細膩、內空，非紅白明點（精血）所由成，根本大智由此通。」又說：「此脈如野牛角，由心起至腦，對向外張，後窄前寬，如水清亮有光，能遠射，名遠通水光脈。」

《六百四十萬偈自現經》更指出，因有此自然遠通水光脈，乃得見各種光明，如孔雀尾翎眼形的圓空光、定慧無二的法性光、自然智慧光、遠通水光等等。

行者透過晶管脈（遠通水光脈）之所以能遠射出光明，按照佛家學說，最重要的是因為在肉團心（心臟）中本來就隱藏著本覺智慧（異譯內證智、自然智、真心等）。貢噶上師在《大圓滿灌頂及修持方法講解記錄》中說：「吾人本覺智慧，具足體性本空、自性光明、大悲普遍三者。體性空者，謂從本空寂，喻如燈體。自性明者，喻如燈明。大悲普遍者，喻如燈光遍照。空為體，明為相，大悲為用。修者遵照上師傳授種種要義，此本覺智慧得依靠光明智脈現量顯露，本來面目之圓滿三身，即時得證。」

這裡所說，實指「明體」。所謂三身，即體性空為法身，自性明為報身，空明體上悲心普遍為化身。

晶管脈的通道和走向是：心—肺—兩耳後—兩眼根—清淨法界。密續根據晶管脈通道和走向，相應認為存在六種光明：肉團心光—白柔脈光—遠通水光—界清淨光—明點空光—本覺智光。這就是大圓滿法界中本來具有的六種光明。現對每種光明分析如下：

1.肉團心光——又名肉團心寶光，是心臟中央具足光明的智慧氣脈，像放光一樣照明一切細脈，為本覺智光隱藏之處，亦即晶管

脈的起點。

2. 白柔脈光——肉團心光透過兩脈管，經兩耳後，通向兩眼，是智慧光透過之路。

3. 遠通水光——白柔脈光透過兩眼根如門，射向空際，與外界接觸，遠見虛空，為智慧光出入之門戶。

4. 界清淨光——為遠通水光與外界接觸後，形成的法界清淨之光，為智慧光能顯現之境，如無雲晴空，為虛空所依，本覺智光將依此顯現。

5. 明點空光——界清淨光中所顯出的本覺智光，即本覺智光在虛空中的顯現，猶如投石水中所起的波圈。

6. 本覺智光——即明點空光的原體，亦即隱藏在肉團心內本具空、明、大悲、三大本性的智慧光明。

這些智慧光明在虛空中的顯現，須透過各種自然外光的引導。貢噶上師在《大圓滿灌頂及修持方法講解記錄》中指出了白瑜伽從光明上修脫噶有四種引導：

(1)依太陽白光上修為白色引導；

(2)依燈光紅光上修為紅色引導；

(3)依月亮黃光上修為黃色引導；

(4)黑紗遮眼雜色光上修為雜色引導。

此外，尚有黑瑜伽在黑暗無光中修脫噶，稱為黑關法。在這些引導中，以觀日出、日落的太陽白光引導為主。行者定心專一觀看，即能見藍色的界清淨光，如無雲晴空，復見如石投水中所起波圈，顯現明點空光，更見猶如孔雀羽毛具足五色的明點分列點綴，或如虹霓當空，縱橫交錯，形式無窮。隨著功深嫻熟，智慧增長，便逐

步得見如珍珠鬘鏈，又如馬尾彎曲處點綴小明點之金剛鏈，以至半身、全身佛像以及壇城、剎土等形象。

必須強調指出的是，在虛空中顯現的各種形象的智慧光明，都是由人體內部發出，由內境外顯，乃心、氣脈所形成，並非外來的什麼仙佛菩薩現形。從密宗的觀點而言，純由心造，均屬幻象。根桑上師《大圓勝慧本覺心要修證次第》在論述行者所見藍色光中呈現五色光如錦繡開展的景象時指出：「均由內德所顯現（又譯為內境外顯）」。

他說：「德有內外二種，外為清淨天空，內為光明。」又說：「外清淨天空，有認為是肉眼所見色塵之天空者，非也。天無心，今說內外，是就自性而言，乃由內德而現為外面之清空，謂為藍色天空，非指俗眼所見之天空也。由內而現於空中，故名天空。藍色光中現出五色錦繡光，原未明顯，今乃明現清楚，因此分別，故明內外。謂內為我之內，外為外面之外（意謂內境在此，外境在彼），則非也。由內德而現出藍色光，由藍色光中現出錦繡光，不過有此微微區別耳。」

這就清楚地說明了猶如無雲晴空的藍色的界清淨光和猶如五彩錦繡的明點空光，均由人體肉團心所發出，乃人體內境，不過借著各種自然外光的引導而在虛空顯現出來。

因此，未經脫噶修持的普通人，其肉眼不能看見各種智慧光明；只有經過脫噶修持的行者，才能借遠通水光脈之力，看到智慧光明的顯現及其變化。無垢光尊者說：「遠通水光脈之力，能見三身境界，視力只能見色塵。內雖各有區別，外貌則共一眼。不得因見一眼，即認為其內亦無分別，智者察焉。」

但要遠通水光脈能發揮作用，行者必須以徹卻定力為基礎，遵循脫噶修法的五門要儀，即身、口、心、門（眼）、境五種修法。此外，又有氣要儀和明要儀兩項。這就是以法、報、化身三種坐姿，口離言說，心不散亂，目向上下左右視，選擇高山或清淨、無風、無塵、無霧之處，氣由口出入，以自然外光引導，便得見明體顯現。然後，進入四種光明顯的次第，取得更高層次的成就。

關於明體

明體，我們在上文說過，其意義大致與佛經所稱的所謂各種真心、妙心、自性、空性、法性等同一意義，人們常常以「大無外，小無內」、無雲晴空、赤裸裸、明朗朗等來形容這種境界。貢嘎上師說，大圓滿心髓的內涵就是「明體指示」，即修證明體的顯現。

陳健民上師在《大手印教授抉微》一書中認為，雖然明體以「無雲晴空」為喻，但「無雲晴空」只是明體的一個重要條件，尚有其他條件亦當同時現起。陳健民上師根據他的修持經驗指出，明體共有四個條件：

1. 明相——得見明相，如戴水晶眼鏡，見山河大地一切事物，非常清淨，非常潔白，然而並非普通行者所見明相如眼角一閃光，或惟見淡月，或惟見於禪房，而是觸處皆明，如漸漸增厚和嚴密，則能見真實的無雲晴空。於入定當中，上下、四方、中央皆充滿此明體，而不見自己身軀。初修者所見明相，乃是無雲晴空的初層外輪廓。

2. 無念——並不是無念才能見明體，有念、妄念、正念、邪念

乃至散亂，亦未嘗無明體。然而，對初修者來說，必趁此無念時節，定力湛然，慧眼灼然，心地坦然，明體才易顯現。直至功力漸深，方可在妄念上顯現明體。

3. 心離能所──即無能執明體之心，亦無所執明體之境。當明體顯現時，已不屬止觀中物，乃為證量之物。此時的心雖然明明白白，然而並無能執持之心，此時的境雖然清清淨淨，然而並無所執持之明體，行者感到舒服、恬淡、坦蕩、寬鬆。

4. 氣離出入──此時之氣，已完全停滅，因無妄念，所以氣不出；因無執著，所以氣不入；因無我，所以氣不住。只有如此，明體才能自生自顯。一旦功力純熟，即使氣有出入，明體亦不喪失，因氣出、入、住時，明體均能滲透自在。

陳健民上師在《大手印教授抉微》一書中極力主張，必須在加行的修持中得見明體，方可趨入大手印正行初步的專一瑜伽，即是說，以得見明體作為大手印正行之開端。

由此推論，大圓滿心髓正行徹卻，其層次相當於大手印，故亦應在加行中修至得見明體，然後趨入正行的徹卻為宜。我們應該認識，明體的生起、顯現、安住、厚實、擴展、延長，及發生妙用，有一修持的過程，並非一蹴而就。

行者雖得見明體，但初期在上述四相中只見明相的外輪廓，其他三相難以同時現起，往往有失有得，有退有進；必須長期多次修習正行徹卻，方能同時發現四相具足。所謂四相具足，即行者所見的光灼灼相、內外氣停滅相、無我離能所相，同時現起。

在實修明體時，一般來說，先顯現作為基本條件的明相，再進步到無念條件，由無念相繼進步到外氣停滅，由外氣停滅進步到內

氣亦停滅，則心離能所，於是四相具足，而明體得以自然安住。此時行者對結定印之兩手，對跏趺之雙足，意識上不能分其左右，如龜在盤；又覺得自身像一個無邊的大圓球，內外瑩澈如水晶。

　　脫噶修法中明體的顯現，可說是大圓滿心髓明體顯現的極致。中國西藏古聖先賢創造和傳承的這種經由遠通水光脈（晶管脈）從眼根發射的四種光明顯現境界，既殊勝而又不可思議，使藏密修法達到了新的高峰。

　　脫噶明體的四種顯現境界，是行者透過日出日落時太陽之光、夜間月光及燈光逐步觀看到的明相。除月光可直看外，日光和燈光均須看其傍。這四種光明境界是：

　　1. 現見法性顯現——這是脫噶明體的初步顯現，行者親眼得見虛空中顯現的如虹霓、或如孔雀毛之翠色、或五色明點空光，初現大如魚眼，經三至六個月用功，可大至拇指與食指環合成圈大小，常常三個成為一組，其形狀分為線紋、明點、金剛鏈三種，其中以看到金剛鏈為最重要。金剛鏈如馬尾串珠之彎曲珠鏈，每一彎曲處現出兩個小珠，急速抖動。金剛鏈顯現為本階段的標誌和特徵。

　　2. 覺受增長顯現——此為脫噶明體顯現的第二階段。行者得見虛空中縱橫現出如蓮花、纓絡、寶塔、海螺等各種形狀的五色明點，變化無窮，漸漸增至如碗、圓鏡、車輪、盾牌大小。光中復現出各種佛像，先現頂髻，或現半身，或現一臂一足、半邊身、上身、下身，不一而足，如是久之，可現全身。此時所現佛像，往往只現父佛而不現母佛，初現赤體而後現莊嚴。佛像顯現，為本階段的標誌和特徵。

　　3. 明體進詣顯現——這是脫噶明體顯現的第三階段。此時所

大學之道，在明明德，在親民，在止於至善。知止而後有定，定而後能靜，靜而後能安，安而後能慮

見，均是虹光與光明。明點光為五個明點成一光圈，復變成五方佛像。所見佛像多是全身、雙身，遍滿虛空，並見剎土及壇城，金剛鏈則如網，或珠鬘，於中圍繞。全身、雙身佛像集團及剎土、壇城的顯現，為本階段的標誌和特徵。

4. 窮盡法性顯現——本覺明體已於前三階段顯現盡了，所顯現的佛像、壇城光圈，逐漸收入自身，而成虹光身。譬如農曆每月三十日的月光，外不顯現，而內不喪失。外面一切顯現，已悉收歸自心，為本階段的標誌和特徵。

綜合上述明體顯現的四種境界，可知脫噶修法中明體顯現與外界虛空的融合有了擴大，《大圓滿最勝心中心引導略要》稱之為「依根現量」，這就是依眼根以內能量所見，均是明體之光，不僅如無雲晴空，有白色、藍色之光，還現起了五色之虹光。

《明體續》說：「明體顯現五光德。」《大圓滿最勝心中心引導略要》說：「彼光無垢，故為白色。功德圓滿，故為黃色。不覓自顯，故為紅色。本自圓成，故為綠色。堅定不變，故為藍色。此為五色也。」

此外，明體還顯現了五氣、五智等。《自顯續》說：「明體五氣之自性，一切眾生悉具足。」「復次自明之體性，具足五種智慧。」

這四步境界的明體進展透過明相態勢、色彩、數量、大小、明暗等變化顯示出來：

首先，由動搖到安定。例如，先看到金剛鏈如流星，或如疾飛禽鳥，或如獸類徐徐而行，或如蜜蜂採花蕊之盤旋，漸漸安定下來；又如看到各種佛像，倏隱倏現，漸漸明顯固定。

其次，由局部到全體。例如，先看到半身，如一足一臂，或半邊身的佛像，然後進步到全身、雙身及群像；先看到個別明點，然後再進步到明點群像；先看到二、三種顏色，然後進步到五彩繽紛，行者把虛空作為調色板，不斷去調整其顯現的色彩，做到五色具足。

第三，由小到大，由暗到明。例如，先看到魚眼般大小的明點，然後看到如車輪或盾牌大小；先看到佛像如常人大小，然後看到佛像如屋如山，而且遍滿虛空，越來越明晰。

第四，由有到無。這指的是後階段的窮盡法性境界，一切外境都收歸身內，收歸法性，身體變成虹光身。以上是舉例而言，所有景象是復雜而豐富多彩的，都是本覺智光的變化。

總之，是由不究竟達到究竟，從未圓滿進步到大圓滿，法性的顯現得到窮盡，明體的顯現得到充分的發揮。但是，明體的進詣依靠於以徹卻修持為基礎的定力，依靠於修脫噶三種坐姿的正確以及心不散亂。也就是說，依靠於明體的四個條件：除明相外，須要無念、心離能所、氣離出入。最好的境界是四相具足。

脫噶明體顯現的四步境界，一步比一步超勝，而層次分明。看見金剛鏈，就是第一步現見法性顯現境界的究竟，第一步境界就算完成了。金剛鏈又稱為本覺智慧光金剛鏈，乃連環如鏈之明點空光，以金絲貫珠之狀現出。《六百四十萬偈金珠經》說：「觀諸佛之心，即觀金剛鏈之身。欲獲諸佛功德，勿離金剛鏈。欲知一切法之聚散，應觀金剛鏈之所在。欲盡悟一切密智，應觀金剛鏈之光。欲見戒定無解無間不散亂，應觀金剛鏈之身。欲主持一切法之宮殿，應明法與自心無二之理。欲繼金剛薩埵之傳代，不可離智慧光

金剛鏈之身。」

這說明了得見金剛鏈的重要性，因為得見金剛鏈，即得見法性智慧的真面目，能使身中之脈變為光明，樂、明、無念的覺受增長，智慧大開，對一切經典意義，自然通達。佛經上說，得此境界即是不退轉位，即是登地菩薩境界。

第二步覺受增長境界的究竟地步，是看到佛像。《大圓勝慧本覺心要次第》說：「佛像現時，第二步澈底，第三步已起。」在此一階段中，明點空光三個或五個集團，漸漸增大如盾，在這些集團中，先顯現佛髻，次顯現面目，再顯現半身或全身佛像。行者如修好氣、脈、明點，此時可得小神通，首先是眼通；以後不必依靠外境日、月、光明，隨時隨地可以顯現境界，方便修持。

看見雙身佛像、壇城和剎土，是第三步明體進詣境界的究竟。蓮花生大士說：「只見佛像，為第二步澈底；見雙身報身像，則屬第三步境界。」此時，眼之所及，均見五色光芒，雙身佛像和壇城，遍布虛空，於天邊處得見剎土。諸佛光與行者心光，互入互攝，自心自然清淨光明，他心通乃至六通皆獲。

《大圓勝慧本覺心要次第》說：「是時身光明清淨，氣心亦僅微細連續，一火星炸頃，即得進獲第四步境界。」第四步窮盡法性境界的究竟是所見外境皆空，不再看見明點空光，一切盡入法性，功德圓滿，成光明虹身，即身成佛。《大圓勝慧本覺心要次第》指出，極少數特殊根器的行者見第一步境界，隨即行持，可不經二、三步，即趨入第四步境界。

第二步境界中，修持往往發生障礙和疾病。《大幻化網引導法》一書對此有所說明。該書指出，發生的障礙是身、語、意生各種疾

病或心境不安等，有時無事而生煩惱、嗔恨或恐怖，甚至看到魔怪幻象，作種種擾亂。

行者於此時，對身、語、意的不適及所現干擾之相，應不加理會，任運而住正見，則疾病、不適、怪相逐漸消滅。行者若認病為真病，休息而不繼續練功，則為魔怪幻象所勝，得中斷障了。對此，行者須有此知識而密切注意為要！

修持大圓滿心髓的主要成果：一是體健長壽；二是臨終虹化。這兩種成果都是行者多年長時期透過自身的智慧光明攝收宇宙能量特別是太陽光能而得來的。

《大圓勝慧本覺心要修證次第》在談到修持得證者的身體狀況時說：「身輕如綿，膚色充實，面無縐紋，髮不白不長，指與爪亦再長，身現五佛像，或者轉童相，髮白轉青，齒落重生，如是種種，身輕安無病，口出語悅人，無量諸法，自然善說……」

據西藏社會科學院宗教研究所索朗頓珠對四十例寧瑪派學者的虹化事蹟所作的統計，其中年齡最小者在八十歲以上，年齡最大達一百四十多歲，其中多例在百歲以上。這說明修持大圓滿心髓有成就，確可延年益壽。

雖然密宗有「轉世」、「出世」之說，藏密行者並不重視長壽。至於臨終虹化，已經歷代許多實例證明，虹化者在身體發光中形骸不斷縮小，而漸至消失，最後只剩下指甲和頭髮，其頂上空中出現如虹的一派紅光繚繞。

次一等者，其肉身在發光中縮小到一定程度，例如一二尺或二三尺不等，剩下的形骸堅硬如鐵。這些虹化現象，都引為奇觀。

（P69～P83）

大圓滿四德

1. 無實——無實者，外內雙重無實。外無實有本體之一切物，但有如夢幻之境相矣；內無實有人法二我執，但有如陽焰、如穀響之意思語言而已。聖凡所顯一切，無論六道、五身、五毒、五智，皆屬無實；而此無實，亦非頑空。在已領恩者，切知無實、空性，非有物，亦非無物。

雖離於心靈上之認識，然其大圓滿本身現量現起時，自有其無實之表現。而此表現，亦非世間一切物，如虛空等，可以比喻；惟過來之人，方得知之。如是無實，即配大圓滿，不立一切見，而具一切自然而見之見。所見、所能，無非無實之本體耳。

2. 獨一——獨一亦譯作唯一。獨一者，絕對唯一也。非由多相對之一，及包括一多及一多無二之大圓滿。大包括小，圓包括偏，滿包括半；非離此小、偏、半，別有大圓滿也。亦非僅指法界大圓滿，而遺棄報化二身。故大圓滿為最極唯一之歸宿，亦為最極唯一之出發。無可舍者，無可取者，故與不立一切修及無修而修之自顯相應。

3. 任運——任運與作、止、住、滅之任不同。「任」病者，謂順其人法二我執，不加觀察、對治，聽其無明而流行，完全與邪見愚癡相應。大圓滿之任運，謂離於人法二我執，任大圓滿本身運行於一切境。聖如五智，凡如五毒，皆能任運現起大圓滿，自然而然，不與大圓滿有任何抵觸。行於一切，無不自在，故與不立一切行，而行任運解脫之無行相應。

4. 廣大——廣大者，非與狹小相對。小中能見大，狹中能見廣。

如十玄門中之廣狹自在無礙門，不壞一塵，而能廣含十方剎土。芥子納須彌，即廣即狹，即大即小，無障無礙。空間無不周遍，時間無不相續，超出時空一切限制，遍於時空一切領域。

愛因斯坦以數理哲學，亦推出時間空間之相對性。今大圓滿於事物無絕對限制中，而能生起緣起之奇妙，此固一般科學家所不能瞭解者。然以一原子而含無數之能量，亦可佐證佛法芥子納須彌之理矣。今所以不得大圓滿廣大佛果者，以心量狹小故。心量狹小者，以人法二我執來得太緊故。故能於大圓滿上放鬆者，則廣大之德顯矣，而廣大之佛果亦圓矣。故能與不立一切果，無果而有自然之果相應。（P218～P220）

大圓滿與大手印、漢地禪宗之比較

大圓滿與大手印並列為藏密無上瑜伽的最具代表性之修法和最高法門，大圓滿以漢地經諾那活佛提倡以後，又經貢噶上師將之與大手印同時傳佈，貢師又在《大圓滿灌頂及修持方法講解記錄》（南京諾那精舍記錄本）中說，大圓滿心髓徹卻與大手印相同，均是無修之修。他說：「徹卻是立斷之義，白教（註：即藏密之噶舉派，該派由噶瑪巴與密勒日巴師徒於十二世紀時所創立）之當下立斷是大手印。」

此種說法，似指大圓滿徹卻與恆河大手印相較，都是頓悟法門而言，僅就「無修之修」及「當下立斷」的意義上而言，亦是使初學者對此有個一般的印象；但從大圓滿和大手印四瑜伽來說，在頓漸法門及見地、作風、修空等方面，兩者實有明顯的區別，不能混

為一談。陳健民上師在《蓮師大圓滿教授勾提》一文中指出，大圓滿和大手印大別如下：

1. 大手印立見、修、行、果四次第；大圓滿無之。

2. 大手印有專一、離戲、一味、無修四瑜伽；大圓滿無之。

3. 大手印見，為貢噶上師所講屬俱生智見，亦名法身見；大圓滿則為本淨見，或曰大圓滿見，即諸法起時，剎那圓滿。

大手印立四瑜伽漸次修習，大圓滿則不立四瑜伽，頓然直證，兩者實有漸頓之分。大手印根據俱生智見（法身見），了知一切諸法，即此無生、俱生的明體。就此明體，保持、鞏固、純化之，必假修證，然後證得。

大圓滿根據本淨見（大圓滿見），一切諸法從本清淨，沒有任何分別垢染，無縛，無解，無修，無證，自生自顯，任運自如，即見、即修、即行、即果，不歷階段，不標次第，即於諸法起時，剎那自性大圓滿。脫噶方法利用日月外光，漸次引入自體，噶發自性虹光，較易較穩。大圓滿除脫噶白關法外，更有黑關引導法，即所謂七日成佛之最高法門，尤為殊勝，而大手印無之。

上列九乘佛法中未列入禪宗。蓋禪宗不立任何見，不立文字語句，不許有肯路，不許有定功，不許有領會，重在機用透澈，連本來清淨見亦不用，棒喝之下，令人立地成佛。所以諾那上師稱禪宗為「大密宗」，意為凌駕生起次第、圓滿次第之上，與大圓滿次第相同。

而就法性祕密而言，禪宗之機用，不可捉摸，尤勝於密宗。陳健民上師更認為，達摩祖師為藏密古薩里派的祖師，在漢地則知其為禪宗祖師，其在西藏所傳大圓滿法，完全與漢地所傳禪宗相同。

所以，陳健民上師認為禪宗屬於密宗法系。（P13～P15）

　　將佛家大圓滿成佛之法與儒家的成德之教相互參照，可得出如下一些啟示：

　　1. 儘管佛家於究竟之處也十分強調心性的自然、自在、光明、清淨、無為、無我等屬性，但其修行法門仍然處處透顯著非常明顯的痕跡，著相的成分很重。以上引文所示修行方法，已經十分復雜繁難，《藏密大圓滿心髓探奧》一書中其他未徵引部分，所涉及的修行方法，則更為復雜，處處透顯著經院氣息和瑣碎教授。

　　如此，必使學者陷溺於文句，膠著於法相，窮經皓首，為法所束。不僅大圓滿教授如此，整個大、小乘佛法，無不如此，常令學者沉淪於文山字海之中，茫無崖岸，永無了期。不若儒家義理，下學上達，中庸為道，平實簡易，聖凡賢愚皆宜。

　　2. 雖稱之為佛法九乘之巔，命名曰「大圓滿」，然其大圓滿是特殊形態下的大圓滿——空、明下的大圓滿。空性（無為性、超越性）和光明（先驗智慧、本有覺性）確為心體、性體所涵的重要屬性，也非為儒家所輕視，但這些屬性並非心性之全貌，只是心性諸多屬性中的消極部分，其積極部分則全未涉及之，更無張揚之。

　　故知此特殊形態的大圓滿，實為消極之大圓滿，偏枯之大圓滿，離塵避世之大圓滿，內聖面重而外王面輕之大圓滿，不能興發心性全體大用（尤其是道德創造和生生之德）之大圓滿，更是佛學思想系統所給定下的大圓滿，如此之大圓滿必為封閉型的大圓滿。

　　儒家踐行的是常道。常道的意思是時刻順應人性之常、人倫之常而立學，立德，立行，立道。立於常道之上的儒家所顯揚的心性，方能盡其心，盡其性：能盡心體之大全而無餘，盡性體之大全而無

餘。故儒家方得大圓滿之心髓，方能真徹盡大圓滿（即心性）之全蘊。

其明明德、親民、至善，其止、定、靜、安、慮、得，為儒家之大圓滿。儒家之大圓滿方能化除一切法相，化除一切法執，回歸平實簡易之常道，將修行（儒家不名修行，而曰踐履或踐仁等）消化於日常生活之中。如此則最大限度地避免法門和修行次第帶來的拘限，而成一開放型的大圓滿。

開放型的大圓滿方可成為真正意義上的大圓滿，方可成為無系統相、非給定下的大圓滿，方可成為常道之大圓滿。此為常道之大圓滿，故儒家學者無需經過或修持諸如念咒、磕頭、觀想、入壇城、結手印、看光（外明點）、呼「吽」、見佛像本尊淨土等門徑，其拆散一切有為造作，祛除一切隱曲險峰。念咒、磕頭、觀想、入壇城、結手印、看光（外明點）、呼「吽」、見佛像本尊淨土等，皆為曲心之舉，皆為玩弄光影。

寬坦身心，灑脫自然，光明磊落，意氣風發，上下與天地同流，百事不欺心，言行皆率性，如是直下行去，當體具足，此名為「儒家之大圓滿」，此為儒家所近之道（知所先後，則近道矣）。

3. 佛法九乘之巔之大圓滿法門，唯「上根利智一見即知，一行即成」，但此上根利智者畢竟不多，「恐萬人中，難以挑一」。對於根器低下，「不具備這種素質的行者，修徹卻必感下手為難⋯⋯能修到何等程度，那就很難斷定，得視行者的努力和精進如何而定了」。

如此之大圓滿教法，難以具備普及性，故為特殊型態的大圓滿。而儒家常道之大圓滿、開放之大圓滿，因其無特殊之型態，皆

消融於日常生活之中，故不分賢愚，人人可行，「雖不識一字，亦須還我堂堂地做個人」。孟子說「君子所性，雖大行不加焉，雖窮居不損焉」，此句為儒家正宗之大圓滿教授也。

4. 關於長壽：修持大圓滿可以獲得體健而長壽，「身輕如綿，膚色充實，面無縐紋，髮不白不長，指與爪亦再長，身現五佛像，或者轉童相，髮白轉青，齒落重生，如是種種，身輕安無病，口出語悅人，無量諸法，自然善說……」「年齡最小者在八十以上，年齡最大達一百四十多歲，其中多例在百歲以上。這說明修持大圓滿心髓有成就，確可延年益壽。」獲得如此長壽的原因是，「行者多年長時期透過自身的智慧光明攝收宇宙能量特別是太陽光能而得來的」。儒者則無需如許之麻煩，心性之自明超日月無量倍，在儒者這裡，僅需「明明德」三字即足矣，或「仁者壽」三字則盡矣。

「藏密行者並不重視長壽」，儒者也不強調為了長壽而長壽，如對社會無所裨益，僅僅是苟延殘喘地活著，並非儒者所願。「老而不死，謂之賊。」（《論語·憲問篇》）

5. 關於「虹化」：「至於臨終虹化，已經歷代許多實例證明，虹化者在身體發光中形骸不斷縮小，而漸至消失，最後只剩下指甲和頭髮，其頂上空中出現如虹的一派紅光繚繞。次一等者，其肉身在發光中縮小到一定程度，例如一二尺或二三尺不等，剩下的形骸堅硬如鐵。這些虹化現象，都引為奇觀。」

臨死之時，肉身化為可見五色彩虹而去，有兩方面價值：一者證明此修行者生前已證悟心性（在佛家主要為心性之空、明這兩大屬性），因證入心性，生前即獲得解脫，死時融入心性之中，佛家名之為「入大般涅槃」；二者，虹化可為當世或後世那些淺智小信

之人，作個證明，證明東方文化和生命修行真實不虛，生命內涵無窮奧祕，令淺智小信之人得生實信，發心修行，立志聖賢。臨終虹化之人，生前必證金剛光明身，即整個身、心（西方心理學意義上的意識和潛意識。與儒家所言的良知、仁心、心體之心，天地懸殊，不可相混）清淨化、光明化、空化。

因為此時身體內的脈結已經開解疏散，脈中之氣（相當於中醫所言之經絡之氣或真氣）已經淨化和昇華（昇華為智慧與光明），貪、嗔、癡、慢、疑已經降伏或化解，故此時之身體內在素質極高，達到了高度的健康狀態，精力充沛，感官靈敏，達至情緒中和之境界。如再進行某特殊化的訓練或本來即有較特殊的體質，甚至可出現入水不溺、入火不焚、百毒不侵、力大過人等神奇現象，故佛家以「金剛身」形容之。

光明身依其光明化程度可分為兩種，一種為形而上的抽象之光，此光唯行者自己反觀自察時可見；另一種為形而下的具象之光，即肉眼可見之光，此光熾盛之時，他人視此行者身體某些部分或全身，隱於一團可見之光明中。肉眼可見之光明身為佛家所喜，尤其為佛法大圓滿之所願。

儒家特重形而上之光明，謂此光為「德光」、「心地光明」、「智慧之光」等。如若儒者也將興趣移至此形而下的可像之光，則無需如佛家那般進行咒語、氣脈、觀想、打坐等繁雜方法之修行，只於德化人生中平實行去之時，另外加入「興趣移至此形而下的可像之光」一意即可，心中持守不失此興趣，於此心念之中，勿忘勿助長，不久即可實現全身化入可見之光明中，成就佛家大圓滿意義上的「光明身」。「金剛身」與「光明身」合稱為「金剛光明身」。

　　儒家首重親民、化民，不重化身。在儒者看來，發明心性之全體大用，其所用之處甚多，排在首位的是平天下，其次是治國，再其次是齊家，最後才是修身。故知修身只是心性全體大用之最末一節。而佛家發明心性，首在成就修身（也僅限於形質之身）。

　　在儒家看來，此正所謂之小，非大人之道。「參天地，贊化育」，如是方為大人之學，如是方為《大學》之道。「知所先後，則近道矣。」儒者以平、治、齊、修，明其先後，以止、定、靜、安、慮、得，明其先後，此為真正之近道也。

　　即使談到修身之道，以心性光明之顯發，通化全身，以達祛病健身、延年益壽，此於儒者並非難事；無需如佛法之大圓滿，經過前加行、後加行、生起次第，進至圓滿次第，最後方抵達大圓滿「徹卻」與「脫噶」的尋脈看光、轉化明點等等之修行。

　　佛法之大圓滿需長期憑藉日月之光，方能成就。如許之大費周折，儒者不取。儒者只需數語，即得大圓滿之真髓：「夫大人者，與天地合其德，與日月合其明，與四時合其序，與鬼神合其吉凶。」「富潤屋，德潤身。」「君子所性，仁義利智根於心；其生色也睟然，見於面，盎於背，施於四體；四體不言而喻。」

　　心通則周身百脈皆通，理通則周身千結皆化。在德化人生中，心性發明全體大用，其大德加被於身謂之「德潤身」。在道德、良知、仁義潤澤通化周身之時，身體內外所有明點、脈氣、無明、業障、夢幻等等，悉皆轉化昇華。

　　於此儒者若欲出現如佛法中的虹身成就，只需於心中存此一念，「慮而後能得」，則很快即有此殊勝之成就。至於為什麼儒家自堯舜開始，下迄宋明諸儒，皆不願存此一念以成就虹身？實是守

禮之故也。引用至聖之言則是：「君子有所為，有所不為。」亞聖復曰：「人有不為也，而後可以有為」。

儒家首重孝悌，身體髮膚，受之父母，不敢毀傷。如於死時，全身光化而去，只餘指（趾）甲，此有毀傷身體髮膚之嫌。《孝經》和《大學》之作者曾參，臨去世之時，謂其子弟曰：「啟予足，啟予手！《詩》云：『戰戰兢兢，如臨深淵，如履薄冰。』而今而後，吾知免夫！小子！」由此可見，儒者為孝而守護身形之深切。

儒家注重葬禮和死後入土為安（生時不捨家國，死後不離故土）。如此是為了讓子孫後代慎終追遠，仰慕祖德、傳承先賢遺風之時，有所憑藉；如此可望風氣純樸，民德歸厚。

6.關於證道之難易：無論是佛教之小乘、大乘，還是金剛（密）乘，有一個基本教義是始終貫穿其中的，那就是：再三地強調心性之無限玄遠，於我們這些凡夫俗子而言，幾乎難以企及；再三地強調心性之無限深奧，於我們這些智淺障重者而言，極盡想像，窮思竭慮，也難以觸及其皮毛於萬一。

菩薩之路，漫長久遠，動輒以劫計數，方畢其功。另，佛門號稱「八萬四千法門」，門門各有次第，如此無量之法門，實非普通學者所能承受。僅僅將這些頭緒多端、路徑迥異的無量法門，粗略地摸索一遍，也可轉青絲為白髮。若無超人之堅志宏願，實難久持。故佛門弟子需時時發願「法門無量誓願學，佛道無上誓願成」，以求自勉。

如是設教，本意是為了讓眾生對心性生起渴仰心、莊嚴心、稀有心，佛教自設曲徑，自高門檻，以誘初學，實為慈悲心切所致，意在莊嚴佛法，增輝門庭，但凡事有度，過或不及皆為惡。佛家未

能把握其度，大大過之，反令凡夫生起畏難之心、厭煩之心、絕望之心。此非物極必反乎？

儒家謹守仁道，化險灘為坦途，開放自然，簡易平實，以無法為法門，以率性為常道。故依儒家視心性，親切生動，稀鬆平常，如家常便飯一般。讓我們試看儒家如何論心性：「仁遠乎哉？我欲仁，斯仁至矣！」（《論語・述而篇》）「盡其心者，知其性也。知其性，則知天矣。存其心，養其性，所以事天也。夭壽不貳，修身以俟之，所以立命也。」「萬物皆備於我矣。反身而誠，樂莫大焉。強恕而行，求仁莫近焉。」「人之所不學而能者，其良能也；所不慮而知者，其良知也。孩提之童，無不知愛其親者；及其長也，無不知敬其兄也。親親，仁也；敬長，義也。無他，達之天下也。」（《孟子・盡心上》）「仁也者，人也。合而言之，道也。」（《孟子・盡心下》）

明代王陽明著名的「知行合一」論——「知之真切篤實處，即是行；行之明覺精察處，即是知」，最能表示儒家修行特色。世上本沒有如佛家之八萬四千法門，也無需此八萬四千法門，於儒家只需一個法門足矣：知行合一。

只要切實通達其理，明白其特性，對歷代聖賢所表現出來的，所擁有的（如佛家大圓滿之光明身和虹化），如行者有此興趣，便於心中存此興趣，並佐以堅定不移之信念，很快此行者即可實現之。因為「聖人之道，吾性自足」（王陽明語）。

一個「興趣」，再佐以一個「信念」，僅需此四字，就囊括了佛法大圓滿全部義蘊。如此簡易之事，不知佛法為何將其鋪排得如此繁難復雜。

三綱與八目

「天」這個詞在古文中有多個涵義：

1.指蒼蒼者謂之「天」，頭頂上這個茫茫蕩蕩的蒼穹之謂也，即現代物理學的「天空」、「天氣」之義。這是「天」字最為普遍的含義。中國古代天文學、曆法學和星相學等相關的原始自然科學，如天干、地支、五氣、六運等，也自此「天」延伸深化而來。

2.指最高神──天帝，天帝簡稱為「天」。「天帝」因其高高在上，故又名「上帝（God）」。此「上帝」與西方猶太教和基督教中的「上帝」為同等概念與作用。

在甲骨文中和夏、商、周三代帝王發表的誥命及民間歌謠中，隨處可見「天帝」、「上帝」、「帝」、「皇天」等表示上古時代中華民族所信奉的最高神這一概念，此為上古之時君民共同信仰的宗教之神。如中國最早書籍之一的《詩經》中就大量出現相關概念：「皇矣上帝，臨下有赫。監觀四方，求民之莫。維此二國，其政不獲。維彼四國，爰究爰度。上帝耆之，憎其式廓。乃眷本顧，此維與宅。」

（上帝偉大而又輝煌，洞察人間慧目明亮。監察觀照天地四方，發現民間疾苦災殃。可是殷商這個國家，它的政令不符民望。想到天下四方之國，於是認真研究思量。上帝經過深思熟慮，憎惡殷商統治狀況。懷著寵愛向西張望，就把岐山賜予周王。）

「帝遷明德，串夷載路。天立厥配，受命既固。」

（上帝遣來明德君王，澈底打敗犬戎部族，皇天給他選擇佳偶，受命於天，國家穩固。）

「帝謂文王：予懷明德，不大聲以色，不長夏以革。不知不識，順帝之則。」

（上帝昭告周君文王：你的德行我很欣賞。不要看重疾言厲色，莫將刑具兵革依仗。你要做到不聲不響，上帝旨意遵循莫忘。）（《詩經‧大雅‧皇矣》）

自中國歷史之初，已有非常明確的「君權神授」觀念。最高政治領袖的統治權來自天帝（上帝）的親授，君主以「天子」——天神寵愛的兒子自居。君主作為天父（上帝）意志的化身和代表，在人間行使治理和生殺予奪之權。後世百姓習慣中的「痛呼母，悲呼天」之「天」，「天」被作為情感的寄託和傾訴對象，也是上古宗教性的「天帝」、「天神」演變而來。

相較於印度宗教（包括佛教）和在佛教傳入中土後仿照佛教建制而構築起來的道教，以及西方的基督教，中國上古時期自發產生的原始宗教（天帝）信仰，有若干之差異：

(1)中國歷史之初的原始宗教信仰，儘管其宗教意識普被君民各個階層，宗教信仰在各人生活中占據著主導性位置，但自上古迄至秦漢，並沒有發展出一個成熟的宗教信仰體系和宗教儀軌。換言之，宗教意識並沒有發展至成熟和自覺之高度。

(2)先秦時期的原始宗教，始終貫穿著「政治」與「民生」這兩大主題，有著明顯的民本化、人本化、人文化、現實化傾向，即以人為本的發展傾向；而不是如其他宗教那樣，有著明顯的神本化、

出世化、超人文化、超現實化傾向，即以神為本的發展傾向。在核心的宗教觀上，中國先民始終堅守神為人而在，神為人間、為人生而服務；其他宗教則正相反，始終傾向於人為神而在，人以服務眾神為天職，以服務眾神為人生最主要義務。

如此就不難理解，為何上古原始宗教信仰和鬼神崇拜，迨至晚周時期，即已基本融入人文文化之海洋，為人文文化所涵化與消融。至聖孔子的出世，以及他的三千弟子們，則更進一步地順應中華文化發展的基本傾向，對上古流傳下來的宗教信仰與鬼神崇拜，進行了徹底地汰濾和扭轉，確定了中華文化的基本格局和基本性格——「內聖外王」的生命格局和人本化、人性化的文化性格。

這標誌著中華文化由先前自發的（無意識的、本能的）原始形態，升進到自覺、自省、自主方向的全新階段，一掃此前文化思想傳統中的神祕性（即鬼神的不可知性）、荒誕性（即無厘頭性）、非理性（即生物化的本能性）、原始性（即無系統性和邏輯性）。故知孔子和他的弟子們，在中華文明史上，以及世界文明史上的作用，都是劃時代的。「天不生仲尼，萬古如長夜」，信然也。

(3)其他宗教裡的神都是宇宙的創造者，而中國上古宗教之神只是管理宇宙和下民，並不創造宇宙。中國上古神話中，宇宙是由半人半神的盤古化生而來。「天地渾沌如雞子，盤古生在其中，萬八千歲，天地開闢。陽清為天，陰濁為地，盤古在其中，一日九變。神於天，聖於地。天日高一丈，地日厚一丈，盤古日長一丈，如此萬八千歲。天數極高，地數極深，盤古極長，故天去地九萬里。後乃有三皇，首生盤古。垂死化身，氣成風雲，聲為雷霆，左眼為日，右眼為月，四肢五體為四極五嶽，血液為江河，筋脈為地裡，肌肉

為田土，髮為星辰，皮膚為草木，齒骨為金石，精髓為珠玉，汗流
為雨澤，身之諸蟲，因風所感，化為黎甿。」（三國・徐整・《三五
曆紀》）

中國先民認為宇宙是化生而來，不是創生而來。此「巨人化生
天地論」很值得玩味，它與後世人本主義文化的形成與促進，以及
由孔孟所開創的將「仁心、德性」作為基本的生命文化體系，皆有
著深刻的淵源關係。

3. 指本體之天。此「天」是形而上的義理（哲學）之「天」，
是本體─宇宙論的「天」，是生命之「天」，即生命之別名，是主
體之「天」，即主體之別名。在儒家，尤指道德之「天」，即德性
之別名。

形而上的義理（哲學）之「天」，在中國上古時代的思想中，
由來已久，淵源流長。此「天」可一直追溯到中華文明肇始之初的
伏羲畫八卦。「古者伏犧氏之王天下也，始畫八卦，造書契，以代
結繩之政，由是文籍生焉。」（《尚書・尚書序》）「古者包犧氏（即
伏羲）之王天下也，仰則觀象於天，俯則觀法於地，觀鳥獸之文，
與地之宜，近取諸身，遠取諸物，於是始作八卦，以通神明之德，
以類萬物之情。」（《周易・繫辭傳上》）

伏羲畫八卦，始於乾卦，乾為天，故謂「一畫開天」。伏羲畫
八卦，象徵著人類智慧第一次透脫出來，照徹環宇，自此，宇宙（天
地）便從黑暗中、混沌中、無明中借助人類智慧光明的照徹而覺醒，
天地萬物從此借助人類智慧光明的照徹而重新認識了自己，發現了
自己，回歸了自己，同時也超越了自己。此乃「一畫開天」之義。

這裡所說的宇宙從黑暗中、混沌中、無明中覺醒，指的是從

智慧的黑暗中、從價值的混沌中、從後天的或物質的無明中獲得覺醒，此黑暗與混沌不是現代天文學和天體物理學角度的黑暗與混沌，而是（超越的）價值、（先驗的）智慧、（自在自足的）存在、（主體性的）生命等意義上的覺醒，故為形而上的覺醒、義理（哲學）的覺醒，或曰心性的覺醒。

人類的覺醒（即心性本有之自明透過人類而顯化出來），絕不是僅僅局限於地球一隅的某個偶然事件。人類智慧的顯發（或曰覺醒）是一個無比重要的宇宙級事件，是一個宇宙無始以來最為重要的事件。

這一事件標誌著宇宙（天地萬物）的演化與運行出現了本質的飛躍：宇宙從此前的純物理性的、純機械性的、純被動的演化與運行，躍升到意識的、生命的、自主的、自覺的、道德的演化與運行階段。同時也標誌著宇宙（天地萬物）自此進入超越自己和回歸自己（超越過去的自己，回歸「心性」這一最終的存在）的全新階段。在這個全新階段裡，此前純物質、純機械、純被動的天地萬物，開始了價值化、意義化、智慧化、意識化（自覺化）、道德化（自律化）、生命化（主體化）的演進。

這個宇宙（天地）由先前的純物質、純機械、純被動的階段，躍升到價值化、意義化、智慧化、意識化（自覺化）、道德化（自律化）、生命化（主體化）的階段，其標誌就是聖王伏羲始畫八卦。八卦成，乾坤定。「一畫開天」所開創的是一個全新的天地：一個形而上的天地，一個義理（哲學）的天地，一個道德的天地，一個本體—宇宙論的天地。

在人類的自覺意識（即文明）未誕生之前，宇宙和一切生物的

演化、運行，相對於心性而言，都是處在不斷地離其自己的過程中；自人類的自覺意識誕生之後，相對於心性而言，宇宙和一切生物（尤其是人類自身）的演化、運行，則進入持續地回歸自己的階段。

進入持續的價值化、意義化、智慧化、意識化（自覺化）、道德化（自律化）、生命化（主體化）的階段，也即回歸心性、成為心性的階段。心性之離其自己和回歸自己，在這一貌似無聊的圓圈運動中，彰顯了心性內涵之自律性、自足性、自覺性和自在性等屬性，也彰顯了心性作為絕對價值和終極意義之真實性。心性之離其自己的過程，即是不斷地黑暗化、機械化、無明化、被動化、墮落化、混沌化和物化的過程；心性之回歸自己的過程，即是不斷地光明（包括形而上的抽象之光和形而下的可見之光）化、自主化、超越化、生命化、價值化和自覺（覺醒）化的過程。

但是這個回歸心性、成為心性的階段，對於宇宙而言，對於人類而言，僅僅是一個偉大的開始，遠遠沒有達到澈底和圓滿之境界。故對於整個人類社會和人類歷史而言，文明化的進程時刻不可鬆懈；對於個人而言，德化人生時刻不可鬆懈。故儒家有「死而後已」之論，道家有「惟道是從」之說，佛家有「為法忘軀」之教。

自伏羲畫八卦以定乾坤開始，標誌著中華民族，乃至整個人類步入文明時代。作為本體之別名的「天」這一概念也正式確立，並一直延用至今。八卦中的「乾卦」就代表本體之「天」，是作為本體─宇宙論的「天」而使用的。所謂的「本體─宇宙論」之「天」，意為此「乾卦」或此「天」同時包含宇宙和本體兩大概念，但其重心則落於本體上，其宇宙是指形而上的宇宙，非指形而下的天地。

形而上者謂之乾，謂之天，也謂之道。故古來有乾、道並稱，

或天、道並稱之習慣。天即是道，道即是天。到宋明諸儒，則喜將天與理並稱為「天理」，省稱為「理」。理即天義，天即道義，道即性義，性即本體義。理、天、道、性、本體，皆一義也。孔子之「仁」，《大學》之「明德」，孟子之「四端之心」，《中庸》之「誠」，陽明之「致良知」等等，還是一義也。先聖後聖，其道一以貫之，其心同，其理同。

「天下」這個概念或曰觀念，在中國出現的時間非常早，最早可上溯到炎黃時期。《史記·五帝本紀》載：「天下有不順者，黃帝從而征之，平者去之，披山通道，未嘗寧居。」迨至商周時期，「天下」一詞已非常普遍地被使用。

「天下」與「一統」二詞常並用，此天下一統的觀念，始終是中華民族的基本觀念之一。中華民族自夏朝建國至今，四千多年來，絕大多數時間皆處於大一統狀態，端賴此意識貫穿始終有著直接之關係。「天下」一詞，其表現於政治上，則為天下一國、天下一家之政治理想；其表現於思想文化上，則為兼容並包、求同存異之開放胸懷；其表現於人生上，則強調「天人合一」，以人為天，以心性為天地，突出生命的價值與意義之彰顯。

「天下」一詞，既指政治所轄範圍，也指文明所化之域。若文明未被之地，則稱為「化外之域」。化外之人，形同禽獸，不通道德，不明義理，不可稱「民」。民者，道德所化之人也，守仁義，通禮儀，其謂人也，為天道所被，為心性所攝。

「古之欲明明德於天下者」之「古」字，為「傳統如是」或「向來如此」之義。儒者秉持先聖之道而傳承之，守護著千古以來之政治信念和文化理想而發揚之，故能成中華之正統、文化之正脈，百

代文運，賴此而興。具體而言，其「千古以來之政治信念和文化理想」是什麼呢？《大學》於此說得非常明白：「欲明明德於天下」。

欲明明德於天下，就是讓天下之人都能明瞭明德為何物，即明白道德究竟是什麼，它對我們實現人生的終極關懷——圓滿和解脫意味著什麼，也是讓天下人都能自覺、自願、自發地步入德化之人生，步入光明化、自主化、超越化、生命化、價值化的理想之境。當我們的心性充擴至極致時，不僅是我們個人獲得了究竟之圓滿與解脫，也是宇宙天地一切事物以某種方式，透過我而獲得了一次終極之覺醒。

任何一個人的圓滿與解脫，如孔孟，如佛陀，都不可能是一己之私事，而是一個宇宙級的最大事件。這是形而上層面的，或曰本體層面的「明明德於天下」。形而下層面或曰現象層面的「明明德於天下」，則需透過不懈的文化傳播與聖賢的教化來漸次實現之，充擴之。

明明德於天下不僅是華夏自古以來的聖賢們一貫之道，不僅是華夏自古以來的常道，它也必將是千古以後聖賢們的一貫之道，也必將是盡未來際，所有後世子孫必須守護之常道。唯有此明明德之道，唯有此常道為人間之正道，為千古不易之大道。舍此，皆為崎嶇險道，或皆為逆天悖仁之邪道。儒者謂為「異端」，佛者謂為「外道」（心外求法，即名外道）。

先治其國

「天下」這個概念，從大處講，全部宇宙和整個天地，皆為天

下；從小處講，政權所及或文明所化之處，皆名天下。故「天下」一詞不確定，無方所。天下為君主所主持，所謂「君臨天下」者是也。比天下小者為「國」（古時之國，皆指依君主封疆所建之國，即諸侯國是也）。比「國」小者，為「家」。

秦代之前的國，皆為封建之國，即君主將有功有德之臣，賜予大小不等之封地，令其於此所封之地上建立一個相對獨立的行政機構，行使統治權和管理權，且此權力多數為世襲制。迨及秦代，秦始皇廢除封疆建國制度，改為由中央集權下的郡縣制。此郡縣之行政長官由中央政府或皇帝直接任免，且無世襲。

漢代初年，其政治制度為封建與郡縣雙軌並行，以郡縣制為主。但漢初的封建已與三代時大不相同，其獨立性、自主性、世襲權等大為減弱，被中央政府和皇帝強有力地監管掌控著，很多封王和諸侯國，幾乎形同虛設，有名無實。無論是先秦時期的諸侯國，還是自秦代開始的中央帝國，其為國者，則一也。

一國有沒有治理，治理得好不好，在儒家，是有著清晰標準的。社會公平度高不高？物質財富累積得多不多？政治架構合不合理？人民的幸福感強不強？各級行政長官是否賢明勤儉？文化推廣（即教育）得好不好和文明程度（即踐行德化人生）如何？以上列舉的最後一項，尤為重要。儒者之治國理想，是於各國之中推行德化教育，使上下君民自覺地踐行仁義，通心性之理，明明德之道，彰顯心性於事事物物、表裡內外之中，落實道德於起心動念、人倫日常之間。

儒者此等理想不可謂不深切正大，不可謂不透理至極，不可謂不是為人生和人類（含家、國和天下）指明一條終極歸宿之道。問

題出在，自古儒者持守此等理想太過謹嚴，終被此等理想所蔽所束而難自知。

1.一個國家的綜合治理好不好，生產力與創造力有沒有得到最大限度的解放，僅有一個理想是遠遠不夠的，還需有具體的路徑與方法，即需要實用性很強的各門社會科學和自然科學的長足發展，方可望實現之。向來儒者於此一直沒有清晰的認識，以至於常被垢病為「腐儒」、「酸儒」。但其「內聖外王」之義理架構並沒有錯，至少在根本上沒有問題。問題出在由內聖轉化為外王時，絕大多數時候是不能直接轉出去的，中間還需要建設和補充很多曲折和環節。其曲折和環節就是補充上經驗智慧、經驗知識和建基於此發展出來的各門社會科學與自然科學。不重視經驗智慧、經驗知識，不發展社會科學和自然科學，天下終不得平，國終不得治，家也終不得齊。

不僅儒家向來對經驗智慧和經驗知識重視不夠，東方兩大傳統文明——中國和印度傳統文化，對經驗智慧和經驗知識重視程度都不夠，前文已詳之。因為不能正視經驗智慧和經驗知識，致使包括儒家在內的整個東方文化，終究沒能發展出成熟的社會科學和自然科學系統（如現代意義上的政治學、經濟學、法學、物理學、生物學、地理學等等），以成就「外王」之道。也就是說，外王之理想（即修齊治平）始終不能令人滿意地實現出來。

經驗智慧屬於心性之離其自己階段，屬於形而下的知識，所發現之真理屬於客體（客觀）真理、形構（結構）真理、外延真理、相對真理、後天真理、材質真理；先驗智慧屬於心性之回歸自己階段，屬於形而上的知識，所發現之真理屬於主體真理、存在真理、

內容真理、先天真理、生命真理。

如若人們能在經驗知識方面，有越來越深入的探索和累積，這對我們進一步領悟先驗智慧、更好地實現對心性的回歸，是有著絕大之助益的。故經驗智慧與先驗智慧為鳥之雙翼、車之雙輪，任何一方皆不可缺失。

但經驗智慧和先驗智慧在價值標準上，是截然不同的。經驗智慧是階段性智慧，以佛語言之，是屬於現象（無常）之智慧，故屬於「末」，屬於「後天」之範疇；先驗智慧是永恆性智慧，以佛語言之，是屬於法界（本體）之般若智慧，故屬於「本」，屬於「先天」之範疇。宗聖曾子透過《大學》教導我們：「物有本末，事有終始。知所先後，則近道矣。」

2. 人類的各種需求，大略可分為三類：生理需求、心理需求和靈性需求。這與人具三性——獸性、人性和神性恰相對應。獸性即生物性，因人有生物性之一面，故有生物性之需求，即生理需求是也，如飲食需求、睡眠需求、性需求（即繁育後代之需求。性衝動是生物保存其自己不致絕種之衝動）、盡享天年之需求等。

因人有人性之一面，故有人性之需求，即心理需求是也，如感情需求（親情、愛情、友情等）、藝術需求、社會需求（獲得他人關懷、尊重等）、歷史和社會價值的充分實現之需求等。因人有靈性（神性、佛性、德性）之一面，故有回歸心性之需求，即圓滿與解脫之需求，如充分實現真、善、美之需求，過德化（仁義）人生與美化（藝術）人生或真化（覺悟）人生之需求，終極關懷之需求，形而上之需求，安心之需求，主體（生命）化之需求，圓融化境之需求，無為自在之需求，價值與意義之需求等。

　　包括中印在內的整個東方傳統文化，在靈性方面發揮得十分充分，但於前兩方面（生物性和人性），始終重視度不夠，始終不能充分地正視之，其於佛道兩家尤為明顯，幾至極端之地步。儒家雖不若佛道兩家為甚，但因其始終不能足夠重視經驗智慧和經驗知識，於前兩性之實現上，不願過多地勤思著力，故少有裨益與發明。直至現代意義上的社會科學和自然科學的出世，方給予前兩性之需求以充分的重視，並持續地謀求如何合理地滿足和實現這些需求。

　　人之「三性」需求的滿足，通常次第是：第一為獸性（生物性），其次為人性（心理性），最後是靈性（神性、佛性、德性）。但這個先後次第更多時候只是理論性的，因為人是一個文化主體，擁有高度的主觀能動性和自覺意識，因而在具體實現中，受到文化傳統、信念信仰、客觀條件、榜樣的示範等多方面影響，這個次第是可以隨時變更的，並非不可移易。

　　雖然人之「三性」之間的實現次第可以隨時變更，但卻不可相互取代，更不可只肯定其一，而長期地忽視其餘，或壓抑其餘。我們一般習慣稱呼人的生物性需求與衝動為「本能」，稱呼人性和靈性為「天性」。「三性」之任何一項屬性，都是伴隨終身的，都有被實現和被重視的需求與衝動，此需求和衝動都將持續一生，至死也未必方休。

　　儒家是東方傳統文化中，相對而言最能正視生物性需求和人性需求的學派（這主要是指先秦以「五聖」為代表的儒家思想。迨至宋明理學興起之時，越來越傾向於忽視、壓制前兩性之需求）。但歷史地觀之，整個東方傳統思想，都對人之生物性需求和心理性需求重視程度嚴重不足，大有以靈性需求來取代、吞噬前兩性需求之

傾向，將靈性實現與前兩性之實現（尤其是生物性的實現）尖銳地對立起來，形同水火之勢。這是東方傳統思想中，始終不夠重視經驗智慧，始終不夠尊重經驗知識，始終不能正視經驗主義之價值在「三性」觀上的反映。

需知，「三性」之間有著互為因果的深刻關係，如鼎之三足，缺失任何一足，另外兩足也難以成立。「三性」中的任何一種屬性，如若長期得不到合理的正視與滿足，都將滋生相關問題。

生物性得不到正視與滿足，將會滋生種種生理上的疾病，出現各種生理紊亂現象；心理性得不到正視和滿足，將會滋生各種心理上的疾病，出現各種非理性、貪婪、分裂、異化、失控等心理病態現象；靈性得不到正視和滿足，則因不能實現生命的解脫和圓滿，不能實現人生之終極關懷，而出現嚴重的不安感、空虛感、無價值感、無意義感、被拋棄感、缺失感、（莫名的）恐懼感、難以承受的生活之沉重感、黑暗感、無幸福感等等生命異化現象。人的任何一種屬性，一旦出現異化或病態現象，都將分散和消耗我們大量的時間和精力，勢必影響到我們去實現其他屬性。

能否對「三性」做到鼎足而觀，同等正視，實在關係重大。這個問題若辨示不清，東西方文化各自之癥結，終難知所在，終得不到令人滿意的疏通解決，人類之文明和智慧也終將難臻圓滿之境，個人之成長與歷史之演進，也難以步入正道坦途。

東方傳統文明與現代西方文化之間，如何實現親切相處、取長補短，是我們這個時代面臨最大的文化問題。若明「三性」之理，方有望扭轉東西方文化之間，此消彼長、此存彼亡之態勢，而成相得益彰、互生共榮之格局。

　　若於「三性」獲得理明而義達，於天下，則天下得以平；於國，則國得以治；於家，則家得以齊；於身，則身得以修……

欲治其國者，先齊其家

　　佛、道以出世為歸，以家室為累。儒者以齊家為立世之本，百業之源。尤其是中國為農業大國，營務農事，非有眾人分工合作不能成。中國之家庭，以夫婦為中心，向上有父母和爺爺奶奶，向下有兒女孫子，旁及兄弟姐妹，再向外，則延及姑舅叔伯、外公外婆、表兄弟表姐妹等，如此構成一個以血緣為紐帶的大家族。

　　古代的大家族是非常大的，時常大到一個家族或一個同姓宗族，就構成了一個村莊，迨及現在中國鄉下多數村莊，仍然以「張家村」、「李家莊」、「宋家堡」等為名。

　　無論夫婦之間的愛情，還是父子母女之間、兄弟姐妹之間的親情，這些都是人性中的重要成分——情感。儒者固然十分重視人性，尊重情感，但儒者之理想並非僅僅止於情感。

　　儒者之理想是「收納靈性於人性之中」，是在人性表現之域中進一步實現神性，即將神聖之德性也同時彰顯出來，踐行出來。齊家者，以何齊之？以仁義齊之，以道德齊之，以心性齊之。

　　佛、道兩家是將修行道場建立於山林之中，並於道場中擺放神佛諸像，時常舉行儀式法會，以增莊嚴。儒者則將道場設置於家庭之內，設置於親情、愛情、友情之間，此道場無形無相，無宗教儀式，其增長莊嚴之法是於諸親情、愛情、友情之間，不斷深入地順而固之，充而擴之，純而化之——以德化之，化之為德。

儒者不是離家出世，成就大道，而是順應人性之常，順應倫理之常，以成就仁德。簡而言之，就是將人之靈性實現，巧妙地、無形地融入到人之生物性和心理性之實現之中，一併實現之，一併成就之，一併圓滿之。

故《中庸》曰：「君子之道，造端乎夫婦。及其至也，察乎天地。」如若不然，何需有「齊家」之說？動物也有家族，螻蟻也有家族，然此類家族，僅能實現生物性需要和簡單的心理性需要（動物之心理比較於人類而言，甚為混沌黑暗，遠不如人類為有序而飽滿），因其沒有人類最重要的一個功能──主觀能動性和高度的自覺反省能力，故於動物，不存在「齊家」之問題。

而人類不同，人類肩負著道德實踐之重任，靈性實現之重任，故於人類，則有「齊家」一問題存在，即於家庭生活中和日用倫常間，實踐出德性人生。

具體而言，即於夫婦之愛情中，彰顯出互敬互愛；於父子母女之親情中，彰顯出上慈下孝；於兄弟姐妹之同胞中，彰顯出恭謹悌順；於朋黨同志之友情中，彰顯出忠貞信義。

於如是之諸關係中，發明心性，踐行德性，貞而定之，擴而充之，「及其至也，察乎天地」。察者，覺醒、照察之義。「察乎天地」即是將發端（發明）乎夫婦、父子、兄弟、朋友之間的心性、仁義，充擴至六合之外，上下與天地同流，以證成陸九淵所言的「吾心即宇宙，宇宙即吾心」之聖賢化境。如是，則「齊家」之功畢。

欲齊其家者，先修其身

家是由一個一個具體的人所構成。若組成這個家庭或家族的每個成員，都能有一個非常合乎法度和義理的言行與修養，那這個家庭或家族，當然就會齊之以德。

自古修身有三類方式，前人將其概括為「精、氣、神」。狹義之「精」，指的是精子卵子、骨髓、內分泌等精微物質；廣義之「精」，指的是整個身體和與身體有關的一切言行、禮儀法度、行站坐臥、氣質風采等等。

狹義之「氣」，是指中醫所說的經絡之氣、臟腑之氣、營氣、衛氣等，在印度瑜伽和佛法等傳統文化中，則指脈輪之氣、業氣、「五類」氣（上行氣、下行氣、遍行氣、平住氣和命根氣）等；廣義之「氣」，現代自然科學中所言的「物質」、「能量」和「資訊」這三個概念合在一起，類似於中國傳統文化中所言之「氣」。

莊子曰：「人之生也，氣之聚也；聚則為生，散則為死。若死生為徒，吾又何患！故萬物一也，是其所美者為神奇，其所惡者為臭腐；臭腐復化為神奇，神奇復化為臭腐。故曰：『通天下一氣耳。』」（《莊子・知北遊》）

氣於人體則為「聚則為生，散則為死」，氣於物體則為「聚成形（物體、物質），散則成風（流動變化的能量，或更為抽象的各種資訊）」。莊子所謂的「通天下一氣耳」之「氣」，即是指此廣義之「氣」。

印度傳統哲學中也有廣義之「氣」的概念。印度哲學認為形而下的宇宙萬物，是由五大類基本屬性的物質有機地構成的，此五大

類屬性的物質，簡稱「五大（地、水、火、風、空）」。「地」指一切堅固之物，「水」指一切液體，「火」指溫度或一切熾熱之物，「風」指流動的氣體，「空」指一切物理學中的「場」。

這「五大」又是由「五氣（地氣、水氣、火氣、風氣、空氣）」所生。「五氣」類似於現代物理學中不同屬性的「能量」和「資訊」。印度傳統哲學中，「五大」與「五氣」之間，是動態的互生、互化之關係。

「神」亦有廣義與狹義之別：狹義之「神」，主要指情緒、情感、心情而言，神者，情也；廣義之「神」，是指一切精神、心理、意志、知識、思想、觀念、境界等。

在我們的傳統文化中，精、氣、神之間是互生、互化的關係：精可轉化為氣，為神；氣可轉化為神，為精；神又可轉化為精，為氣。在精之時，氣與神皆以精的方式而存在；在氣之時，精與神皆以氣的方式而存在；在神之時，精與氣則以神的方式而存在。

精、氣、神又有先天之精與後天之精，先天之氣與後天之氣，先天之神與後天之神的差別。上述廣義與狹義之精、氣、神，俱為後天之精、氣、神，俱為形而下的精、氣、神，除此之外，尚有先天（形而上）之精、氣、神。先天之「精」字，是形容之詞、嘆詞，用來形容和感歎心體、性體是如此的精妙，是如此的珍貴，是如此的稀有，是如此的不可思議，是如此的莊嚴聖潔。

故知，先天之「精」，即指心體、性體之本身，非指於心體、性體之外別有其「精」。

先天之「氣」，是指心體、性體之化體為用，興發無窮之創生功德和無盡之善妙功能，宇宙一切事物之聚散、隱顯、開闔、升降、

生死、曲伸、興衰、清濁、明暗、形上形下、有為無為等等，皆為心體、性體無窮之創生功德和無盡之善妙功能的具體之化現。其全體之妙用者，先天之「氣」之謂也。

先天之「神」，亦為形容之詞、嘆詞，用來形容和感歎心體、性體之諸屬性（如自明性、自在性、自發性、自足性、永恆性、真實性等）是如此的深奧難測，是如此的超絕言詮，是如此的神聖莊嚴。孟子贊心體、性體曰：「大而化之之謂聖，聖而不可知之之謂神。」（《孟子‧盡心下》）所謂之「神」，即歎此心體、性體之神妙奇絕也。

先天之「神」最主要的是指「德性之知（智）」而言。此德性之知（智），於儒家又名曰「性智」、「神智」、「生而之知（智）」或「理智」等，於佛家則名曰「般若」、「佛智」、「法界體性智」、「妙覺」等，於道家則名曰「玄智」、「玄覽」、「獨照」、「元神」、「虛室生白」、「天籟」等，以現代哲學之術語言之，則曰「生命智慧」、「先驗（先天或超驗）智慧」、「直覺智慧」、「存在智慧」、「主體智慧」、「形而上智慧」等。

「修身」就是修行、修煉、修養之義。佛曰「修行」，道曰「修煉」，儒曰「修養」。佛家需要修行，是因為我們都是「凡夫」，沒有覺醒，故需修行；道家需要修煉，是因為我們都是「偽人」，不是「真人」，故需修煉；儒家需要修養，是因為我們都是「小人」，不是「大人」、「君子」，故需修養。

那麼我們為什麼是「凡夫」，是「偽人」，是「小人」呢？佛家認為是「顛倒妄想」所致，道家認為是「有為造作」所成，儒家認為是「耳目之官不思，而蔽於物。物交物，則引之而已矣。心之

官則思，思則得之，不思則不得也。此天之所與我者。先立乎其大者，則其小者不能奪也。此為大人而已矣」（《孟子‧告子上》）。

像耳朵和眼睛這樣的感覺器官，它們只是被動而機械地感受著外界事物，被外界的事物牽引著而不能自已。久之，我們的耳目必為變幻無常的種種物相所眩暈蒙蔽，使我們越來越為物相所眩，為物欲所牽而不斷地被物化。被物化就是被現象化、機械化、工具化、感官化、本能化（生物化）、功利化、經驗化、後天化、膚淺化、被動化、局限化、情緒化（非理性化）等。

有沒有辦法扭轉之呢？有的，孟子教導我們「心之官則思」。「心」指的是心體之心，是本心，是化性為心、全性為心之「心」，「官」指的是功能、作用、屬性之義，「思」含有入理、思考、覺知、省察等義。

整句意思為，心體是我們覺醒、照察、反省之本。思則得之，守護或保存此心體而不失，是我們圓滿和解脫之本；若不能很好地守護此心體，「則不得也」。心體於我們而言，是本有的、先天的、天然（自然）的——認識到這一點非常的重要，因為只有清楚地認識到這一點，我們才能「立乎其大」，「則其小者不能奪也。此為大人而已矣」（不再如小人那樣為物相所眩，為物欲所牽）。

這就是我們為什麼要修身、為什麼要修養的原因。修身是為了轉化「氣質」。「氣質」之「氣」是指生物性（獸性）的本能，如自私、自我、自戀、五毒（貪、嗔、癡、慢、疑）、性欲、非理性、偏執等等；「質」是指生物性的遺傳缺陷、較差體質、不良秉性等等。

氣濁質礙，是儒家認為難以踐行德性人生，或踐行而難達透澈

和盡力的根本原因。儒者修養之目的，即是澈底轉化氣質。轉者，轉變也，使濁者清之，偏者正之，極者和之，不足者補之，依此類推；化者，昇華與暢通之義，以心性內涵之無窮生化之力，通貫於身心內外、言語舉止等一切之中。如有不通之處，只需稍一靜心覺察，即可知之，孔子謂為「默而識之」。

若再輔以聖賢指點和義理辨析，則更為清晰明確。知自己不足、不通、不徹、不盡之所在，在充分信任心性擁有無窮生化之力的前提下，覺照之、涵養之，很快就會實現疏通與透澈，最終達到整個身心（心理學之心，後天造作之心）皆融化於心性之中，心性即可無拘束、無封限地透過身心彰顯出來，以圓滿實現德性人生。

對於不同資質和根器者，修養入手門徑是不同的。儒家給出的建議是：上根上智者，「性之」可也；中根中智者，合「性之」與「反之」之「中道」為益也；下根頑劣之人，需勤學審問，於義理進行一番深切研磨，並時時下學而上達，將所學聖賢知識實踐於身心之中，此為「反之」之工夫，待工夫有成時，即可漸進於「性之」和「中道」之境。

雖然心體、性體無形無相，言語道斷，但又無比親切真實。對於上根利智之人，一經指示，聞一知十，舉一反三，當下便可大徹大悟、明心見性，「若決江河，沛然莫之能禦」。但對於中下根器者，必須進行一番切實教化，釋其疑慮，方可導之以正道。故至聖終生示現「學而不厭，誨人不倦」之盛德大業而不輟。

世間本無法，聖賢們仁心懇切，於無法之中勉強指示入學之門、為道之途，鋪排出若干德行、德目，教誨修齊治平之次第。聖賢每每訓示：時刻不可忽略道統、學統之學習與傳承，時刻不可疏

於義理、思想之增益與傳授。儒者修身之道，力求成就為一名人格偉岸、品行端正、學思宏富、知行合一、與時俱進、敏於反應、敢於擔當之君子。行大丈夫事，做第一等人。此之謂「修身」也。

仁德者，天下第一品之金丹也；心性者，法界獨一之明點（明體）也。仁德加於身，內外百結千脈無不通；心性透於行，氣濁質礙無不化。道家之安鼎建爐、抽鉛添汞、大小周天、黃芽白雪、九轉還丹、嬰兒姹女、玄關祖竅等等，佛家之白骨觀、不淨觀、數息觀、誦咒建壇、念佛往生、三界六道、八識施設、四禪八定等等，無不有其殊勝之生命實踐價值，然整體以觀之，又無不為曲徑險路。儒者修身以德，涵養以仁，下學而上達，正道坦途也。

臺灣當代道學大師蕭天石說：「儒門中千聖不傳之道與修道之心法，存於易學與散在經籍中者，不知凡幾，惜乎二千餘年來，歷代大儒，未能如道、佛二家然，在內養內煉功夫上，深切修持鍛鍊之，而有所體證，並釐訂一入聖之聖修方法與體系，以為後世人修持之本據；俾有一定之途徑可循，方法可守。自漢唐宋明以來歷代大儒只是教人要做聖人，對於如何完成其為聖人之內修功夫，與內證境界及其聖脈訣法，則未能如道、佛二家然，有其具體而嚴密的修證方法，可資循率。致使道統聖脈，即不得其傳，良深浩歎！間有傳其一二者，亦僅聖學中自堯舜而後之德目而已矣！」

蕭先生所見甚為淺陋，實不明儒者於修身、正心工夫，始終恪守平實簡易之「中庸之道」之深意。君不聞，佛陀於《大方廣佛華嚴經》中訓示曰：「心如工畫師，能畫種種物。」「心如工畫師，能畫諸世間。」一切特殊之境界，如西方極樂世界、壇城本尊等等，皆為心中構畫之物。儒者深得此義，化除一切特殊之境界景象，而

歸於樸實之常道。如是可證天石先生等輩，格物不清，義理不透，鑄成此謬。晚明以下，尤其民國以來，時常遇此論調，其識見之劣，不值一駁。

欲修其身者，先正其心

性體主於身者，謂之心，透於身者，謂之行。性體不能作為一身之主，則心必放矢，行必紊亂，手足必無措，言語必無序。如此，人生必為物欲所陷，必為自我所束，久之氣必濁，質必劣，而愈發自暴自棄，墮落沉淪，進入身心與人生的惡性循環之中。正其心者，不失性體為真主人之義也。言行與人生必有歸依而後方可得其正。歸依之道，無非向外與向內之兩途。向外者，物交物，而蔽於物，如此交引日下，為物所拘，為感官所惑，小人也，凡夫也。印度有諺語曰：「我們之所以不能昇華人生、覺悟生命，因五官皆為向外而誤導我們之故也。」此論與東土孟子之言，一脈相通。向內者，不失真主，明其大宰，乾元性海，以為永恆。此為正道也，此為仁道也，此為大人之學也。

向外尋求歸依者，往而不返，物之徒也；向內尋求歸依者，孺子可教，聖之徒也。

「仁，人心也；義，人路也。舍其路而弗由，放其心而不知求，哀哉！人有雞犬放，則知求之。有放心而不知求。學問之道無他，求其放心而已矣。」（《孟子·告子上》）

「仁，人心也」，至聖所言之「仁」，既有性體義，也有心體義。亞聖此處以心訓仁，不誤也。「義」者，仁（心性）透過身心

言行自主、自覺地顯發於外者也。若「舍其路而弗由」，則是「放其心而不知求」，結果便是「哀哉」！

「人有雞犬放，則知求之」，家裡養的雞鴨豬狗，每天放出去，任其自由，但於傍晚之時，也知將它們收回來以管束之。「有放心而不知求」，可我們每天待人接物時，漸漸放逸其心，失卻主宰，而不知道將此放逸之心收攝回來。「學問之道無他，求其放心而已矣」，為己之學，並沒有什麼奇特之處，只不過時時警策自己，時時保持高度之覺知，勿令此良知之心、四端之心，失卻主宰，為物相所蔽，為物欲所牽。「求其放心」即收攝已失、已昧之真心，彰顯良知之心、四端之心，如此而已。

時時警策自己，時時保持高度之覺知，勿令此良知之心、四端之心，失卻主宰，為物相所蔽，為物欲所牽，即正心之義也。

欲正其心者，先誠其意

「意」猶近世哲學所謂之「意識形態」、「思想觀念」、「情結」、「自我意識」等概念。此「意」與孔子所言之「毋意，毋必，毋固，毋我」中的「意」含義相同。固執之心謂之意，私我之心謂之意，有著強烈的思維傾向和習氣慣性（即有頑固的意識形態）者謂之意，陷於物欲者謂之意，為生物本能所趨者謂之意……世上本無假、惡、醜，遠離真、善、美，遠離本心、本性者，即為假、惡、醜。基於假、惡、醜的起心動念，即為「意」。

「誠」者，可作動詞和名詞兩種用法。作動詞用時，誠者，為修行、涵養之義；作名詞用時，為境界、成果之義。「誠」字內含

本體、工夫、境界三義。

作本體解，誠即心體、性體之別名，誠是形狀心體和性體真實無偽、無我無私、超越清淨之屬性；作工夫解，誠即以心性各大屬性為標準，積極而自覺地修證、涵養自己內外一切；作境界解，誠即積極而自覺地修證、涵養內外之過程中，取得的階段性成果以及最後的終極成果──成聖或止於至善。止於至善即誠之至也。誠之至也，簡稱為「至誠」。至誠之境，乃修養之極果、聖賢之化境。

「誠意」者，自負面、消極面而言，即超越或轉化意中各種各樣的意識形態、情結情緒、自我私心、固執偏激、物欲本能等等，及一切不相應於義理，不相應於人本人倫，不相應於聖賢言教，不相應於真善美之起心動念、言談舉止和思想觀念等。

「誠意」者，自正面、積極面而言，即光輝和充擴我們的人格，培養我們的擔當精神和責任意識，敢於正視我們的不足和缺陷，不護短，不逃避，不自暴，不自棄。誠意人生，即德性人生。

清淨為心，雜染為意；超越為心，固執為意；無我為心，有我為意；無隱為心，有曲為意……「誠意」者，化意為心，或化心為意之謂也。如何化之？孟子曰「盡」，孔子曰「敬」，曾子曰「忠」。對己對事，待人接物，皆能盡心盡力，傾其所有，滿心而發，善始善終，此謂之「盡」，此謂之「敬」，亦謂之「忠」。

「誠」、「盡」、「敬」、「忠」，其義一也。在凡事必求盡心盡力、傾其所有、滿心而發、善始善終之過程中，意中雜染隱曲漸漸得到清淨轉化，如此即可化意為心，全意為心，此時每個起心動念，皆為心體、性體之全體大用，皆為心性之顯發流行。

墮性、自私、自我、本能的衝動和非理性等等生物化的屬性（即

獸性），欲澈底主宰之，轉化之，昇華之，是為人間第一等困難之事。征服天下易，征服自己難。只要有如是之生物性尚未很好地主宰之，轉化之，昇華之，就需隨時報之以誠意工夫而不可懈。

世間一切煩惱、異化、虛偽、奸詐、顛倒、幻妄、災禍、衝突、習氣等等，皆因此而起，皆緣此而來，故「誠其意」也，於我們每個人關係十分重大，於人生中每一時刻關係十分重大。

欲誠其意者，先致其知

「致」者，趨向之、到達之、徹盡之之義。「知」有兩義：義理之知與良知之知。莊子曰：「聖人懷之，眾人辯之以相示也。」（《莊子·齊物論》）「懷之」者，良知也，仁德也，「性之」也；「辯之」者，義理也，學術也，「反之」也。「懷之」在宋明儒中，以陸、王為代表；「辯之」在宋明儒中，以程（主要指程頤）、朱為代表。

「義理」一詞，此處取其廣義，百家學問、各類知識、邏輯思辨、辭章考據、禮儀制度、人情事理、修證涵養、律法文教等皆是。朱子所解「致知」之「知」即指此類知識。此類知識又因其認知對象不同，而分為三類：對自然界的認知，發展為自然科學；對社會領域的認知，發展為社會科學；對自身的認知，發展為生命科學。

三類科學因為認知對象不同，故認知方式也有差異：自然科學首重實驗與數學演算；社會科學要點在於經驗總結與調查歸納；生命科學最為強調直覺智慧和實踐體證（修行、修煉、修養）。以朱子為代表的義理學系（史稱「理學」），其對義理（廣義）的重視程度和提倡力度，皆遠超前賢。

　　儒家之學統起自三代聖君仁王，內而聖，外而王，乃是儒家之綱骨。但上文已明之，不可自內聖，直接推引出外王。內聖之學屬於生命科學，外王之學屬於社會科學和自然科學（主要指社會科學，尤其是指社會科學裡的政治學、經濟學和管理學等）。生命科學、社會科學和自然科學，是三類性質迥然不同的學科體系和學思路向，斷然不可相混。

　　朱子力倡義理（致知）之學，意在成就外王之道，希望以致其義理之知，發明聖賢之道於天下。但朱子之失在於，他始終沒有明白生命科學、社會科學與自然科學是三類性質不同的學科體系和學思路向，不可混為一談。如若不能清晰地將此三者判開，必然於思維和言語上產生種種繳繞、窒礙、混亂和彆扭，極易形成三類學科之間相互鉗制、相互阻礙之勢，致使此三類學科體系不能獲得各自的高度獨立與自覺發展。

　　因此之故，朱子之學表面觀之，涵天蓋地，豐富精深，但其於內聖之道並無實質性的發明與建設，於外王（社會科學與自然科學）亦無真實之貢獻和推動。後世並不能根據朱子之學，以開出社會科學和自然科學，若西方近現代那樣的科學成就；後世也沒有透過朱子之學，更加明徹心性之理，聖賢之道。

　　相反，本來孔孟之道非常平實簡易，三根普被，然經過朱子大費周章地講說辯論，卻徒生出越來越多的繳繞、窒礙、混亂和彆扭。朱熹出，聖賢之道愈晦，心性之理愈暗。讓人聯想到禪宗裡有位大師悟道後，由衷地感歎道：「吾眼本明，因師故瞎。」

　　不僅朱熹沒有明白生命科學、社會科學和自然科學三者之間不可相混，屬於性格殊異之不同系統、不同架構和不同路向，整個儒

家、整個中印傳統文化，全部沒有明白此三者之別和各自不共之價值與意義。此為東方傳統學術最大之盲點，並因此盲點而引生出種種之糾結與窒礙。（程朱理學並非全無價值，其於古籍整理、辭章考據、知識彙集，注重講學與教育，總結與反省歷史經驗等方面，成就非常卓著，此豐功偉業，終不可隱。）

儒家向來十分重視讀書研習、廣學博聞、慎思明辨，僅《論語》一書，就有很多處孔子強調學習之重要性：「吾十有五而志於學。」「學而不思則罔，思而不學則殆。」「學而時習之，不亦說（悅）乎？」「學而不厭，誨人不倦。何有於我哉？」「敏而好學，不恥下問。」「三人行，必有我師焉，擇其善者而從之，其不善者而改之。」「見賢思齊焉，見不賢而內自省也。」「好仁不好學，其蔽也愚；好知不好學，其蔽也蕩；好信不好學，其蔽也賊；好直不好學，其蔽也絞；好勇不好學，其蔽也亂；好剛不好學，其蔽也狂。」……

儒家提倡廣學博聞，提倡人文教化，最終是為了「下學而上達」，上達於天道，上達於心性，而止於至善。不是為了學習而學習，為了讀書而讀書。如僅僅止於為了學習而學習，為了讀書而讀書，只能成就為一名普通學者、思想家，某個文史類專家或技師。儒家倡學，目的非常清楚，是為了成就聖賢境界，成就德性人生，成就「明明德於天下」。

欲達此目的，首先需明白生命科學知識、社會科學知識和自然科學知識三者之關係與差異，或首先需明白先驗知識（生命科學知識）與經驗知識（社會科學和自然的科學知識）之關係與差異，明白此差異，才能明白哪些學問知識是主、是本、是先，哪些學問知識是次、是末、是後，「知所先後，則近道矣」。如不識主次、本

末、先後，則難以近道，反成背道而行。

　　朱熹之學因始終於心性處不能暢明通透，致使其「下學」有餘，膠固於耳目感官之間，陷溺於見聞經驗之中不能自拔；又「上達」而不足，失守儒家學術根本宗旨，超越和反源之勁力不夠。故其學易於成就「小人儒」，即通常意義上的知識分子和專家學者，難以成就「君子儒」，即成為聖賢，明德天下。

　　若只能下學而不能上達，如此，儒家種種之德目、種種之德行，必將成為他律道德，而不是儒家一直固守的源於心性之本有的自律道德。儒家正宗心性之學和恪守自律道德者，為陸王心學一系。

　　朱子在《癸卯答項平父書》中有一段話表達了他與陸象山之間種種觀念之爭的看法：「大抵子思（孔子之孫，《中庸》作者）以來，教人之法，惟以尊德性、道問學兩事，為用力之要。今子靜（陸九淵）所說，專是尊德性事。而熹平日所論，卻是道問學上多了。所以為彼學者，多持守可觀，而看得義理，全不仔細。又別說一種杜撰道理遮蓋，不肯放下。而熹自覺雖於義理不敢亂說，卻於緊要為己為人上，多不得力。今當反身用力，去短截長，集思廣益，庶幾不墮一邊耳。」

　　「尊德性」確為陸王所謹守而發揚之，但朱熹自詡其學為「道問學」則不諦。蓋儒家千百年來於心性義理方面之講說辨示，即生命科學之體系化建構，成果斐然，獨成一脈。但因不明生命科學、社會科學和自然科學之殊異，故其外王之理想終究止於小成而已；無法在推動政治與社會改革漸進於更合理、更公平方面發揮更大的作用；也沒能積極有效地解放生產力和改善生產關係，以達改善民生之目的。朱熹束於歷史局限，以世無匹敵之學力，終於此無大補

益，反成支離，徒生若干無謂之繳繞。本願以儒家正宗者自詡，但其於心性之學（尊德性之學，成德之教）無相應之傳承與發展，終使自己「墮一邊耳」。

與朱子同時代的陸九淵（字子靜，號象山，西元 1139～西元 1193 年），因不滿於朱子學之「駁雜」與「支離」，直承孟子之本心和良知之說，開出「心學」一派。「詹阜民問：『先生之學亦有所受乎？』（象山）曰：『因讀孟子而自得之。』」（《陸九淵集・語錄》）

陸九淵三四歲時，「思天地何所窮際（而）不得」。十三歲時，他讀古書到「宇宙」二字，見解者說「四方上下曰宇，往古來今曰宙」，於是忽然省悟道：原來「無窮」便是如此，人與天地萬物都在無窮之中。

他提筆寫下：「宇宙內事乃己分內事，己分內事乃宇宙內事。」（《陸九淵集・年譜》）「四方上下曰宇，往古來今曰宙。宇宙便是吾心，吾心即是宇宙。千萬世之前，有聖人出焉，同此心同此理也。千萬世之後，有聖人出焉，同此心同此理也。東南西北還有聖人出焉，同此心同此理也。」（《陸九淵集・雜說》）

降至明朝，有王陽明出世，承接象山「心學」而發揚之，集儒家心性學說之大成，史稱「陸王心學」。陽明論「心學」曰：「心者，天地萬物之主也。」「天下無心外之理，無心外之物。」「心即良知，生天生地，成鬼成帝，皆從此生。」（《王文成公全書》）

「聖人之學，心學也。堯、舜、禹之相授受曰：『人心惟危，道心惟微，惟精惟一，允執厥中。』此心學之源也。中也者，道心之謂也；道心精一之謂仁，所謂中也。孔孟之學，惟務求仁，蓋精

一之傳也。而當時之弊，固已有外求之者，故子貢致疑於多學而識，而以博施濟眾為仁。夫子告之以一貫，而教以能近取譬，蓋使之求諸其心也。迨於孟氏之時，墨氏之言仁至於摩頂放踵，而告子之徒又有『仁內、義外』之說，心學大壞。孟子辟義外之說，而曰：『仁，人心也。學問之道無他，求其放心而已矣。』又曰：『仁義禮智，非由外鑠我也，我固有之，弗思耳矣。』蓋王道息而伯（霸）術行，功利之徒外假天理之近似以濟其私，而以欺於人，曰：『天理固如是。』不知既無其心矣，而尚何有所謂天理者乎？自是而後，析心與理而為二，而精一之學亡。世儒之支離，外索於刑名器數之末，以求明其所謂物理者。而不知吾心即物理，初無假於外也。佛、老之空虛，遺棄其人倫事物之常，以求明其所謂吾心者。而不知物理即吾心，不可得而遺也。」（《〈陸象山先生文集〉序》）

陸王心學固然是直承三代君王與孔孟心性之學而來，是儒家生命科學（即內聖之學）之嫡傳正宗，其於生命科學之豐富與發展貢獻甚巨。但以宋明陸王為代表的心學系統，只是直覺到朱子之學有問題，不對勁，可不知其支離、彆扭之處，實出在不能清楚地認識到，生命科學、社會科學和自然科學，三者之間不可相混，屬於性格殊異之不同系統、不同架構和不同路向。

朱子自中年開始，指責陸氏之學越來越嚴厲：「斷然是異端，斷然是曲學，斷然非聖人之道。」（《朱子語類》卷二十七）何謂異端？朱子在《四書章句》中曾有過一個頗為簡約的定義：「異端，非聖人之道，而別為一端，如楊墨是也，其率天下至於無父無君。」（《論語集注·為政篇》）朱子指斥象山「異端」者，主要是指其為陽儒陰佛（禪）。朱子弟子陳建說：「夫佛學近似感人，其為鄙

已非一日。有宋象山陸氏者出，假其似以亂吾儒之真，援儒言以掩佛學之實，於是改頭換面，陽儒陰釋之蔽熾矣。」（陳建《學蔀通辨·總序》）

朱子是如何指斥象山為「異端（禪學）」？試看幾例：

（潘）時舉云：「釋氏有豁然頓悟之說，不知使得否？不知倚靠得否？」（朱子）曰：「某也曾見（禪宗）叢林中有言頓悟者。後來看這人也只尋常。如陸子靜（陸九淵）曰門人，初見他時，常云有所悟，後來所為卻更顛倒錯亂。看來所謂「豁然頓悟」者，乃是當時略有所見，覺得果是淨潔快活。然稍久則卻漸漸淡去了，何嘗倚靠得？」（《朱子語類》卷一百一十四）

陸子靜說「良知良能」、「四端」等處，且成片舉似經語，不可謂不是。但說人便能如此，不假修為存養，此卻不得。譬如旅寓之人，自家不能送他回鄉，但與說云：「你自有田有屋，大段快樂，何不便回去？」那人既無資送，如何便回去得？又如脾胃傷弱，不能飲食之人，卻硬要將飯將肉塞入他口，不問他吃得與吃不得。若是一頓便理會得，亦豈不好？然非生知安行（生而知之與安而行之）者，豈有此理？便是生知安行，也須用學。大抵子思說「率性」，孟子說「存心養性」，大段說破。夫子更不曾說，只說「孝弟」、「忠信篤敬」。蓋能如此，則道理便在其中矣。（《朱子語類》卷一百二十四）

（門人）說及陸氏之學。（朱子）曰：「只是禪。初間猶自以吾儒之說蓋覆，如今一向說得熾，不復遮護了。渠自說有見於理，到得做處，一向任私意做去，全不睹是。人同之則喜，異之則怒。至任喜怒，胡亂便打人罵人。後生才登其門，便學得不遜無禮，出

來極可畏。世道衰微，千變百怪如此，可畏！可畏！陸子靜之學，自是胸中無奈許多禪何。看是甚文字，不過假借以說其胸中所見者耳。據其所見，本不須聖人文字得，他卻須要以聖人文字說者，此正如販鹽者，上面須得數片鮺遮蓋，方過得關津，不被人捉了耳。」（《朱子語類》卷一百二十四）

（某人問）「象山說『克己復禮』，不但只是欲克去那利欲忿懥之私，只是有一念要做聖賢，便不可。」（朱子答）曰：「此等議論，恰如小兒則劇一般，只管要高去，聖門何嘗有這般說話！人要去學聖賢，此是好底念慮，有何不可？若以為不得，則堯舜之『兢兢業業』，周公之『思兼三王』，孔子之『好古敏求』，顏子之『有為若是』，孟子之『願學孔子』之念，皆當克去矣！看他意思只是禪。志公（寶志禪師，西元418～西元514年）云：『不起纖毫修學心，無相光中常自在。』他只是要如此，然豈有此理？只如孔子答顏子：『克己復禮為仁。』據他說時，只這一句已多了，又況有下頭一落索？只是顏子才問仁，便與打出方是！及至恁地說他，他又卻諱。某常謂，人要學禪時，不如分明去學他禪和一棒一喝便了。今乃以聖賢之言夾雜了說，都不成個物事。道是龍，又無角；道是蛇，又有足。子靜舊年也不如此，後來弄得直恁地差異！如今都教壞了後生，個個不肯去讀書，一味顛蹶沒理會處，可惜！可惜！正如荀子不睹是，逞快胡罵亂罵，教得個李斯出來，遂至焚書坑儒！若使荀卿不死，見斯所為如此，必須自悔。使子靜今猶在，見後生輩如此顛蹶，亦須自悔其前日之非。」

又曰：「子靜說話，常是兩頭明，中間暗。」或問：「暗是如何？」（朱子）曰：「是他那不說破處。他所以不說破，便是禪。

所謂『鴛鴦繡出從君看，莫把金針度與人』，他禪宗自愛如此。某年十五六時，亦嘗留心於此。一日在病翁所會一僧，與之語。其僧只相應和了說，也不說是不是；卻與劉說，某也理會得個昭昭靈靈底禪。劉後說與某，某遂疑此僧更有要妙處在，遂去扣問他，見他說得也煞好。及去赴試時，便用他意思去胡說。是時文字不似而今細密，由人粗說，試官為某說動了，遂得舉。時年十九。後赴同安任，時年二十四五矣，始見李先生（李延平，二程再傳弟子）。與他說，李先生只說不是。某卻倒疑李先生理會此未得，再三質問。李先生為人簡重，卻是不甚會說，只教看聖賢言語。某遂將那禪來權倚閣起。意中道，禪亦自在，且將聖人書來讀。讀來讀去，一日復一日，覺得聖賢言語漸漸有味。卻回頭看釋氏之說，漸漸破綻，罅漏百出！」（《朱子語類》卷一百四十）

「陸氏之學，在近年一種浮淺頗僻議論中，固自卓然，非其儔匹，其徒博習，亦有能修其身，能治其家，以施之政事之者。但其宗旨本自禪學中來，不可掩諱。」（朱熹《答孫敬甫書》）

……

朱子處處將象山心性之學看待為異端，比附為禪學，足以證明朱子不能透澈孟子心性之學，於內聖之道始終不能相契相應。禪宗與象山雖然皆提倡直指人心，見性為止，皆提倡言語道斷，不拘泥於文辭章句，皆提倡平常、簡易、輕鬆、活潑的學風，皆提倡學者貴在識其頭腦、辨其大端而不拘小節，皆提倡學者貴在默識心通、自得於心等等，然這些外表上的偶然相似之處，並不是辨示一門學問之準繩。

需知學問之道，差之毫釐，失之千里。心學與禪學之別，究其

根本，殊異於儒佛兩家對心體、性體之體證不同，大體而言，佛自消極面體認心性，依此開出出世之教，為空無而奮鬥，歸於覺化人生；儒自積極面體認心性，依此開出入世之學，為實有而努力，歸於德化人生。

佛法東漸傳入我國後，受儒家思想很大的影響，相較於印度之佛教，中國佛教明顯增加了不少入世和現實的成分。禪宗就是中國化佛教的一個典型宗派。但佛教中國化，或佛教儒學化，這只是佛教進入以儒家為代表的中國文化氛圍裡，為了求得生存和發展，而不得不進行一些必要的改善和適應。

在佛家看來，這種必要的改善和適應，只不過是一些「方便法門」而已，用現代的話語表述，這只是佛教在面對根深蒂固的儒家傳統時，不得已而進行的策略性妥協。包括禪宗在內的中國八大佛教宗派，就其本質而言，無一不是正宗之佛教，無一不是從某個側面和維度，忠實地展現佛教之靈魂與真諦，無一不是按佛教核心學說和基本邏輯推進演化而來。

至於中國佛教八大宗派中的某些片斷思想和言行，似與儒家相類，若僅僅抓住這些浮光掠影而大做文章，除了證明此學者學力不透、辨示不清外，於世於學皆無甚補益。

儒家一直自覺地傳承三代之學，當之無悔地以華夏學術正統自居。然自漢末以來，天下大亂，學統失守，道統旁落於老莊，此為中華學術方向第一次轉變。老莊之學勃興不久，西來佛法漸奪其席而代之，此為中華學術方向之再變。

自魏晉以後，佛法大興於中華，天下學子，皆以談佛法研佛經引為時尚。降至李唐，韓愈出世，力排佛、老，以恢復華夏學術正

統──儒學為志。宋初五子，承繼其後，講學著述，傾力以赴，唯求扭轉千年來中華學術之歧出，挽救孔孟之道於危亡之際。自此，儒家道德之教、心性之學，復燦明於天下，華夏正統復歸其位。

宋明儒學復興，標誌著中華民族對逾千年之久的學術方向之歧出的成功糾正，標誌著中國人對自己學術傳統的一次全面反思與覺醒，標誌著華夏民族之文化生命經過了千年之久的離其自己之後，再次發現自己，肯定自己和回歸自己。

雖然宋儒是在力排佛、老中崛起，他們於闡述和反思自家學術，用力有餘，但於佛、老之學，用力不足，見識並不通透，基本停於浮泛與恍惚之間，帶著濃厚的先入之見和書生意氣，以至於有朱子之錯會象山為禪。

需知象山言心言性，始終緊扣著孔子之仁與孟子之良知本心而來，是對韓愈仰天之歎「孟子沒，其道不傳」的強烈回應，是深得於孟子心傳後的發揚。如象山心學是禪宗，那孟子也必為禪宗耶？再上溯，「堯、舜、禹之相授受曰：『人心惟危，道心惟微，惟精惟一，允執厥中』此心學之源」，也皆為禪宗耶？如此悖謬之論，竟然出自以儒家正統自詡的朱子之口，實屬不該。

此不該之因，實是朱熹始終不能真切契悟相應於孟子，不能真切契悟相應於儒者心性之學之故也。殊不知，佛言心性，儒也言心性，道也言心性，各心所心，各性所性，並不容絲毫相混。天降一滴雨，偏於南坡一點，則向南流去，偏於北坡一點，則向北流去，此中差之毫釐，相去千里。

《大學》致知之論，孟子本之以成良知之說：「人之所不學而能者，其良能也；所不慮而知者，其良知也。」（《孟子・盡心上》）

「欲誠其意者，先致其知」之「知」即孟子所闡明之「良知」。陽明承之而成「四句教」：「無善無惡心之體，有善有惡意之動；知善知惡是良知，為善去惡是格物。」

此四句詩精確地概括了陽明先生「致良知」之精義。《年譜》載，陽明先生於五十歲時正式提出「致良知」之學：「某於此良知之說，從百死千難中得來，不得已與人一口說盡，只恐學者得之容易，把作一種光景玩弄，不實落用功，負此『知』耳！」

因朱熹誤會象山為禪宗，斥責象山心學為禪學，有偏離中華正統之嫌，有悖逆孔孟聖道而成異端之疑，又因陽明承繼象山之學而發揚之，也一併為世人所忌憚。陸王心學本為孔孟之正宗、心性之大本，在遭逢世人如此誤會與忌憚中，終不得更好之傳繼與正視，一直為朱子光輝所遮蓋。

復因朱子之學很快被提升為官學，成為天下學人士子晉升與科考必讀之書，奉為標準，陸王之學遂漸成荒途。致知（致良知）之教，也逐步隱沒，明亡後至於今，致知之學，幾成絕響。回望歷史，後世學者果然「負此『知』耳」。

致知在格物

朱子新編《大學》於「傳」之第五章下，以「按語」方式補入一段曰：「所謂『致知在格物』者，言欲致吾之知，在即物而窮其理也。蓋人心之靈莫不有知，而天下之物莫不有理，惟於理有未窮，故其知有不盡也。是以《大學》始教，必使學者即凡天下之物，莫不因其已知之理而益窮之，以求至乎其極。

至於用力之久，而一旦豁然貫通焉，則眾物之表裡精粗無不到，而吾心之全體大用無不明矣。此謂物格，此謂知之至也。」因這一段語在後世影響很大，學者視此補語等同於《大學》原文，故有必要對此補語略作疏解：

朱子將「致知」之「知」理解為主觀的、主體的認知功能，和依此認知能力透過五官所獲取到的各種外界資訊與知識。如此理解「致知」之「知」，則其「知」即為通常意義上的「經驗知識」和「經驗智慧」，為感官所感知的外在之知識、後天之知識、耳目見聞之知識、經驗之知識、形而下之知識、社會科學與自然科學之知識（只有很少部分涉及到生命科學知識）、邏輯支配下的事物的結構性知識、對經驗的歸納與綜合之知識。

將「物」理解成與感官相對的外界之事事物物。如此意會「格物」之「物」，其物則為形而下之事物、與感官相對之事物、純客體之事物、時空內有限之事物、現象界之事物、實然（墮性）之事物、心體性體處於離其自己階段內形成之事物（佛家謂之緣起緣滅之事物）。

因為朱子如此理解「致知」之「知」與「格物」之「物」，那就不難理解朱子將「格物」之「格」字訓為「至也」——「格，至也。物，猶事也。窮至事物之理，欲其極處無不到也。」（朱子《大學章句》）物的運行、變化以及物與物之間各種關係，謂之「事」。

古來皆將「事」與「物」二詞聯用為「事物」，也時常將「事物」簡稱為「事」，或「物」。依朱子之解，格物即是盡可能深入地，或盡可能全面透澈地「窮至事物之理，欲其極處無不到也」。

「蓋人心之靈莫不有知」，此「心」不是孟子所謂的「本心」

和「四端之心」。孟子所言的「本心」和「四端之心」是良能、良知之心,是心體之心,是先驗智慧之心,是性體本有自明之覺心,是絕對之心和形而上之心。

朱子此處所言之心,是經驗之心,是後天之心,是感官認知之心,是相對之心和形而下之心。朱子之心可成就經驗知識和經驗智慧,依此知識和智慧,可成就人文文化和社會科學與自然科學,但不能成就自律道德下的德化人生和聖賢境界。在後天心靈依於感官和經驗智慧而認識到的「物莫不有理」之「理」,是外界事物的形構之理、材質之理、形而下的物理,而不是形而上的超越之理、存在之理、心性之理、生命之理、絕對之理、解脫之理、覺醒之理。

「上而無極、太極,下而至於一草、一木、一昆蟲之微,亦各有理。一書不讀,則闕了一書道理;一事不窮,則闕了一事道理;一物不格,則闕了一物道理。須著逐一件與他理會過。」「格物,是逐物格將去;致知,則是推得漸廣。」「格物,是物物上窮其至理;致知,是吾心無所不知。」「但物格於彼,則知盡於此矣。致知、格物,只是一個。」「格,謂至也,所謂實行到那地頭。如南劍人往建寧,須到得郡廳上,方是至,若只到建陽境上,即不謂知至也。」(《朱子語類》)

由此而明,「惟於理有未窮」之「理」為現象世界之物理,是經驗的、材質的、相對的、感官的、形而下之理。「故其知有不盡也」之「知」是形而下的見聞之知、經驗之知。因現象世界變幻無窮、緣起緣滅,永無盡頭,若欲窮盡現象世界所有事物的全部形構之理、材質之理,事物與事物之間復雜的關係,幾乎是不可能的。

「吾生也有涯,而知也無涯,以有涯隨無涯,殆已。」(《莊子·

養生主》）莊生所言之「知」與朱子所意味的「致知」之「知」為同一之知，皆為後天形而下的經驗之知、耳目見聞之知。此知只能成就社會科學和自然科學，不能實現人生之終極關懷和生命解脫，故「殆已」。

「是以《大學》始教，必使學者即凡天下之物，莫不因其已知之理而益窮之，以求至乎其極。」──朱子論《大學》曰：「此一書之間，要緊只在『格物』兩字，認得這裡看，則許多說自是閑了。」（《朱子語類》）「必使學者即凡天下之物，莫不因其已知之理而益窮之」，這是朱子著名的「即物窮理」一說之來源，其意為：在我們已經瞭解和掌握的事物之理（形而下之物理）的基礎上，（合乎邏輯規律）不斷地推究其根源，簡言之，以已知推求未知，「以求至乎其極」，即不斷地格物，不懈地推究、思維、觀察、演算、分析下去。──這正是莊生所言的「以有涯隨無涯，殆已」。

朱子認為他的「即物窮理」之說直承《大學》「格物致知」之教而來，是《大學》承其先，他只是當然地繼其後而已，故而有「是以《大學》始教，云云」。問題在於，自《大學》開始，是不是如此這般地教導後人？陸王回應曰：「非是。」我們的回答亦曰「不然」。

「一旦豁然貫通焉，則眾物之表裡精粗無不到，而吾心之全體大用無不明矣。」──我們堅持不懈地觀察一物，分析一物，思維一物，「用力之久」，就會怎麼樣呢？「則眾物之表裡精粗無不到」，這只不過是將此前散亂的知道串連起來，由點及面，由面及體而已，只不過是此前分析、思維和演算所得的知識，在量累積到一定程度時自然地發生的質變，即由演算上達於綜合，由零散上達

於系統，由部分上達於整體，由分析上達於歸納，由感性認識上達於知性認識而已。

「量集與質變」、「演算與綜合」、「零散與系統」、「部分與整體」、「分析與歸納」、「感性與知性」等等，皆屬於經驗知識和經驗智慧之範疇，「一旦豁然貫通」是經驗層面的貫通，是同層面的貫通，並非異層之飛躍，也非後天返還先天的貫通，更非下學而上達的貫通。此處甚為吃緊，學者不可不辨。

「吾心之全體大用無不明」之「心」是感官的感知功能，是後天之心，是經驗主義的見聞之心，是現代西方心理學所言的認知之心，佛家曰「識心」或「執著心」。此「全體大用」是經驗之心的全體大用，不是先天本有之心體的全體大用。若是先天之心體的全體大用，那是生命的終極圓覺，是聖賢之化境。

「無不明」之「明」同樣是經驗層面的明白，是由量累到質變時的明白，是由零散到系統時的明白，是由部分到整體時的明白，是由分析到歸納時的明白，是由感性到知性時的明白。此類明白可以成就社會科學或自然科學的創造與發明，牛頓遇蘋果落地而發現萬有引力即屬此「明白」。朱子不懂後天的感性、知性內的「明白」，與心體、性體彰顯發明的開悟，有著本質上的差異，斷不可混為一談。這是朱子學最為惑眾之處。

朱子曰：「格物是夢覺關。格得來是覺，格不得只是夢。」（《朱子語類》）致知格物確為聖道之關鍵、迷悟之關節。但僅依朱子所言之「格物致知」為「即物而窮其理」，故注重對外界一事一物之考察，如此之覺，不是心性本明之覺，而是後天經驗之解悟。

此解悟只能成就社會科學或自然科學之發明創造，只能成就

外在的解脫，不能成就生命科學所言之內在的解脫，與儒者追求的「從心所欲而不逾矩」之至善化境，與佛家追求的證悟大般涅槃、獲無上正等正覺，與基督教追求的道成肉身等，相去不可以里程計也。依朱子「將心與理，折而為二」（將「心」理解為經驗主義的「認知之心」，將「物」理解為形而下的「客體之物」），如此之「覺」，誠如陽明所言「務外遺內，博而寡要，支離破碎」，故屬於外覺，在此覺知下所發現的真理，是經驗真理、形構真理、外延真理、客觀物理，不是內覺。

惟內覺所發現、發明之真理，才是先驗真理，才是內容真理，才是生命真理，才是解脫真理，才是心性本有之理（性理而非物理）。外覺之覺，最多屬於理悟、解悟，而非生命證悟，故此覺絕非東方儒佛道等文明體系中所追求的終極之「正覺」、「道德」、「明德」、「至善」之覺。

王陽明生於朱子之學極盛的明代。「有明學術，從前習熟先儒之成說，未嘗反身理會，推見至隱，所謂『此亦一述朱，彼亦一述朱』耳。」（黃宗羲《明儒學案》）在朱子盛名之下，起初王陽明也是朱子學之追隨者，順著朱子學所言的「致知」之「知」是指後天經驗知識，「格物」之「物」是形而下的感官相對的外界客體之物，一路探究下去，於是就發生了歷史上著名的「陽明格竹」事件。

據陽明先生名著《傳習錄》載：「眾人只說『格物』要依晦翁，何曾把他的說去用！我著實曾用來。初年與錢友同論做聖賢要格天下之物，如今安得這等大的力量：因指亭前竹子，令去看。錢子早夜去窮格竹子的道理，竭其心思至於三日，便致勞神成疾。當初說他這是精力不足，某因自去格，早夜不得其理，到七日，亦以勞思

致疾，遂相與歎聖賢是做不得的，無他大力量去格物了。及在夷中三年，頗見得此意思，方知天下之物本無可格者。其格物之功，只在身心上做。決然以聖人為人人可到，便自有擔當了。這裡意思，卻要說與諸公知道。」

大家都說要遵循朱熹的格物致知學說，但能夠身體力行的並不多。我年輕的時候，曾經實實在在地踐行過：有一年，我跟一位錢姓友人一起討論透過格物致知來做聖賢，決定先從自家花園亭子前面的竹子格起。我的朋友對著竹子想窮盡其中的理，結果用盡心思，不但理沒格到，反倒勞累成疾。

於是我自己接著去格竹子，堅持了七天，結果同樣是理沒有格出來，自己反生了一場大病。並以此認為自己和朋友沒有做聖人的能力。自從我在貴州龍場驛大悟儒家聖賢心性之道後，方才明白「無心外之物」的道理。所謂「格物」，無非是反躬內省，逆覺體證，掙脫種種束縛（超越一切）後的直下醒悟即是。

現在我們來看看陽明是如何理會「致知」和「格物」的：

「致知」云者，非若後儒所謂充擴其知識之謂也，致吾心之良知焉耳。良知者，孟子所謂「是非之心，人皆有之」者也。是非之心，不待慮而知，不待學而能，是故謂之良知。是乃天命之性，吾心之本體，自然良知明覺者也；「物」者，事也，凡意之所發，必有其事，意所在之事，謂之物。「格」者，正也，正其不正以歸於正之謂也。正其不正者，去惡之謂也。歸於正者，為善之謂也。夫是之謂格。（《大學問》）

心者身之主，意者心之發，知者意之體，物者意之用。如意用於事親，即事親之事，格之必盡。夫天理則吾事親之良知，無私欲

之間，而得以致其極。知致則意無所欺，而可誠矣；意誠則心無所放，而可正矣。格物如格君之格，是正其不正以歸於正。（《大學古本旁釋》）

格物是止至善之功，既知至善，即知格物矣；「格物」如孟子「大人格君心」之「格」。是去其心之不正，以全其本體之正。但意念所在，即要去其不正，以全其正。即無時無處不是存天理。即是窮理；格者，正也；正其不正，以歸於正也。（《傳習錄》）

致知格物之小結

　　明末劉宗周（號蕺山，西元 1578 ～西元 1645 年）曾說：「格物之說，古今聚訟有七十二家！」雖有如許之異說，然要者，以程朱一系與陸王一系為其代表。

　　1. 朱熹將「心」視為後天的、經驗的、感官的認知功能（認識心）；將「知」視為形而下的、客觀的、可於大腦中記誦、回憶、思維、審察、推究、歸納的累積型經驗知識和經驗智慧；將「物」視為感性所認知的對象，邏輯思辨的對象，由材質所構成的實然的、墮性的、現象的、受因果律支配的，同時也是受數理邏輯和形式邏輯支配之物，以及由此形成的物與物之各種關係──事件（簡稱為「事」）。

　　朱子學的問題最為集中處乃在於將生命科學混淆於社會科學和自然科學，不能將此三大學科體系分判清楚，結果將此三大學系纏繞於一起，成了大雜燴。不僅沒能順歷史前進方向而開出近現代意義上的西方社會科學與自然科學，還導致了孔孟心性之學越發地隱晦不明，窒礙不通。

　　朱子期望透過下學而上達，打通形而下之學（經驗知識）與形而上之道（心性智慧），但他不明白，形而下之學並不能直通形而上之道；如欲上達至形而上之道，必須超越一下，逆反一下，於心性有切實相應與體悟，方可實現。否則，一味地糾纏和膠固於經驗知識之中，必成莊子所言的「以有涯隨無涯，殆已」，最佳結果也僅僅是成為社會科學或自然科學領域中某方面的一名專家學者，對

推動人類的外解放事業，或許有很大裨益，但於生命覺醒和德化人生之內解放事業，並無直接之價值，永與悟道和成德無關涉，永與孔孟心性之道無契接和相應，也永不能成就《大學》內聖之道。

2. 陸王心性之學緊扣聖賢之旨而不失，嫡傳孔孟之道於千載之下，將心性回歸自己、彰顯自己之一面辨示得飽滿而清澈，由此，儒家學術之核心——自律道德，復得以燦明於天下。但其失在於，以陸王為代表的心學一派始終不能明白，心性確有對其自己之一面向，亦確有離其自己之一階段，故經驗知識並非沒有其價值，人生若僅有內在之解放並不足夠，必須輔以外在之解放，方為圓滿。

外在之解放必須推進社會科學與自然科學，必須不斷地增強生產力（自然科學）和持續地改善生產關係（社會科學），方有望實現之。心性之學（生命科學）永遠不能取代社會科學和自然科學；反之，社會科學和自然科學也永遠不可取代生命科學。它們之間並行不悖而又各自獨立。

程朱理學在辨示心性時，因不明心性內涵的本有諸屬性，將其視作為後天的經驗之心、經驗之知、經驗之學，再因其不明生命科學與社會科學、自然科學之本質上的差異，故其學必然地流於支離破碎、博而寡要、糾纏繳繞。

陸王心學因不能正視經驗知識之價值，不能正視心性確有離其自己之一階段，將全副精力放置於心性自身之辨示，而嚴重忽視經驗知識、經驗智慧於人生於人類之重要性，嚴重忽視義理建構和經論之研讀，致使其學失之於疏離簡狂。後期心學與後期佛教禪宗多有相似之處，因不倡導研讀經論，不尚學術交流與義理建構，一味地強調直指人心，故不拘禮法，放浪形骸。於禪宗，則出現了大批

的默照邪禪、口頭禪、文字禪、看話禪、野狐禪、狂悖禪等現象，「興佛法者，禪也。毀佛法者，亦禪也」。陽明後學亦復如是。

後期陸王心學與禪宗出現的流弊十分相似：

「陽明先生之學，有泰州、龍溪而風行天下，亦因泰州、龍溪而漸失其傳。泰州、龍溪時時不滿其師說，益啟瞿曇之祕而歸之師，蓋躋陽明而為禪矣。然龍溪之後，力量無過於龍溪者；又得江右為之救正，故不至十分決裂。泰州之後，其人多能赤手以搏龍蛇，傳至顏山農、何心隱一派，遂復非名教之所能羈絡矣。顧端文曰：『心隱輩坐在利欲膠漆盆中，所以能鼓動得人。只緣他一種聰明，亦自有不可到處。』義以為非其聰明，正其學術也。所謂祖師禪者，以作用見性。諸公掀翻天地，前不見有古人，後不見來者。釋氏一棒一喝，當機橫行，放下拄杖，便如愚人一般。諸公赤身擔當，無有放下時節，故其害如是。」（黃宗羲《明儒學案·泰州學案》）

黃宗羲（號梨洲，西元1610～西元1695年）上述的意見，得到大多數學者贊同，例如錢德洪（號緒山，西元1496～西元1574年）在王陽明《大學問·跋》中說：「師既沒，音容日遠，吾黨各以己見立說。學者稍見本體，即好為徑超頓悟之說，無復有省身克己之功。謂『一見本體，超聖可以跂足』，視師門誠意格物、為善去惡之旨，皆相鄙以為第二義。簡略事為，言行無顧，甚者蕩滅禮教，猶自以為得聖門之最上乘。噫！亦已過矣。自便徑約，而不知已淪入佛氏寂滅之教，莫之覺也。」

錢德洪看出許多陽明後學，不再重視省身克己的修持工夫，甚至將王陽明注重的「誠意格物」、「為善去惡」的要旨，鄙視為第二義（指其已非第一義諦，只具有次要意義，或是接引學人的方

便法）。他們言行無法相應，蕩滅禮教，還自認得到聖門的最上乘法，實則已陷入釋氏的寂滅法之中，而不自知。《明史·劉宗周本傳》云：「越中自王守仁後，一傳為王畿，再傳為周汝登、陶望齡，三傳為陶奭齡，皆雜於禪。奭齡講學白馬山，為因果說，去守仁益遠。……良知之說，鮮有不流於禪者。」

王陽明三傳弟子陶奭齡等輩，已毫無忌諱地講演釋氏的因果事理，使得陽明的良知說跟禪宗合流。《明史·王畿本傳》云：「（王畿）益務講學，足跡遍東南，吳、楚、閩、越，皆有講舍，年八十餘不肯已。善談說，能動人，所至聽者云集。每講，雜以禪機，亦不自諱也。……其後，士之浮誕不逞者，率自名龍溪弟子。」

王學由浙東之王龍溪及泰州之王心齋以後，其講學之風，逐漸由講堂之授受，轉而重視在日常生活上隨處加以指點，使學問與生活打成一片。教人當下灑落自然，擺脫一切習氣俗套，矯飾造作，而唯順應當下良知心體之自發、自覺、自足、自在等屬性，顯現於日常生活之中。

與禪宗之重從生活上之隨機指點，所謂「禪機」者，有相近、形似之處。故泰州一派之後學，其思想傾向禪學，或由儒入禪者，大不乏人。此種趨勢，造成王學末流多流為狂禪者。其空談良知、不務實學之風，日盛一日。皆不明孔孟心性之學與佛門心性之學之殊異，不能明辨各心所心、各性所性之真義。《大學》之道，儒門聖學，自此澈底隱沒。

3. 程朱理學因落於經驗世界和經驗知識之域，相應於踐履、修養之工夫，也與孔孟所開闢渾圓中道有異，提倡漸修、漸覺之路，將成聖之道無限止地拉長拉遠，大體類於「反之」之路（程朱之「反

之」與《孟子》所言之「反之」又有異，《孟子》所言之「反之」是在「性之」之前提下的「反之」，故其「反之」之路並不曲折遙遠。程朱理學因太過膠著於經驗知識之積累，故其「反之」之路十分遙遠漫長，其間尚需有一層關鍵的從形而下躍升至形而上之過程。如實現不了此一環節，其成聖之望幾無可能）。

陸王心學因始終緊扣超越的心性之道，故能相應於堯舜「性之」之道，於「性之」之道多有發明和豐富。其於踐履、修養之工夫，力倡「聖賢之道，吾性具足」，「當下識取，不假外求」之頓悟。然此二學皆沒有進至圓融中道之境，以《中庸》之道衡之，皆有所偏，各有所失。

（《大學》格物致知一段，最為歷代學者聚訟之處，所累文獻資料可謂車載斗量，如若將其糾結聚訟之各節點，俱以疏理討論，非數十萬言乃至百萬言，不能畢其功，遠非本書所能承負，此處僅擇其大要而述之，但求於此兩概念——「致知」與「格物」，得一基本之眉目朗然即可。）

心性之全體大用

> 物格而後知至，知至而後意誠，意誠而後心正，心正而後
> 身修，身修而後家齊，家齊而後國治，國治而後天下平。

《大學》之明明德、親民、止於至善，謂之「三綱」，即三個基本綱領之義；格物、致知、誠意、正心、修身、齊家、治國、平天下，謂之「八目」，即八個德行之節目，或八個德性之面向。兩者合稱為《大學》之「三綱八目」，此「三綱八目」為歷代儒者修學和踐履之守則與指南，為儒家一系所獨有之學術規模。

心體性體與每個人是如此地貼近，它絕不是如朱子或佛家等所設想的那麼遙遠。子曰：「仁遠乎哉？我欲仁，斯仁至矣！」《中庸》引孔子的話曰：「道不遠人。人之為道而遠人，不可以為道。」（道即人，人即道。道從未遠離人半步。如若將道視作距離我們很遙遠，對於這樣的人，他是無法踐行仁義和修養德性的，也無法與其論道矣——不能相應故。）這就是儒者所理想之仁（心體性體），只要我們不刻意去背離或阻礙心體性體的呈現，心體性體必然時時彰顯於我們的身心內外。

心體性體在個人身心上的起用，首先便是消化和昇華人之生物性（獸性）所帶來的本能衝動、非理性和五毒等（此統名曰「物」或「物欲」）。消化和昇華生物性所帶來的負面因素，此謂之「格物」。格除（消化和昇華）多少物欲，就有多少良知呈現，此之謂「知至」。三綱八目之間皆互為因果。

格物是消極面，致知是積極面。只要我們不刻意阻止仁（心體性體）的呈現，仁自己就有強大的力量將生物性成分消化與昇華，將感性與非理性成分消化與昇華。這個消化與昇華過程，就是良知（仁義或名心體性體）呈現的過程。

在良知的呈現過程中，我們後天生發形成的精神（心理學所謂的意識）——意，就會越來越解除生物性（各種後天養成的意識形態、非理性、五毒、概念化、自我和習氣等）的制約和影響，而成為良知（仁義）的呈現和化身，此謂之「意誠」。

意誠之時，起心動念，皆心性之全體大用，皆為心性之呈現流行，此謂之「心正」。《中庸》曰：「喜怒哀樂之未發，謂之中；發而皆中節，謂之和。中也者，天下之大本也；和也者，天下之達道也。致中和，天地位焉，萬物育焉。」

「中」者，仁義或心性之別名也，故曰「中也者，天下之大本也」。「未發」者，仁義或心性蘊而未顯之義也。一旦心性呈現出來，我們的起心動念、言行舉止，無一不自然地、自發地合乎心性本有之自律、自在、超越、光明、覺醒、自足、自由等屬性，此謂之「中節」，即孔子所謂的「從心所欲而不逾矩」。「和」者，和諧、順暢、從容、適宜、輕鬆、愉悅之義。「未發之中」、「發而中節之和」合於一起，即是「心正」，也為「意誠」。

心正和意誠之時，心性進一步地生色踐行、睟面盎背，四肢百節皆為心性所含潤轉化，生物性的一面全部被昇華為聖賢氣象，此謂之「修身」。再其次，即是仁義之神聖功化，心性無我大悲之創造，德性不可勝用：用之於家，則家齊；用之於國，則國治；用之於天下，則天下平。最後，與天地精神相往來，純為心性之全體大

用，純為心性之流行妙用，「與天地合其德，與日月合其明，與四時合其序，與鬼神合其吉凶」，「致中和，天地位焉，萬物育焉」。

平天下→治國→齊家→修身→正心→誠意→致知→格物，這個過程，意在將我們的常規思維扭轉過來，即將我們的習慣性經驗思維扭轉到先驗體證上來，將習慣性的形而下的感性和知性思維扭轉為形而上的直覺思維和理性思維，將心性之離其自己之格局（即兩極化或二元化格局，相對性格局——認知者與被認知對象處於對立和分離狀態的格局）扭轉為心性之在其自己之格局（超越兩極之分化，絕對性格局——認知主體與認知客體處於同一狀態的格局）。「平天下」……→「格物」的過程，是後天返還先天的過程，是後天超越、躍升、回歸到先天的過程。

格物→致知→誠意→正心→修身→齊家→治國→平天下，這個過程不是對「平天下」……→「格物」的簡單順推回去的過程，即不是原路返回的過程。「格物」……→「平天下」的過程是心體性體健行不已之創造過程，是心性內涵諸屬性之顯化過程：顯化為物（生物性），則為物格；顯化為知，則為知至；顯化為意，則為意誠；顯化為心（心理學之心，即後天形成的精神），則為心正；顯化為身，則為身修；顯化為家，則為家齊；顯化為國，則為國治；顯化為天下，則為天下平。

格物、致知、誠意、正心、修身、齊家、治國、平天下，此八目（也包括三綱）者，相互之間既是前後的次第關係，也是一體八面的體面（體用）關係；皆是心性之創造，皆是心性之伸展，皆是心性之具體化呈現。三綱八目收歸而為心性，心性伸展而為三綱八目。三綱八目與心性是一非二，其差異只是隱與顯、伸與縮、抽象

化與具體化、形而上與形而下之不同。

非止三綱八目為心性之創造、之伸展、之具體化，天地一切存在，於心性角度視之，皆為心性之創造，皆為心性之伸展，皆為心性之具體化。故心性為天地之大本，為天地之超越的本體，為天地一切之源頭與歸宿。

在佛家，心性顯化為後天的心意，則為「感而遂通天下」的般若智慧；顯化為身軀，則為金剛光明身；顯化為客體化的世界，則為佛國淨土。在儒家，心性顯化為後天的心意，則為先驗智慧（聖智、德智、良知）；顯化為身，則為「君子有三變：望之儼然，即之也溫，聽其言也厲」的變化之身，則為睟面盎背的德潤之身，則為「富貴不淫，貧賤不移，威武不能屈」的「大丈夫身」，則為「仁者壽」之「長壽身」；顯化為家，則為家和；顯化為國，則為仁義之國、親民之國；顯化為客體化的天下，則為道德世界、大同世界、文明世界、至善世界。

從心性角度看來，一切存在都是主體存在，都是生命存在，都是真善美（或其中之一）的全體顯化。心外無物，心體外無客觀存在之事物，一切事物都是心體之呈現，因而一切事物，都是心體內之存在，都是心體之創造或曰心體之具體化；性外無理，性涵一切存在之理（非指經驗世界的形構之理和經驗知識，存在之理是指事物存在的先天之理、超越之理、所以然之理、形而上之理、主體性真理），此謂之「性理」，又名「理性」。

西方也常言「理性（Rationality）」一詞，此「理性」是指合理性（即合乎邏輯的推理）和合理的行為。故西方所言之「理性」實是指掌握感性（即生物性的本能和衝動）勿令其逾出規範的自控之

能力，以及歸納、整理、提煉、綜合、邏輯推演由感官所獲得的資訊與知識的精神之功能。由此能力加功能構成的「Rationality」一詞，最恰當的翻譯應是「知性」，而不是「理性」。

理性一詞在中文裡的含義是：性體內所涵的一切事物之先天的根據和超越的所以然，謂之「理性」。理性即性理，是由性體之自律、自明、自在、自發、自生、自足等屬性之具體化，而呈現出來的事物存在之法則和根據。

由是而知，真正的理性化世界、理性化人生、理性化智慧在東方傳統文化裡，在《大學》的三綱八目裡。「格物」……→「平天下」的整個過程，皆是理性或曰性理顯化其自己之過程，皆是理性化之過程，皆是理性呈現其自己之過程。

格物致知到治國平天下的過程，是一個從本體（心體性體）到現象（天地萬有）的過程。這個過程，哲學上稱之為「本體—宇宙論」，宇宙萬有是本體的顯現化和具體化，本體是宇宙的內涵和超越的根據。「本體—宇宙論」又名「本體—宇宙觀」，有什麼樣的心性觀，就有什麼樣的宇宙觀，以及相應的人生觀和價值觀；有什麼樣的宇宙觀，就有什麼樣的心性觀，以及相應的人生觀和價值觀。

性體的無限性決定了宇宙的無限性，決定了創造的無限性，決定了其呈現的樣態之無限性。性體的絕對性，決定了性體之主體性，決定了性體之生命性。站在性體角度，性體的自覺性，即性體轉化為心體。心體即生命，故心性之所在，即生命之所在。

心體性體顯化而為宇宙，這個宇宙（天地萬物）究竟而言，只是心性之自己，因心性即生命，故而宇宙即生命之自己。心性全體

呈現為道德律（道德的絕對命令和道德的創生不已）和倫理法則（人之為人所必須遵守的無上命令），因心性內涵之諸屬性呈現（具體化）而為宇宙法則，故道德法則即是宇宙法則，道德秩序即是宇宙秩序。

　　此為儒學之靈魂，此為自堯舜禹湯文武周孔孟，直至於今日，千古以來聖賢以心傳心之道統血脈，此為中國乃至東方傳統文化之核心，此為東方人對世界文明的最大貢獻，此為東方文明最為不朽之價值所在，此亦為東方文明中最難為世人所體悟與契入之處。

壹是皆以修身為本

> 自天子以至於庶人，壹是皆以修身為本。其本亂而末治者否矣；其所厚者薄，而其所薄者厚，未之有也。此謂知本，此謂知之至也。

自此以下全部經文皆是對上述之三綱八目的解釋和補充。

「天子」者，聖賢也，仁君也，心性之化身也，德化人生之典範也。「庶人」，陷溺於氣質之中者，受生物性（獸性）主宰者，局限於經驗世界之中者，束縛於習氣、業障及由諸多概念結構而成的各樣意識形態之中者。

「壹是皆以修身為本」，修身是實現三綱八目之關鍵環節。老子曰：「吾所以有大患者，為吾有身，及吾無身，吾有何患？」佛陀勸人務必恆常修習去「我執」，認為「我執」為五毒之源，迷悟之關節。儒者教人「讀書在於轉化氣質」。王陽明云：「萬惡只因隨軀殼起念。」——萬般煩惱由身起。

身念是一切執著之首，凡聖之關節。如身念一節不能超越、疏通，則三綱八目一切修行和轉化都沒法實現。儒者修身之本，要點在於是「隨軀殼起念」，還是「殺身成仁」。「隨軀殼起念」者，小人也，凡夫也；「殺身成仁」者，超越身念，化除小我，轉化氣質，大人也，聖賢也。

佛道兩家修行，重在靜態之禪定。儒者雖也不拒靜坐、默契，但最為重視者，仍然是於心性中尋得靜定之源而持守之。故儒家修

身之道,最為平實簡易,三根普被。雖倡導「擇善而固執之」,但相較於佛道兩家,其法執(即對修行次第與修學形式的極度執著)和我執最弱,因其最沒有修行相之故也。

修行之外相愈明顯,修行之形式愈被重視,修行之次第愈繁雜怪異、難以把控,修行之階梯愈遙遠險隘,則愈易滋生我執和法執。無論是我執還是法執,一旦執著生起,身病未除,反添心病。我執和法執,是一切身心之病、一切人生之病中最大之癥結,生起容易,祛除難。

時常有後學抱怨說儒家論修身之道,高妙深邃,辨示透澈,但每感於其學团团渾圓,無下手處,難覓入庭之門,不若佛家有八萬四千法門、道家有四千八百道門之法門繁茂。須知,法門太多必令學者無所適從,疲於比照抉擇。

佛家嘗自謂:「慈悲出禍害,方便出下流。」不是所有的慈悲之舉皆為善舉,也不是所有的方便皆為正道。儒者深知身念之害,法執之弊,設無上妙道於灑掃應對之中,於人倫日用之間,盡力淡化修行外相和繁雜形式。初學者似覺無下手處,若細心體會儒家聖賢之教,平實行去,自然默識心通,體悟其中無上妙味,而得孔顏樂處。此時方知何為「大中至正」之道也。

修身或修行之要,首在識得心性之理(心性內涵本有的諸大屬性)而自覺、自願地將整個身心沉沒、消化於其中,將心性之理透過起心動念、人倫日常之中,法無定法,隨時隨地,盡心盡力,如水一般在方則方、在圓則圓地彰顯之。此謂知本,此謂知之至也。不知修身之要,不得修行之本,如何所是,將必然本末倒置。「其所厚者薄,而其所薄者厚,未之有也。」

該重視者,輕之;不該強調者,重之。有子曰:「君子務本,本立而道生。」儒者所本者,一為徹知心性之全蘊;一為持守常道——於百姓人倫日用間踐行德化人生。本此二者,無上妙道自然生發,仁不可勝用,義不可勝用。佛道兩家不務本、不知本,於無法之中造作無量法門和修學次第,無風起波浪,平地起險峰。

故有悟之禪師喟然歎曰:「萬法本閑,唯人自鬧。」自鬧些什麼呢?膠著於法相,追逐於形式(儀式),為修行而修行,為悟道而悟道,滿身佛味,一生矜持,玩弄精魂,鬼窟活計。本欲解脫,反為法奴;本欲證道,反被法障。皆為不知本之害也。

世人不識,佛之八萬四千法門,道之四千八百道門,種種方便,初涉之時,功效顯著,似有所得。因此學者對某法門生起絕大之信心與依賴,如是久之,必為此法門所束而成禍害。不悟佛陀種種法門施設,「指黃葉為黃金,為止兒啼而已」。

> 所謂誠其意者,毋自欺也。如惡惡臭,如好好色,此之謂自謙。

此言誠意之要,貴在「不自欺」:心無隱曲,人格磊落。人一旦「隨軀殼起念」,則念念源於自我、小我,而為生物本能和後天經驗知識所束,不能將道心、天心(心體性體)與人的後天經驗之心通而為一,不能以道心、天心為己之心。但誠意工夫非常平實簡易,「我欲仁,斯仁至矣」。仁義不遠,當下即是。

「如惡惡臭,如好好色」——猶如聞到惡臭頓時生起厭惡那樣,猶如看到美麗的花朵便自發地生起喜愛之情那樣平實簡易。人

們對仁義的認取，對心性的發明，亦復如是，其中要點，即在「毋自欺」三字。人一旦不自欺，就可以超越形軀之束，復見聖人之心，「此之謂自謙」。「謙」者，虛己也，袪執著也，超越也，直面自己也，涵養心性也，踐行德化人生也。「自謙」者，誠意工夫，修養之事，無人可以取代，必須自己親力親為方可。

莊子曰：「天機深者人機淺，人機深者天機淺。」天機者，心體性體也；人機者，後天經驗智慧和機巧之心也。佛家言出世，言離垢，就是透過拒絕、遠離人機，以復見天機（在佛家名曰「佛性」）。

儒者不同，儒家並不拒絕、遠離人機（經驗知識和經驗世界），而是將天心與人心貫通，以天心（心體性體）生生不已之創造和內涵萬善之德性，來衝破、轉化、統攝人機，將人機轉化昇華為心性世界的有機構成部分，轉化昇華為心性無限內涵的具體化呈現。故儒者之誠意工夫，只教人「毋自欺」和「自謙」，從不教人離塵絕世。

「誠」者，心性對自己的全然接受與覺知之義，換言之，即心性之回歸自己、在其自己、自覺其自己之義。故「誠」者為心體性體之別名，可名之曰「誠體」，與中、仁、道、天等同義。「誠之」者，人也，工夫也，踐履也，修養也。此處「誠其意者」為即工夫即本體，即本體即工夫，乃將天心與人心、先天與後天、先驗與經驗，貫通為一，打成一片。此為儒門獨有之修養。

道家之人丹、地丹、天丹、神丹，四千八百道門之種種次第與境界，佛家四禪八定，各大佛菩薩所在之淨土與禪境，八萬四千法門種種之次第與境界，於儒者而言，只需心存此理此境，上根器者，

當下即是，中下根器者，只需涵養一段時日，無需別有修行，即可真切實現，此即儒者誠意之殊勝處。

如若儒者閱佛經道經或其他各學派經論，於經論中所言之種種境界與果效（如藏密之大圓滿與大手印等），儒者只需將其境界與果效，一念收攝於身心上貞定住，使其日漸真切即可！此於儒者謂之「涵養」，謂之「誠意」，謂之「存心」，謂之「充擴」。

但於儒者，多不用此行徑，為化除最後一絲我執與法執，只於心性之上一味誠意自謙，心性之中本已圓滿自足，無需再行頭上安頭、畫蛇添足之事，直心行去，一切現成。如比照佛家之言，此謂之開放型大圓滿，真正之大圓滿。

試看陽明先生如何論誠意工夫：「《大學》工夫即是『明明德』，『明明德』只是個『誠意』，『誠意』的工夫只是『格物』、『致知』。若以『誠意』為主，去用『格物』、『致知』的工夫，即工夫始有下落。即為善去惡無非是『誠意』的事。如（朱子所編之）新本先去窮格事物之理，即茫茫蕩蕩，都無著落處，須用添個『敬』字，方才牽扯得向身心上來，然終是沒有根源。若須用添個『敬』字，緣何孔門倒將一個最緊要的字落了，只等千餘年後要人來補出？正謂以『誠意』為主，既不須添『敬』字，所以提出個『誠意』來說，正是學問的大頭腦處。於此不察，真所謂毫釐之差，千里之謬。大抵《中庸》工夫只是『誠身』，『誠身』之極便是『至誠』；《大學》工夫只是『誠意』，『誠意』之極便是『至善』。工夫總是一般。今說這裡補個『敬』字，那裡補個『誠』字，未免畫蛇添足。」（《王陽明全集》）

> **故君子必慎其獨也。**

「故」者，所以也，由是也。「必」者，定然也，務必也，不可忽視之謂也。曾子曰：「仁以為己任，不亦重乎！死而後已，不亦遠乎！」子曰：「見賢思齊焉，見不賢而內自省也。」

「自省」者，誠意也，慎獨也。慎獨之道，示儒者進退之法。進則彰著道德生生不已之創造，退則誠意內省。誠意為正面工夫，積極地彰顯心性，積極地踐行心性。慎獨為負面工夫，透過比照聖賢，察看自己還有多少沒做到，有沒有在待人接物之時，失去心性之全體大用，有沒有於起心動念間失去心性之主宰，有沒有將克己復禮臻於「從心所欲而不逾矩」，有沒有時刻處於無我、超越、妙化之境界。

不怕念起，就怕覺遲。私心雜念，隨軀殼而起念，皆不可怕。最可怕者，為身念、雜念、自我私欲泛起時，沒有內省，失去覺察。於私念起時，無內省與覺察，是為凡夫，是為小人；有內省與覺察，則為君子，則為智者。是否有內省與覺察，是否有誠意與慎獨，是迷悟之分水嶺，是德化人生與物化人生之分界線。

朱子的老師李延平（字侗，西元 1093～西元 1163 年）先生平素特喜靜坐：「先生少遊鄉校有聲，已而聞郡人羅從彥（字仲素，二程再傳弟子，西元 1072～西元 1135 年），得河洛之學於（楊）龜山之門，遂往學焉。累年受《春秋》、《中庸》、《論語》、《孟子》之說，從容潛玩，有會於心，盡得其所傳之奧。先生從仲素學，講論之余，危坐終日，以驗夫喜怒哀樂未發之前，氣象為何如。」又曰：「先生資稟勁特，氣節豪邁，而充養體粹，無復圭角精銳之

氣，達於面目，色溫言厲，神定氣和，語默動靜，端祥閑泰，自然之中，若有成法。」（朱熹《延平先生李公行狀》）

羅從彥喜靜坐，故授其弟子，也令其「危坐終日」。「危坐」即中國上古傳下來的跪坐或散坐，與隨佛教傳來的印度盤坐在外形姿勢上有所不同。此靜養默坐習慣是儒家自三代聖賢一脈相傳而來，並非羅從彥、李延平師徒所獨創。

明代王守仁遭謫貶為貴州龍場（今修文縣）驛丞，此時為先生一生來最為艱難時期，幾至於絕望之境，內省曰「自覺生死一念尚未化去」。便於修文縣城東棲霞山之「陽明洞」中艱苦生活和發憤修學（慎獨）三年有餘，在洞內靜修前期還出現了一些神通（俗稱特異功能）。最後於此大悟心性之理，得孔孟心法之印受，故有「陽明先生」之號。

「危坐終日」的修養工夫即是《大學》此處所言的「誠意」與「慎獨」，其功用是將整個生命、整個身心消融通化於心性世界之中，用朱子的語言即是「以驗夫喜怒哀樂未發之前，氣象為何如」。

儒者雖不象佛道兩家那樣熱衷於修行次第之構建，陷溺於瑣碎法相與法門而不自知，但也並不拒絕靜坐默識。（但朱子本人並沒有傳承其師「危坐終日」之修養工夫，而是走上了他所意會的「格物致知」之路：「今日格一物，明日格一物」，以求「一旦豁然貫通焉，則眾物之表裡精粗無不到，而吾心之全體大用無不明矣」。因朱子理會格物致知有嚴重偏失，故其於此處之論「內省」、「慎獨」也不能真切地相契、相應。其中曲折、端緒甚多，疏論起來將十分浩繁，故從略。）

> 小人閒居為不善，無所不至。見君子而後厭然，掩其不善
> 而著其善。

　　相較於陽明先生之龍場困居之時猛力內省之慎獨，小人若於此時，必生種種怨天尤人之念，這就是「閒居為不善」。人生際遇不可意料，低谷困頓時有發生，世間之人概莫能外。恰於此時，無瑣事俗務纏身，正好用功內省，檢察和消化先前所學，超越環境，也超越自己，如此覺醒心性，回歸於明德至善。

　　不獨陽明先生大悟龍場，發明「知行合一」之學和「致良知」之教，古今多少仁人志士，皆於退居困守之時，否極泰來，縱身一躍，打落陳腐舊習，衝破種種葛藤枷鎖，脫落出一片朗朗乾坤，行者於此無不喟然長歎：聖人之道，吾性具足。

　　至此始知，心性之理，聖賢之道，最核心、最靈魂之處，不能憑藉蠻力和死學而至，而是「君子坦蕩蕩」地活出來的——於人生日用之中，於待人接物點點滴滴之間，將聖賢氣象生動地展現出來！將心性諸內涵親切地活出來！

　　小人之所以為小人，並非命中註定，乃是自己於後天之選擇。聖與凡、賢與愚，皆在一念選擇之間。人生就是一場持續的選擇，你選擇什麼你就是什麼，如你選擇為一個小人，那你就是一個小人。

　　小人者，為生物本能所驅，為物欲所縛，為一己之身軀所束，為感官與經驗世界所陷，如此而已。小人豈止「閒居為不善」，二六時中，每次起心動念，皆為不善。不善就是善（德性、仁性）臨時性的缺席。當小人不善之時，各種習氣業障紛紛泛起，各種欲

念、邪念、惡念必蜂擁而來，此之謂「無所不至」。

「見君子而後厭然，掩其不善而著其善。」此句有兩義：其一為小人狡黠，當與君子結交時，刻意將其不善的一面掩飾起來，只示之以好的一面，以投君子所好，以躋君子之列。如是假冒君子之行狀，乃偽君子也，實為真小人。

另一義為君子大德聖化，有泰山儼儼之氣象，不怒而威，不嚴而厲，此乃心體性體創化天地之赫赫威德於君子身體上的反映與顯現，此謂之「德威」，此謂之「聖容」，此謂之「天地氣象」。佛家謂此為「莊嚴國土」或「莊嚴法相」。

今世所言的氣場、風度、魅力等可勉強與之相似，但遠不及其強度之萬一，唯天上日月之光明差可比擬。自君子身上散發出來的赫赫威光，小人一見之下，如星星之於太陽，小人不由得便「見君子而後厭然」（「厭然」即「蔫然」，若禾苗久不得雨露陽光而呈現出的姜靡之狀）。

小人之蔫然是因為久久得不到「德潤身」，得不到心性內涵之無量光明之滋養所致也。有德行與無德行，一經照面，真假立判。然萬分遺憾的是，小人於君子之交時，雖當下分判出善與不善、德與不德之天地差別，但小人之所以是小人，問題就出在這裡：他不知內省和慎獨，不愛覺察與誠意，如此雲泥之別，如此星星與太陽之差，應於當下切實反躬內省，發憤見賢思齊方為正道。但小人們不僅沒有這樣去踐行，反而極力去「掩其不善而著其善」。如此自暴自棄，必為天厭之。

> 人之視己，如見其肺肝然，則何益矣？此謂誠於中，形於
> 外。故君子必慎其獨也。

這就是儒家之常道——平實日常之道。自己有沒有與心性相應、相契，自己有沒有落實德化人生，自己有沒有超越自我、化除私欲等等，不用征之於他人，反觀之下，一目了然——「如見其肺肝然」！正如百姓所言：自己有幾斤幾兩，你自己還不清楚嗎？你是個什麼樣的人，你自己最曉得。「則何益矣」，就是這樣簡單明瞭，無需多少口舌筆墨。如人飲水，冷暖自知，如此的簡易而直截。

可以欺騙天下人，但誰也欺騙不了自己，這就是誠意所言「勿自欺」之義。由「人之視己，如見其肺肝然」而推導出下一個必然的結論「此謂誠於中，形於外。」——你內在有什麼，必定會彰著於外，於舉手投足間自發地流露出來。「掩其不善而著其善」，那只能是臨時的、最下策的。明智之舉是真切地踐行誠意慎獨工夫，發明心性，轉化氣質，超越小我，止於至善，方不失為人生所行之正道。

如若我們不切實地踐行誠意慎獨工夫，勢必常常「掩其不善而著其善」。如此天長日久，我們必然漸行漸遠地悖離自己，日甚一日地與內在生命之真實相分離，相阻隔，相對立，相敵視，而陷於自我和形軀之中，順著習氣業障滾下去，不斷地物化與感性化。

如此，我們的心胸、境界必將越來越局限，越來越封閉，越來越狹小，終致於成為讓自己都鄙視的小人。放著天地之寬不要，鑽入自我之中而甘為身奴；放著無量光明不要，自入暗室行鬼窟活計；放著心性之真主宰不要，偏要自作主張，自作聰明，自以為是。故

君子必慎其獨也！

　　君子處眾，知過則喜。小人頑劣，聞非則怒。上面所說是自己檢視內心時，「如見其肺肝然，則何益矣」。此處所言是假借他人來自律自己之身心言行。只要內在有什麼，必「形於外」而使自己與他人，皆能知曉。故君子不僅於「誠於中」謹慎獨處，時刻反觀內省，於「形於外」之一面，更需時時檢視，在他人嚴格的監視下，絲毫不敢懈怠。

　　「十目所視，十手所指，其嚴乎？」「其嚴乎」為反問句，意為「難道這樣還不是最為嚴重之事嗎」？此句與孔子語「三人行，必有我師」相呼應。皆明示應虛心待人，以他人為師，以諸事為鏡。

　　君子因坦蕩心胸，謙誠待人，無私無我，踐行道德，因而唯君子可以親民愛物，以成就他人的方式來成就自己，透過切實地實現他人之價值，透過切實地親民愛物，以彰顯仁性、德性，在仁性、德性越來越深入的彰顯中，自然地超越了自己，成就了自己。此為三綱中「親民」之真意。

　　佛陀臨涅槃（去世）之時，弟子請問，如來滅後，何以為師？佛陀曰：「以戒為師。」佛陀所言之戒，為他在世時逐步建立起來的僧伽集體生活中所應恪守的行為規範。此類戒律為特殊之倫理，為特定環境下適用於特定人群的戒律，為特定宗教特定信仰之戒律，是他律道德，不是自律道德。唯自律道德是真實道德（因此道

德之踐行可以實現生命之真、善、美，實現生命之覺醒與解脫），唯自律道德是通戒——適用於一般日常大眾之倫理。

「十目所視，十手所指，其嚴乎」，即是真正的自律道德，是真正適用於日常生活和普羅大眾的通戒。儒家同樣強調「以戒為師」，但其戒是性戒、心戒、無相戒、無師戒、無我戒、真常戒，因其戒起源於「誠於中，形於外」之自顯與自發，因其戒來自於對「十目所視，十手所指，其嚴乎」的主體自覺與生命自律。

富潤屋，德潤身

> 富潤屋，德潤身，心廣體胖。故君子必誠其意。

「潤」含滋潤、涵養、條理、莊嚴、創造、更新、轉化、昇華等諸義。「富潤屋，德潤身」是因果關係的一種比喻。「富潤屋」是因此，「德潤身」是所以。君子以德潤身，恰似富人以財物裝飾房舍那樣。我們的心性就是最大的財富，「曲成萬物而不遺」，生天生地，健行不已地創生一切，也包括時刻不停地創生和更新我們這個身心（形意）。

「富潤屋，德潤身」還有另外一層含義：《大學》或整個儒家不厭其煩地提醒我們，外在物質財富只能「潤屋」，僅僅能為我們帶來生活和人生的外部滿足和解放，但內在的、生命的滿足和解放必須透過彰顯和踐行仁德（心性）來實現。此為儒學之為儒學之真意所在，此為儒家何以是中華民族靈魂所在之原由。

如儒學不是聖賢之學，不是成德之教，而僅為一般世間小術，那麼儒學將不可能成為中華民族生命之所在了。儒學之偉大，於「富潤屋，德潤身」即有所證。她將我們從物化世界中拔離出來，回歸心性，回歸主體，回歸生命（性體之道德自覺）。

如此，儒學是整個東方，乃至整個人類歷史中，唯一徹悟道德全副內涵的學派，唯一闡揚真正自律道德的學派，唯一於道德之上建立完整而開放的義理和修學實踐體系，以實現身心內在解放和生命覺醒（絕對自由）的學派。由此，我華族有了自己的智慧之源頭，

道德之根本，人生之歸宿，奮鬥之方向。如此便是張載所言的「為天地立心，為生民立命」。

有了這個「天地之心」，有了這個「生民之命」，自然達到「心廣體胖」之境。「胖」者，寬坦、舒適、愉悅、銳智、磊落之義。「心廣」，心胸之中無芥蒂，無糾結，坦坦蕩蕩，與天地精神相往來，一切存在無非自己心性中物，無非自己生命內涵之呈顯與具體化，心外無物，性外無理，此為真正之「天人合一」之境。

「體胖」，無論人生處於順境還是逆境，哪怕是絕境，君子皆可自然地處於自得自樂、閑適愉悅、舒展大方之境。「窮則獨善其身，達則兼善天下。」「盡其心者，知其性也。知其性，則知天矣。存其心，養其性，所以事天也。夭壽不貳，修身以俟之，所以立命也。」（《孟子・盡心上》）「君子之於天下也，無適也，無莫也，義之與比。」（《論語・里仁篇》）「適」、「莫」，即親、疏之義。全句意為：君子處世，無專主之親，無特定之疏，惟以道義（心性）是從。

佛家有「受用身」之概念。受用身是指「圓滿一切功德，住於純淨之土，恆受用法樂之身」。《攝大乘論》卷下云：「受用身者，謂依法身，種種諸佛眾會所顯清淨佛土，大乘法樂為所受故。」《佛地經論》卷七云：「受用身者，一切功德圓滿為相，一切佛法共所集成，能起一切自在作用，一切白法（即佛法）增上所起，一切如來（即覺悟之人）各別自體（即有人種、膚色、高矮等種種之形體外表差別）。微妙難測，居純淨土，任運湛然，盡未來際，自受法樂。」

佛家所言之「受用身（又名報身）」是指修行佛法有成之人，

當下的身心體驗和感受。「受用身」本不神祕，只是佛教源於印度文化，受其文風影響甚深，故佛教用辭有著濃厚的誇大、乖張、怪誕、變形之風格，給人一種神祕、玄虛之感，極盡聳動、眩惑之能事。不似儒家言語，始終以樸素、厚實、理性、平易為美。

佛家之「受用身（即肉身在覺悟後被轉化、昇華之身）」，正是《大學》此處所言之「德潤身」之身和「心廣體胖」之境。只不過佛教與儒家為獲得此身之工夫路數不同：佛教自覺性（超越的空性）進入，儒家自德性（道德仁義）進入。儒者是透過「誠意」、「慎獨」工夫，頓然於當下或徐步漸進於「德潤身」和「心廣體胖」之境。

> 《詩》云：「瞻彼淇澳，菉竹猗猗；有斐君子，如切如磋，如琢如磨；瑟兮僩兮，赫兮喧兮；有斐君子，終不可諼兮。」

子曰：「詩三百，一言以蔽之，曰：思無邪。」（《論語‧為政篇》）——孔子說：「三百多篇的《詩經》，可一句話高度概括之：提升和淨化我們的心意（實為貫通先天與後天、形上與形下、道心與人心）。」

「《詩》」即《詩經》，儒家六經之一。《詩經》是中國第一部詩歌總集，共收入自西周初年至春秋中葉大約五百多年的詩歌。孔子晚年對其進行重新編定，祛其浮雜，留其精華，這就是中國文化史上著名的孔子「刪《詩》、《書》，定《禮》、《樂》」。《漢書‧藝文志》說，儒家「游文於六經之中」。

所謂「六經」，指《詩》、《書》、《禮》、《樂》、《易》、《春

秋》。這些文獻，當孔子之時，並沒有稱「經」，直到戰國時期的《莊子》一書有如下記載：「孔子謂老聃曰『丘治《詩》、《書》、《禮》、《樂》、《易》、《春秋》六經，自以為久矣，孰知其故矣。以奸者，七十二君論先生之道，而明周、召之跡。一君無所鉤用！甚矣！夫人之難說也，道之難明邪！』老子曰：『幸矣，子之不遇治世之君也！夫六經，先王之陳跡也。豈所以跡哉，今子之言猶跡也。夫跡，履之所出，而跡豈履哉？』」

孔子對老子說：「我研究《詩》、《書》、《禮》、《樂》、《易》、《春秋》這六部經典很久了，已熟知其中的道理。因為內存私欲和虛偽之故，儘管當今有七十二個君主，都在口口聲聲談論著所謂的先王之道，紹述著周公、昭公等的聖德偉業（以此冒充道統正宗之傳人）。但可惜的是，沒有一位君主能夠真心實意地去踐行它們。唉！太難了！人心之詭詐太甚，陷溺於物欲太深，仁義之道難昭明於天下呀。」

老子說：「（你所謂的不幸在我看來）是另外一種幸運呀！多虧你沒遇上治世之明君（如被你遇上，用你那一套腐朽的知識影響他，他一定會被你誤導的。其誤導之結果，很可能比你剛才所說的七十二君更壞、更差勁。——這與後世禪師所言的『吾眼本明，因師故瞎』，遙相呼應）。你所謂的『六經』無非是古聖先王的思想之陳跡罷了。所以說它是陳腐舊跡，是因為它們都是過時很久的觀念學說了。（難道你不明白如下的道理嗎？）人的足跡，是人用鞋踩出來的，但你能說足跡就是鞋嗎？（腳印雖在，但足履已遠。以此暗諷孔子只知一味守株待兔、認跡為履，乃食古不化之人。）」此是稱呼「六藝」為「六經」之始。

《詩經》內容來源有二：一是王室派「行人」到民間「采詩」；二是公卿大夫給周天子的「獻詩」。但無論哪種詩歌，最後統一由周王室設在家廟的「守藏室」（相當於現今的國家圖書館）刪定和收藏。春秋時期，諸侯宴饗、會盟，莫不賦詩，可見當時之詩風已廣為流傳。《詩經》是中國韻文的源頭，是中國詩史的起點。又因為其中的作品都可以用樂器伴奏演唱，所以《詩經》也被稱為我國古代第一部樂歌總集。

　　《詩》分「風」、「雅」、「頌」三個部分。「風」即民風、風氣、風俗之義。「風」詩彙集了不同地區的鄉土音樂，多為民間的歌謠，共計來自十五個地方的國情民風。「雅」是王畿（周王朝直接統治地區）之樂，這個地區周人稱之為「夏」。「雅」和「夏」古文通用。「雅」又有「正」的意思，當時把王畿之樂看作是正聲──作為典範的音樂。

　　周代人把正聲叫做「雅樂」，猶如清代人把昆腔叫做「雅部」，帶有一種尊崇的意味。「頌」是宗廟祭祀的樂歌和史詩，內容多是歌頌祖先功業的。《毛詩序》中說：「頌者美盛德之形容，以其成功告於神明者也。」這是頌的含義和用途。「頌」表現手法有賦、比、興，它的基本風格是淳樸自然，直面現實。

　　《樂》是隸屬周王室司樂的音樂作品，後世不少學者認為《詩》和《樂》實際上是一體的。司馬遷在《史記・孔子世家》記載：「（《詩》共計）三百五篇，孔子皆弦而歌之，以求合韶武雅頌之音。」《詩》為樂歌，「詩」記詞，「樂」記譜。《樂》集夏、商兩代音樂之精華，由周公在洛邑整理而成，並由周王室歷代樂官不斷地修訂和充實。現《樂》已失傳，無法知道其原貌。

周代重視貴族教育，貴族子弟把《詩》、《書》、《禮》、《易》、《樂》、《春秋》稱為「六藝」（「六藝」有兩種，另一種為禮、樂、射、御、書、數），是必備的知識。而《詩》、《書》、《禮》、《易》、《樂》、《春秋》原收藏於周王室，至春秋末年，周王室大亂後，大量典籍散失民間，如此才有後來「民間教育家」孔子之「刪《詩》、《書》，定《禮》、《樂》」，重新刪定典籍、整理國故之不朽壯舉，以及教授「六藝」於民間，開「有教無類」之先河。

孔子終身以「六藝」教授弟子，自然對其精熟於胸，試看孔子是如何品評「六藝」的：

孔子曰：「入其國，其教可知也：其為人也，溫柔敦厚，《詩》教也；疏通知遠，《書》教也；廣博易良，《樂》教也；絜靜精微，《易》教也；恭儉莊敬，《禮》教也；屬辭比事，《春秋》教也。故《詩》之失愚；《書》之失，（在）誣；《樂》之失，（在）奢；《易》之失，（在）賊；《禮》之失，（在）煩；《春秋》之失，（在）亂。」（《禮記‧經解》）

其為人也，溫柔敦厚而不愚，則通達於《詩》之故也；疏通知遠而不誣，則通達於《書》之故也；廣博易良而不奢，則通達於《樂》之故也；絜靜精微而不賊，則通達於《易》之故也。恭儉莊敬而不煩，則通達於《禮》之故也；屬辭比事而不亂，則通達於《春秋》之故也。

「子曰：小子！何莫學夫《詩》？《詩》可以興，可以觀，可以群，可以怨；邇之事父，遠之事君；多識於鳥、獸、草、木之名。」（《論語‧陽貨篇》）

孔子說：「弟子們！怎麼不學《詩》呢？《詩》可以用來激發情感，可以瞭解社會風氣民俗，可以結交更多朋友，可以用來諷刺不公和抒發情緒。近一點兒說，可以用來侍奉父母，遠一點兒說，可以用來侍奉國君。且能更多地瞭解飛禽走獸、花草樹木等自然界的事物。」

子曰：「興於詩，立於禮，成於樂。」（《論語・泰伯篇》）

孔子說：「修身明志，讓人生充滿激情，當以詩成之；如何立身處世，如何與社會和他人相處時知所進退之道，當以禮成之；養成高尚情操與藝術品質，當以樂成之。」

《詩》中大量記載了上古先民對心性的體悟與洞悉，以及古聖明君的盛德偉業，故學《詩》可以明人生歸宿和實踐方向之何所在，及如何樸實、溫和且充滿激情地生活，故孔子曰「詩言志」，「興於詩」。

禮者，理也。人是群居之民，是國家之民，是社會之民，如何群居和獨處？如何和諧地行走於人世間，且能順利地成就一番大業？這是任何人都時刻面臨著的大問題，必須予以正視。故先王制禮以明序，上至君王下至百姓，皆能明白各自的人生職責、人倫秩序、處世方式和國法家規，明其何以如此之依據與根源。明白這些，每個個體才能於人格中挺立起來，才能於社會中挺立起來，才能於人生中挺立起來，乃至於宇宙中挺立起來（道德秩序即是宇宙秩序），故孔子曰「立於禮」。

《樂》之魂在「和」與「悅」。「從心所欲不逾矩」謂之和，「喜怒哀樂之未發，謂之中；發而皆中節，謂之和。」故「和」者，聖賢之至善化境也。樂者，悅也，「發憤忘食，樂以忘憂，不知老

之將至」之謂也。心性全水為波，全波為水。故心性全體可化為三德：真、善、美。

儒者固然以善（良知、仁義）釋心訓性，儘管真與美不是儒家最為重視者，但也並非不認可真與美同樣是心性本有之內涵。樂者，美之化身也，美之化身即心性之化身也。故可透過樂而悟心性之美，也可以樂為入心性之門。最能表現心性之完美者，最能表現心性之極樂（圓滿之幸福、無上之快樂）者，無過於樂也。

故孔子不僅有「成於樂」之言，更有「盡美矣，又盡善也」之指示：透過美妙、高雅之音樂而領悟、融入、實現那「大而化之之謂聖，聖而不可知之之謂神」的大成化境。故可將「興於詩，立於禮，成於樂」看待為儒者修養工夫的三大法門或三大次第。

至聖孔子一生重視《詩》教，因而其弟子或再傳弟子，如宗聖曾子、亞聖孟子等，每於著作或講學之時，皆喜歡引述《詩經》以佐證其說。《大學》一書亦莫能外。此處和下文對《詩經》多有摘引，以期進一步闡明三綱八目之旨。

> 瞻彼淇澳，菉竹猗猗；有斐君子，如切如磋，如琢如磨；
> 瑟兮僩兮，赫兮咺兮；有斐君子，終不可諠兮。

這幾句詩文引自《詩經‧衛風‧淇澳》之首段。

淇：淇水，河名，今河南省北部，古為黃河支流，南流至今汲縣東北淇門鎮南，入黃河。澳：通「奧」，河灣之處。菉竹：草名，即藎草，一年生細柔草本植物，高一二尺，葉片近似竹葉，生長於草坡或陰濕地。猗猗：形容修長而柔美之狀。斐：有文采，有教養。

切、磋、琢、磨：把骨頭加工成器物叫「切」，把象牙加工成器物叫「磋」，把玉加工成器物叫「琢」，把石頭加工成器物叫「磨」，均用以形容君子的文采好、修養好。瑟：莊嚴之狀。僩：高大之狀。赫：威嚴之狀。喧：通「喧」，光明、顯耀之狀。諼：忘記，引申為停止。

這幾句詩文譯為白話是：看那淇水河灣，菉草是如此地柔美修長啊。有位氣度非凡的君子，如切磋後的骨飾象牙那樣晶瑩剔透，像琢磨後的翠玉奇石那樣美侖美奂，（這位君子的風采）是那樣的氣宇軒昂，英俊莊重，舉止肅穆大方。如此光彩照人的君子啊，（終其一生）叫我如何忘記他？！

古時自然環境沒有遭到破壞，處處是水綠草青，天藍雲白。遠遠望去，淇水之灣，草青竹茂，大自然的無限美景盡收眼底。是誰成就這樣一幅勃勃生機之景象？是心性呈現之結果呀！但即使這樣，也比不上那風采無限的君子！看那君子之品德與神韻，如同世間最絕妙、最珍貴的藝術品。是誰切磋琢磨出這樣一個世上如此美妙的君子風采？是心性內涵本有之真善美呈現之結果呀！讓人由衷地歡喜讚歎，讓人自發地肅然起敬，僅僅只是看上一眼，也會終生難忘呀。

「如好好色，如惡惡臭」這樣的美德——品德之美，只要人們不虛偽、不自欺，心性之無上美妙與不可思議之魅力便可當下呈現，覿面相逢。一旦呈現，一旦相逢，僅此一見，必然終生難忘。

此詩是借形容自然之秀美和君子之風采，借此來指示心性之豐富和神奇。同時也展示出古人對生命內涵的透澈瞭解，並發明了透過詩歌這種文學方式，來藝術地表達其體悟與見地。人生哲學、心

性義理與詩樂藝術完美地結合起來。

誰能想像得出，在三千年前乃至更久之前的華夏先賢們，就已經達到了如此的文明高度和智慧深度！這就不難理解，為何孔子一生神往太古，仰慕先輩，情不自禁地感歎：「鬱鬱乎文哉！吾從周。」創造更美好的未來是我們的期望，但美好的未來必源自對歷史的忠實傳承和透澈消化，因為歷史給我們以深度。

有了歷史的深度，才可能創造出未來的高度。千百年來，尤其是近世以來，世人多以為孔子是一個思想陳腐、文化守舊之徒，此誤會可謂由來已久。天地之悠悠，幾人能知夫子「述而不作，信而好古」之深遠妙義哉？

> 如切如磋者，道學也；如琢如磨者，自修也；瑟兮僩兮者，恂慄也；赫兮咺兮者，威儀也；有斐君子，終不可諼兮者，道盛德至善，民之不能忘也。

「如切如磋者，道學也」，此明儒者為己之學，廣學「六經」（現只遺「五經」），通達聖賢義理，明白心性之涵。一切人文教化，一切人本思想，一切人生修養，一切生命覺醒，一切文明傳承，皆自《中庸》所示的「博學之，審問之，慎思之，明辨之，篤行之」中來，此即「如切如磋」之義。但這個學是道學——道統之學。

世間有政統、學統與道統三系。政統為王道，以今語言之，即政治哲學和權力架構之學。因政治公正與否、清明與否，與百姓生活息息相關，甚為重要，儒者理想是努力實現太平盛世、人間樂土，故於王道政統多有議論和評述。

但此王道政統，束於歷史局限（王權政統始終為某一姓氏之大皇帝所嚴密掌控），儒者於此只發揮出部分正面推進之作用，並不能全盡儒者之價值和智慧。歷史地觀之，儒家聖賢於中華民族不朽之貢獻是在學統和道統兩者。

儒家學統與別家又有不同，如西方文化是建立於感性與知性之上的文化，故其學統是純經驗知識和客觀世界的學問，儒家學問與其有著本質之別。儒家義理體系是源自於心性之發明與呈現，她的核心功能就是蕩去經驗世界對感官和知性的束縛，統攝感性與知性於心性之中，讓天心與人心通而為一，讓心性本有內涵化除和昇華一切物理世界和生物世界之隱曲和質礙於仁義道德之中，以此開出真正的人文世界和人本文化，彰顯生命之光明（此光明非比喻用詞，生命本身即無相之光明，物理世界的日月所發出之有相光明只是此生命光明部分之具體化）以潤澤一切，籠罩一切，化生一切，成就一切。故正宗儒家心性之學（義理體系）代代傳承所形成的學統，是道德之學統、人本之學統、生命之學統、實現人類終極關懷（解脫與圓滿）之學統。

心性外顯為學術，為學統；學術內化為德性人格與生命光明。心性內涵諸屬性即儒家外在學術體系之諸屬性。概括之，儒家學術體系即道德體系，即宇宙體系，即身心修養（工夫）體系，也即心性本有之體系。在儒家，始將學術體系（外在之學統）與心性體系（內在之道統）二者徹底打通。

儒家之道統與別家亦有差別，儒家是從自律道德（心性的自律性與善性，善良即德性）進入心性世界（本體世界）以實現德行、德目和德化人生，以及成就內在（生命）的終極解脫與究竟圓滿。

道統又名「儒門心法」，此為儒家最為核心之靈魂也。聖賢之間千古相傳者，無非此心此性；無數大德君子一生守望者，無非此心此性；無數英雄豪傑自甘殺身成仁、肝腦塗地者，無非此心此性。此一派血脈中，生出無上莊嚴，化為世上的鹽，化為世上的光，化為世上的路，化為世上的真理。

「如琢如磨者，自修也」，此明君子內在修養之道。直心之謂行，率性之謂道，以此誠意、正心，以此誠意、慎獨。這是即本體即工夫，即工夫即本體，本體、工夫貫通為一。

「瑟兮僩兮者，恂慄也」，慄，即「栗」之通假，「恂慄」的字面義為戰懼，引申為面對強大勢力（如上帝，如太陽）所引發的情不自禁之敬畏。

「赫兮喧兮者，威儀也」，形容君子之德風威儀，如烈日照射出萬丈光芒一般，眩耀得讓人睜不開眼睛，不敢正視。

「有斐君子，終不可諼兮者，道盛德至善，民之不能忘也。」「道盛德至善」之「道」字，為表示、反映之義。如此威儀萬千之君子，因為他的整個形意皆為心性之彰顯流行，皆為仁義道德之化身。民眾見之，如見日月。僅此一視，終身難忘。

《詩》云：「於戲！前王不忘。」

此文出自《詩經·周頌·烈文》。《烈文》是在周成王祭祀祖先（主要指周文王、周武王這些周朝開國聖君）時為讚頌先王，並誠勉助祭之眾諸侯而作。此詩全篇為：「烈文辟公，錫茲祉福。惠我無疆，子孫保之。無封靡於爾邦，維王其崇之。念茲戎功，繼序

其皇之。無競維人，四方其訓之，不顯維德，百辟其刑之。於戲，前王不忘。」

烈：光明。文：文明、大德，此處指周文王。辟：封候建國。公：鄭玄注為「天子，諸侯」有誤，應為周代爵位等級五分——公、侯、伯、子、男中之公、侯。「烈文辟公」：文德赫赫的文王所分封的王公、諸侯們。

錫：賜。茲：此。祉：善報。「錫茲祉福」：祈請文王賜予他們福祉。「惠我無疆」：同時將此福祉透過他們惠澤於天下。「子孫保之」：庇佑他們的子子孫孫。

封：局限、封閉。靡：奢侈、浪費。「無封靡於爾邦」：不要將您的豐厚之庇佑與恩惠僅僅局限於他們的小小邦國之內。

維：如是，如此這般。崇：尊敬。「維王其崇之」：這樣的先王確實值得我們仰慕與尊敬呀。「念茲戎功」：現在於此緬懷先王的盛德大業、文治武功。皇：高大顯赫。「繼序其皇之」：我們要代代傳承他們的偉業。競：通「竟」，終止。「無競維人」：這種傳承不要終止，在於人人是否真心發願傳承先王聖道。人能弘道，非道弘人。「四方其訓之」：只要我們能真實傳承先王聖道，四方民眾必然歸服和感化。不：通「丕」，大也。「不顯維德」：先王們如此赫赫之盛德大業。

百辟：所封之王公諸侯。刑：遵從，效法。「百辟其刑之」：告慰先王，現在在此祭祀的這些王公諸侯們，都能很好地傳承你們的仁德。

於戲：讀作「嗚呼」，嘆詞「哎呀」之義。「於戲，前王不忘」：嗚呼！如此偉大的先王們呀，讓我們這些子孫怎麼能忘記你們呢？

即便想忘記，那也是忘不掉的！

> 君子賢其賢而親其親，小人樂其樂而利其利，此以沒世不
> 忘也。

　　前輩聖君賢王們的豐功偉績、盛德大業，永遠被後人所銘記，但後世銘記聖賢的方式和性質是很不一樣的。君子追慕的是聖賢的道德品行，以他們的德行為德行，以他們的境界為境界，以他們的偉業為偉業，以他們的光明為光明，以他們的人生為人生，以他們的好惡為好惡……所謂見賢思齊、見聖渴仰是也。

　　另一文明古國──印度，也有「君子賢其賢而親其親」的觀念，且此觀念一直作為印度傳統文化的核心思想和主要修行方法而傳承至今。瑜伽是與印度文化同時誕生和發展的一門生命文化體系。「瑜伽」有「結合」、「聯通」、「合一」、「相應」等含義。其結合相應之對象可分為三類：

　　一類是與內在的心性（瑜伽或曰印度哲學所理解的心性，大體類似於佛教之心性觀）結合和相應。與內在的心性合一和相應，即不斷深入地體悟「我即心性，心性即我。我之外無心性，心性之外亦無我」，我一生的唯一使命就是彰顯心性內涵本有諸屬性於世間，故我是心性之具體化，是心性之化身。

　　第二類是與天上的某個神靈（宇宙創造者）結合和相應。與神相應，就是時刻觀想「我即神，神即我」，我是此神的人間化身，我的人生使命就是彰顯此神之各種能力（神的智慧、神通、德行、慈悲等）於世間。

用其術語言之，即榮耀神的光輝於人間。「與神合一」在印度傳統文化裡有一個專用的梵文單詞「Avatar」，它的意思是化身、天神下凡、具體化等，中文將其音譯為「阿凡達」。美國有一部著名的好萊塢電影，即以此梵文單詞命名。

「與神合一」、「榮耀神的光輝於人間」理念，對宗教色彩無處不在的印度歷史和文化的影響十分深遠。印度歷史上那些偉大的思想家、文學家、政治家、軍事家和精神導師們，幾乎全部都是被這一理念所長期地激勵與深刻地啟發。如無這一理念的長期激勵和深刻啟發，我們很難想像在印度歷史上，還能否出現如此之多的偉大學者、哲學家、宗教家、藝術家和政治家。

第三類是與古聖先賢或當世明師（大成就者）結合和相應，成為其化身和再現。以聖賢為師，時刻觀想「我即師，師即我」，我是此聖賢在當世的化身，我的人生使命就是彰顯此聖賢之各種能力（聖賢的智慧、神通、德行、慈悲等）於世間，榮耀此聖賢之光輝於世間。

佛教於印度誕生後，同樣繼承了瑜伽是結合相應的理念，也將瑜伽理念（即結合相應）作為其建立思想體系和修行體系的核心。故佛教八萬四千法門，究竟而言，只有一個法門，即瑜伽（結合相應）法門，與內在的心性結合相應，與佛菩薩結合相應，或與天上的某位神靈相應（佛教發展至大乘和金剛乘階段時，已將佛菩薩高度神化，此時佛菩薩充當了或替代了一般宗教中所信之神），並以此來建立尊師重道的學統與道統。不僅學統與道統自此「化身」中得以建立，無上尊嚴之師道也於此「化身」中得以建立。（中國傳統的政統也是於「化身」中建立。君王即是天帝之人間化身，君王在人

間彰顯天帝之旨意。）

　　儒家於此亦復如是，惟其所別者，在於各學所學，各道所道，各師所師而已。佛家將瑜伽結合與相應之理，演繹得無比曲折繁瑣——有數不勝數的咒語、手印、觀想和次第，有數不勝數的儀軌、儀式和法相（如寫經、造像、供養、禮拜、贊誦、禁忌等等）；儒家則直探龍珠，直揭精粹，僅一句「君子賢其賢而親其親」，其「化身」之真意、其瑜伽之靈魂，大白於天下，如此的簡單平實，如此的仁心直露。千古聖賢心心相傳之道統，於此一口說盡。能發人深省，能言下大悟，一句半句已足夠，不然縱使千言萬語，總是局外。

　　「小人樂其樂而利其利」，小人與君子截然不同，小人終生甘為身奴，陷溺於感官之樂，隨軀殼起念，始終唯利是圖。「見君子而後厭（蔫）然。掩其不善而著其善」，故小人沒有見賢思齊、睹聖思慕之心，他們滿腦子只想著如何更多地獲得和佔有古聖明君們留下來的精神或物質之遺產，並盡可能多地享受它們，消費它們，販賣它們，或者是私藏它們以成奇貨之居，以此為炫耀，以此為自重。

　　「此以沒世不忘也」，無論是後世君子之渴望、仰慕，還是後世小人之享樂、消費，結果則是同一的：使得聖賢之大德偉業永放光芒，傳承不息，以成不朽。

　　朱熹在《大學章句集注》中，注釋此段詩句時於結尾處說道：「其味深長，當熟玩之」，信然也。

克明峻德

《康誥》曰：「克明德。」

「康誥」是《尚書・周書》中的一篇。尚即上，《尚書》意為上古之書。《尚書》又稱《書》、《書經》，是中國第一部古典散文集和最早的歷史文獻，以記言為主。《漢書・藝文志》載，《尚書》原有一百篇，孔子編纂並為之作序。

漢初，有今、古文不同的傳本。今文《尚書》二十九篇，是經師伏生所傳。古文《尚書》在漢武帝時出現，比今文《尚書》多出十六篇，這十六篇後來亡逸了。西晉永嘉之亂後，今文《尚書》散亡。今存於《十三經注疏》的《古文尚書》有五十八篇，其中的三十三篇與漢代傳本文字大抵相同（只有少數篇章的分合、定名不同），另外二十五篇是東晉人的偽作。清人孫星衍作《尚書今古文注疏》，廣泛汲取前人考訂成果，摒棄二十五篇偽作，將篇目重新釐定為二十九卷，大抵恢復了漢代《尚書》傳本的面貌。《尚書》全書分為《虞書》、《夏書》、《商書》、《周書》四部分。

《康誥》是周公封康叔時作的文告。周公在平定三監（管叔、蔡叔、霍叔）武庚所發動的叛亂後，便封康叔於殷地。這個文告就是康叔上任之前，周公對他所作的訓辭。原文是「惟乃丕顯考文王，克明德，慎罰，不敢侮鰥寡」。譯為：希望你光大先父文王（的功德），能夠彰顯仁德，慎用刑罰，務必善待孤老之男與失偶寡居之婦等這樣的弱者。

克，《爾雅》曰「克，能也」。明德，此處及下面的幾處引文，皆旨在釋明「明德」這一概念源遠流長，並非孔子或曾子之始創。在西周及更早之時，「明德」已作為非常重要的概念，在天子誥命及一般百姓中被頻繁地使用著，作為上自天子下至庶民，在思想文化上的共識。以此證明，彰顯心性本有之光明正大的仁德，是從夏、商、周時代就已經有了清楚的認識和切實的體證，有《書》為證。

曾子於此處是想申明，儒者立言著述，皆有所依，代有傳承，其所講說，並非私心自用，別出心裁也。「克明德」之意為：能夠執守和實現內在心性之德於自己和天下。引申之意為：（無論是誰）只要你立志以聖賢自居，立志實踐德化人生，這個人立即就是聖賢之化身，就是聖賢之再來與再現，他就可以真切地如聖賢那樣，實行聖賢之道於分分秒秒和事事物物之中。

《大甲》曰：「顧諟天之明命。」

《大甲》，即《太甲》，屬於《尚書・商書》中的一部分。太甲，生卒年不詳，為商湯嫡長孫，共在位二十三年，病死，葬於歷城（今山東省濟南市）。商湯建立了商朝，在位三十年就死了。商朝的繼承法是兄死弟及，湯沒有弟弟，就傳位給兒子，應由長子太丁即位。

可太丁比其父湯死得還早，因此就由太丁的弟弟外丙繼位。外丙在位三年也去世了，他的弟弟仲壬繼位。仲壬在位四年也死了。這時候由開國元老伊尹作主，由太丁之子太甲繼承王位。太甲即位後，由四朝元老伊尹輔政，伊尹連寫了《肆命》、《徂後》等幾篇文章，教導太甲遵照祖先的法制，努力做一位明君。

在伊尹的督促下，太甲在繼位後的頭兩年，其表現還過得去，但從第三年起就不行了，他任意地發號施令，一味享樂，朝政昏亂，又親自破壞湯制定的法規。他居然學夏桀的樣子以暴虐的手段對付老百姓，百姓們怨聲載道。

《孟子·萬章上》記載：「太甲顛覆湯之典刑，伊尹放之於桐。」伊尹雖百般規勸，但他都聽不進去，伊尹只好將他送到商湯墓地附近的桐宮（今河南省偃師縣西南）居住，讓太甲深刻反省，自己攝政理國，史稱「伊尹放太甲」。

太甲在桐宮三年，認真地悔過自新，伊尹又將他迎回亳都（商朝都城，今河南商丘），還政於他。重新當政的太甲積極修德，政清人和，諸侯咸來歸順，百姓安居樂業。於是伊尹復作《太甲》上、中、下三篇訓辭，令太甲進一步明白為政以德之理。

此詩句摘自《尚書·太甲·上篇》，全句為：「先王顧諟天之明命，以承上下神祇。」先王：指商朝開國明君成湯。顧：字面意思是存心、留意、守護、重視等，引申為時時不忘上天之命令與昭示，再引申為自覺地做上帝在人間之化身，主動地榮耀上帝於人間。諟：通「是」，如是之義。天：指上古宗教之天，即天帝、上帝之義。承：猶印度之瑜伽義，指結合、相應、交通等。神祇：泛指天地眾神，神，指天神，祇，指地神。

全句釋為：商湯之所以是聖明君主，是因為他時刻以天地神祇之化身以自處，恪守著上天（上帝）給自己的明確使命，即榮耀天帝（的智慧、權威、仁德等）於人間。故而他能實踐道德，仁政愛民，建立政統和道統。

孔子的偉大之處在於，他是中國歷史上第一位全面反思神祇

（泛指他之前的一切宗教）本質之人。是什麼讓神如此之神奇的？即神的無限之智慧、無上之權威、無我之大愛（仁德）、不可思議之神通（超自然的能力）等從何而來？通俗地講，就是神祇的母親是誰？孔子如此步步逼視和追問下去，就浮現了「心體」與「性體」這一對概念出來。

於是孔子明白了，讓神如此之神的是神之生命中本有的神心神性，是神心神性讓神祇擁有如此這般之神奇能力。故神性才是天地之根源，宇宙之本體，生命之真相，道德之所由。因一切神祇皆不能違背道德法則，故一切神祇必須遵守道德律令。如違反之，神祇也將受到道德的審判，而不再成其為神祇。

故大於和高於神祇的，是神祇生命內在的道德律。由是而明，道德性是神性最根本的屬性之一。故孔子及其後的儒家聖賢們皆視神性為道德性，簡稱「德性」，此為儒門千古不易之心法。

如是，孔子完成了中華文明史上，也是人類文明史上一系列偉大的創舉：

1. 孔子突破了神靈那眩目的外形，發現了他們的「母親」——心性以及心性中非常重要的一個屬性——德性。將人們的注意力從外在、天上扭轉回來，收納到我們內在主體的生命之中，收納到超越而內在的心性本有內涵之中，以此作為人生的終極歸宿，以此來實現人生的終極圓滿：明明德、親民與至善。

在印度，是釋迦牟尼為代表來完成對神何以為神的追問，他也同樣發現了神靈生命中本有的心體與性體，本也可以就此完成澈底的宗教改革，扭轉宗教信仰為人本文化。但佛陀並沒能很好地完成他的歷史使命，他的宗教改革只完成了一半，因為在他的學說體系

裡，仍然保留著大量的神靈位置和信仰體系。

待到大乘佛教興起後，佛陀本人也被極大地神化了，佛菩薩們成了人間新興的神靈，成為新的信仰體系。以至於佛教傳入中國後，中國的佛教大師們在儒家的啟迪下，努力地想讓佛教去宗教化、去信仰化、人間化、人本化、現實化、倫理化等，但由於其基本的思想學說架構已經成型而堅固，致使這些中國的佛教大師們，只能在佛教的外在形式上作一些無關本質的修改與補充，而對於佛教內部那濃厚的宗教色彩、形式化傾向、神本主義、出世思想、虛無主義，以及對心性內涵體認的嚴重偏差等方面，則無法從根本上將其澈底修證和扭轉。

簡言之，佛教在努力地去宗教化的同時，又在努力地強化著宗教特色；在努力地祛除神靈信仰的同時，又在努力地開闢和構建新的神靈信仰譜系。迄今為止，佛教仍然是一個將宗教信仰和生命科學，如水乳交融般高度混雜的文化系統，遠沒有儒家之純粹與樸實。

2. 孔子是歷史上首位發現和正視心性本有之自律道德的人，並以此建立起一個高度成熟的學術體系——仁學，並在「仁者，人也」的理念下創立了人學——人本主義理念，首次將人的宇宙地位提升到神祇之上。人超越了一切神祇而成為天地之主宰，「參天地，贊化育」。神祇並不值得信仰，讓神祇成為神祇的神性（心體性體）才最為可敬，最需要人們去正視與發明。

3. 孔子在上述兩者基礎上，成功地瓦解和超越了宗教體系和神祇信仰，將其轉化為生命科學——含生命哲學（義理）和生命實踐學（德化人生的踐行）。

4. 孔子成功地逆轉了此前的道德實踐方式，即以天帝在人間的化身自居和榮耀天帝於人間（所有宗教信仰和神祇監視下的道德行為，皆為他律道德）；以盡心誠意來作為內在的、超越的心性之化身為人生價值之所在，以榮耀心性諸神奇屬性於人間，以作為人生追求之志向。並在此基礎上建立起了人本化、人文化、人性化的師道尊嚴。這標誌著從此中華文明由上古之時的他律道德（神祇的權威命令）成功地轉化為自律道德（內在而超越的心性之絕對命令）。

《帝典》曰：「克明峻德。」

《帝典》是《尚書·虞書》中的一篇。《尚書》之《帝典》又分為《堯典》和《舜典》，此處引文是出自《堯典》。《堯典》記錄了堯帝在位時所經歷的各種大事。上古堯舜時期實行的是禪讓制，是天下為公，還不是後來以家天下為特徵的世襲制。堯帝把天子之位禪讓給舜帝之時，就把他在位時的重大經歷、重大事件作了回顧與總結，這就是《堯典》，希望舜帝透過《堯典》這部書，對以後的治國安邦有所借鑒。

此文整句為：「克明峻德，以親九族。九族既睦，平章百姓。百姓昭明，協和萬邦。」峻：帝典原文為俊，古文中峻、俊相通，意為崇高偉大。九族：九乃數之最大者也，形容很多的意思，九族是泛指天子轄區內的所有部族。

全句釋為：透過天子內在生命中高深光明的德性來普照與和諧九族。九族在此德風普被下，就會越來越和睦相處，風俗歸厚。如此百姓則會越來越文明、守禮、忠義、善良，如此則中國以外（天

子統轄以外地區）的所有邦國，也都能受其影響、聞風而化，那麼普天之下也就太平安詳了。

皆自明也。

這是曾子摘引上述三句古聖先王的話語後，做出的一個總結性結論：明明德之明是自覺、自發、自主地彰顯明德（仁義、心性）。

這就充分證明我們的明德是內在的，是自覺的，是道德性的，也是超越的和先驗的，更主要的一點是：明明德之明正如孔子所言的「我欲仁，斯仁至矣」，是非常貼近於我們的，它一點兒也不遙遠和玄虛，就像太陽之光一樣隨時伴於我們的左右。道不遠人而人自遠之，只要我們不背離自己，明德就如心跳一般伴隨著我們。

湯之《盤銘》曰：「苟日新，日日新，又日新。」

湯：即成湯，商朝的開國君主。銘：銘文的出現可以追溯到上古之初。《漢書・藝文志》中就收錄了《黃帝銘》六篇。銘文是一種刻在生活所用之器物上用來警戒自己、稱述功德的文字，後來成為一種文體。商、周時期出現了青銅器，當時的人們喜歡在青銅器上留下字數不等的智慧短語，此即早期的銘文。

盤銘：刻在器皿上警醒自己的箴言，此處特指商湯刻在自己洗澡器具上的銘文。無法確知自何時起，但能確知的是，在夏、商時期，就有一種流行——在日常生活用品上，刻上一些詩句、警語等

銘文。這些銘文差不多都是從這個器物的功能、外形上說開去，將某些人生體驗和生命感悟寓於其中，使自己或他人在使用這些器物的同時，讀到這些詩句、警語，以期從中獲得啟示、提醒、教化或文學的享受。

歷史上有一篇著名的《盟盤銘》，它是周武王時期刻在臉盆上的銘文：「與其溺於人也，寧溺於淵。溺於淵，猶可遊也，溺於人，不可救也。」意思是：與其陷溺於人海之中，不如置身於深潭之中。置身於潭水之中，還可以遊出來，若陷溺於人海之中，就不可救治了。

人是極容易受他人、社會和自然環境影響的，如若不幸處於惡性環境中，很快就會感染上一身習氣與壞毛病。近朱者赤，近墨者黑。此謂之「盲從」也。例如，在一單位之中，如他人不打掃清潔，我們出於良好習慣會去主動打掃。但不會太久，就會想：為何別人都不打掃清潔，而偏偏是我每天來做這個工作？明天我也不做了，要髒大家一起髒好了。

果然，你停止了打掃清潔的工作。若干天後，又有一新人到來，也可能會堅持打掃清潔幾天，數日後也會重複我們此前的變化。這就叫「交引日下」。時時刻刻，分分秒秒，我們被周圍的人、社會和自然環境等潛移默化著而不自知。

當於某一日，猛然覺察到「天呀！我怎麼沉淪、墮落到了如此地步」時，已經來不及了，謬見太固、習氣太深以至於難以自拔，這就是溺於人（群）之可怕後果，這是導致絕大多數人一生昏庸、無聊、沉溺、自暴自棄的根本原因。故歷代聖賢智者，皆有「不可同流合污」之諄諄教誨。溺於淵者，顯明也，極易察覺而自救；溺

於人者，漸進也，極不易察覺之，因而其害之深百倍於前者。

「苟日新，日日新，又日新。」商湯自勉曰：如若能每天除舊更新，就要天天除舊更新，不間斷地新之又新。此句字面意思是：要天天盥洗沐浴身體上的塵埃，保持清潔，如此堅持下去，做到身體永遠的潔淨。其引申之義為：以德潤身，以德淨心。

德性之水是世上最好的聖水，此水可以潔淨整個身心形意一切污染，使我們的身心、言行、人格、思想、學術、人生等，皆能保持著最清明、最健康、最興旺、最純潔的狀態，並在此狀態下持續地向著德化人生、覺醒生命、發明心性、究竟解脫、圓滿至善的方向成長。這是「湯、武，反之」之涵養、誠意和慎獨工夫。

《康誥》曰：「作新民。」

《康誥》此句全文是：「王曰：『嗚呼！小子封，恫瘝乃身，敬哉！天畏棐忱，民情大可見，小人難保。往盡乃心，無康好逸豫，乃其乂民。』我聞曰：『怨不在大，亦不在小。惠不惠，懋不懋。』已！汝惟小子，乃服惟弘王應保殷民，亦惟助王宅天命，作新民。」

恫：痛。瘝：疾苦。敬：謹慎。棐：輔助。忱：誠。豫：安樂。惠：順服。懋：勉勵，使人努力上進。服：責任。應：受。宅：定。作：振作。新：革新，更新。

全句釋為：周成王說：「哎呀！年輕的封 (註1)，治理國家要經受得起各種磨難，故務必小心謹慎啊（與孟子「天將降大任於斯人也，必先苦其心志，勞其筋骨，餓其體膚，空乏其身，行拂亂其所為，所以動心忍性，增益其所不能」語義相通）！威嚴的上天輔助誠心的人，這可以從民心表現出來，如若你是一個小人（只惟念念在己）的話，那是無法保證能時刻傾聽到民之心聲的（與《尚書·周書·泰誓》『天視自我民視，天聽自我民聽。百姓有過，在予一人』語意相通）。因此去到你的封地——衛國後，要盡心盡力，不要貪圖安逸享樂，如此才能治理好國家。我聽說：『民怨不在於大，也不在於小。要使不順從的人順從，使不努力的人努力。』哎呀！你這年輕人職責重大呀，我們君王受上天之命來保護殷民，你要輔佐君王共同實現上天之仁德，完成革新改造殷商遺民這一重大的歷史使命。」

《詩》曰：「周雖舊邦，其命維新。」

此詩句引自《詩經·大雅·文王》。朱熹《詩集傳》據《呂氏

（註1）：指康叔，姓姬，名封，又稱衛康叔、康叔封，周文王第九子，周武王的同胞弟弟，獲武王封畿內之康國，故稱康叔。周成王（姓姬，名誦，西元前1055～西元前1021年，周武王之子，西周第二位君主，諡號成王）繼位時年幼，由周公旦輔政。自親政後，營造新都洛邑、大封諸侯，還命周公旦東征、編寫禮樂，加強了西周王朝的統治。西元前1021年，周成王駕崩，享年三十五歲。周成王與其子周康王統治期間，社會安定、百姓和睦，「刑錯四十餘年不用」，被譽為「成康之治」。周成王親政後，徙封康叔於衛（今天河南淇縣朝歌），建立衛國，從而成為衛國的第一代國君，同時也成為衛姓的始祖。衛康叔，也就是封於赴任之時，周成王作《康誥》、《酒誥》、《梓材》三篇訓文，告誡他：「必求殷之賢人君子長者，問其先殷所以興，所以亡，而務愛民」。

春秋‧古樂》篇為此詩解題曰：「周公追述文王之德，明周家所以受命而代商者，皆由於此，以戒成王。」指明此詩創作於西周初年，作者是周公。後世說《詩》，多從此說。

余培林《詩經正詁》說：「觀詩中文字，懇切叮嚀，諄諄告戒……至此詩之旨，四字可以盡之，曰：『敬天法祖。』」此論可謂簡明得當。

此詩整句為：「文王在上，於昭於天。周雖舊邦，其命維新。有周不顯，帝命不時。文王陟降，在帝左右。」文王：姓姬，名昌，周王朝的締造者。於：嘆詞，猶嗚呼。昭：光明顯耀。舊邦：邦，猶國。命：天命，即天帝的意旨。周本來是西北一個小國，曾臣於商王朝，文王使周發展強大，獨立稱王，奠定滅商的基礎，遺命其子姬發（即周武王）伐商，建立新興的周王朝。有周：有是指示性冠詞，周指周王朝。不：同丕，大。時：是。陟降：上行曰陟，下行曰降。左右：猶言身旁。

全句釋為：偉大的周文王之生命高高在上，哎呀！如太陽一般照臨天下。他所奠基的偉大周朝，雖然是從一個古舊小邦發展壯大而來，但其秉受上帝之使命，在世間創建全新的國家和文明。我們大周王朝為何如此地顯耀而文明？是因為文王等這些聖君們恪守天帝大愛仁慈之旨意。文王是天帝的化身與（世間的）使者，是天帝的具體化，故天帝從未離開過文王。（與基督教中「上帝與基督是合二而一的，二者從未分離」及「道成肉身」之思想，相應而相通。）

「新民」思想，在華夏思想史上源遠流長。《尚書‧夏書‧胤征》就已有「舊染汙俗，咸與維新」的觀念。《易傳‧繫辭傳上》云：「富有之謂大業，日新之謂盛德，生生之謂易。」

　　張岱年先生承接《易傳》思想，給出了一個更為直截了當的轉語。他說：「世界是富有而日新的，萬物生生不息。『生』即是創新；『生生』即不斷地創新、更新。新的不斷代替舊的，新舊交替，繼續不已，這就是生生，這就是易。」

　　三千年前，「周雖舊邦，其命維新」鑄造了中國文化的基本性格，成為中華民族不斷地創新自己、不斷從鳳凰涅槃中再生出來的動力源泉。這個中華民族的文化基因在《周易・大畜》彖文中被更清晰地表述為：「剛健篤實，輝光日新。」

> 是故，君子無所不用其極。

　　曾子在摘引以上分別來自《盤銘》、《書經》和《詩經》這幾段後，總結說：「是故君子無所不用其極。」這就是聖王，他們將明德（心性、仁義）運用在格物、致知、誠意、正心、修身、齊家、治國、平天下等各個方面和層級，無不彰顯、發揮和實現到極致。極致即真實，極致即具體，極致即圓滿，極致即純粹。

大畏民志，此謂知本

> 《詩》云：「邦畿千里，惟民所止。」

　　「邦畿千里，惟民所止」此詩句引自《詩經・商頌・玄鳥》。《毛詩序》云：「《玄鳥》，祀高宗也。」故此詩篇是祭祀殷商高宗武丁的頌辭，用以歌頌武丁中興殷商王朝的盛大功業。

　　詩名為《玄鳥》，是因為此詩開首有「天命玄鳥，降而生商」一句。「天命玄鳥，降而生商」是一則非常著名且與商部落及後來的商王朝有關的上古神話。

　　《史記・殷本紀》載：「殷契，母曰簡狄，有娀氏（有娀氏，古氏族名，也為古國名，在今山西運城一帶）之女，為帝嚳_(註1)次妃。三人行浴，見玄鳥墮其卵，簡狄取吞之，因孕生契。」

　　上古典籍中對此傳說有很多的記載。如《楚辭・離騷》：「望瑤臺之偃蹇兮，見有娀之佚女。鳳鳥既受詒兮，恐高辛之先我。」《楚辭・天問》：「簡狄在臺，嚳何宜？玄鳥致詒，如何喜？」晚商青銅器《玄鳥婦壺》上刻有銘文，意為：此壺系以玄鳥為圖騰的婦人所有。大量文獻典籍所示，玄鳥是商王朝所崇拜的圖騰。「天

（註1）：帝嚳，姓姬，名俊，號高辛氏，河南商丘人，為「三皇五帝」中之第三位帝王，即黃帝的曾孫，前承炎黃，後啟堯舜，奠定華夏根基，是華夏民族的共同人文始祖，商族的第一位先公。祖父玄囂，是太祖黃帝正妃高皇后嫘祖的大兒子，父親名蟜極，帝顓頊是其伯父。帝嚳從小德行高尚，聰明能幹。15 歲時，被帝顓頊選為助手，有功，被封於辛（今商丘市高辛鎮），帝顓頊死後，他繼承帝位，時年 30 歲。帝嚳繼為天下共主後，以亳（今河南商丘為都城），深受百姓愛戴，死後葬於故地辛（今商丘市睢陽區高辛鎮），建有帝嚳陵。

「命玄鳥，降而生商」的傳說正是原始商部落的起源神話。

此詩整句為：「邦畿千里，惟民所止，肇域彼四海。四海來假，來假祁祁。」邦畿：封畿，疆界。肇：開端，基礎。假：通「嘉」，讚美，表彰，引申為嚮往、歸順。全句釋為：擁有千里遼闊疆界（的商王朝），民眾安居樂業。以此（政通人和）為基礎和原因，獲得了四海內外的讚美與歸順，歸附的諸侯絡繹不絕。

《詩》云：「緡蠻黃鳥，止於丘隅。」

自此開始，曾子意在讓我們進一步領悟「止於至善」之理。此詩句摘自《詩經・小雅・魚藻之什・綿蠻》。緡蠻：《詩經》原文為「綿蠻」，（小鳥的）可愛狀，引申為悅耳的鳥叫。丘隅：小山丘的角落。此句的字面意思是：叫聲纏綿的小黃鳥，知道棲息在山中林木叢茂的地方。引申之義為：鳥兒都知道選擇合適的寓所，人更應該擇善而居，止於至善。

子曰：「於止，知其所止，可以人而不如鳥乎？」

於：感歎詞，嗚呼。於止：哎呀，關於這個「止」呀。可以：何以，反問詞。全句釋為：孔子感歎道，黃雀尚且知道自己應該棲息在什麼地方，難道做一個人，還不如鳥嗎？引申為：小鳥都知道什麼是擇善而居，作為比鳥高級得多的人，很多時候，未必比小鳥聰明多少啊！

關於孔子的這句「人不如鳥」之歎，在何時何地所說，無法確考，只見於《大學》此處。曾子受學於孔子晚年，孔子經周遊列國推行仁政之主張失敗後，於晚年回到他的家鄉——魯國，自此專心講學和整理國故這兩項事務。但於時政民風時有評議，多為感歎、無奈之言。推想曾子可能經常聽到類似於「人不如鳥」這樣的歎言而默記之，並在此處公示出來，以使後人更透明於「止於至善」之道。

> 《詩》云：「穆穆文王，於緝熙敬止。」

此句摘引自《詩經‧大雅‧文王》，這是一首旨在讚美周王朝的奠基者——文王姬昌的頌詩。朱熹認為此詩創作於西周初年，作者是周文王的第四子，周武王姬發的同母弟弟——周公。

此處引文與前面「周雖舊邦，其命維新」是同一首詩。此詩整句為：「穆穆文王，於緝熙敬止。假哉天命，有商孫子。商之孫子，其麗不億。上帝既命，侯於周服。」

穆穆：深遠廣博之義。於：嘆詞。緝：綿綿不息。熙：光明通達。敬止：所行無有不敬，而得其所止。假：大。其麗不億：為數極多。周服：穿周朝的衣服，引申為臣服於周。

全句釋為：智慧深遠廣博的文王呀，嗚呼！（讓我怎麼稱頌他呢？實在是太難了）他的仁德是如此地光明通達，健行不息。他的行止是無所不用其極，無不達於至善圓滿，殷商的遺民都甘願成為新興周朝的屬臣。臣服於大周朝的那些殷商後代們，人數眾多算不清。這是因為天帝已將其人間代表指定給了周朝的聖君（而不再是

般商），所以這些遺民臣服周朝是為了順應天命。

孔子之前有代表性的聖者們，如堯、舜、禹、湯、文、武等，皆同時集政統、道統和學統於一身。自孔子開始，首次將政統與道統、學統分離開來，而孔子本人只傳承了道統與學統，並集此兩者之大成。

但這並沒有影響當時世人和他的弟子們將他與古之聖君比肩而視，甚至將孔子看得比古聖們更高大、更完美。故於《大學》中，處處將孔子之聖言置於先聖遺教之前後，以達比類同觀、相互發明之效。

> 為人君，止於仁；為人臣，止於敬；為人子，止於孝；為人父，止於慈；與國人交，止於信。

這是曾子引述了三處《詩經》和一句孔子的話後所作的總結。「止」之一字，蘊義深遠而又簡易淺白。必止而後，方可漸達於至善之域也；知止，即是至善，知止之所止，即為至善。為人君，止於仁，此即至善也，為何？因為知止，因為知止之所止，故為至善。至善者，終極之善之謂也，圓滿之善之謂也，至上之善之謂也，天生良知之謂也。此善，乃心性內涵之本有，非於後天從外部拿來一善，以求其至也。

於不阻不塞之時，於「毋意，毋必，毋固，毋我」之際，彰顯和流行心性本有之善，即是至善。此良知、此至善，在「為人君」時，自然顯發為仁；「為人臣」時，自然顯發為敬；「為人子」時，自然顯發為孝；「為人父」時，自然顯發為慈；「與國人交」時，

自然顯發為信。仁、敬、孝、慈、信，皆良知至善之自然、自覺、自發地呈現而來，不需刻意為之。

此處要點貴在知止——將良知至善之顯發而定止於「為人君」、「為人臣」、「為人子」、「為人父」、「與國人交」之上，不可遊移、走失，務必物各付物，人人各歸其位：君歸君位，臣歸臣位，子歸子位，父歸父位，友歸友位。如此不僅外在倫理次序不亂，更為重要的是，如此才能切實地彰顯心性，實現德化人生。一旦不能各歸其位，必然混亂糾結，如此則心性之至善不能抒發、流行，不能順暢地呈現、落實。

君臣（現在曰上下級）、父子，是人類永恆不易的關係，必須予以正視和暢通，不然彼此之間在精神、情感、道德、智慧以及心性等各個方面，無法進行有效的交流與溝通。一旦彼此之間在精神、情感、道德、智慧以及心性等方面，不能有效地交流與溝通，必然形成種種糾結與障礙而成病態與異化。

其健康之道在於人人各歸其位，各盡其責，如此則仁、敬、孝、慈、信等德目必然得以實現，如此則德化人生必然得以實現，如此則心性內涵諸屬性必然無障礙、無異化地得以發明，彰顯。

> ### 子曰：「聽訟，吾猶人也，必也使無訟乎！」

此句引自《論語・顏淵篇》。聽訟：據《史記・孔子世家》，孔子在魯定公時，曾為魯國大司寇（大司寇是最高司法長官，相當於現在的「最高法院院長」和「司法院大法官」）。孔子這句話或許是他任大司寇時所說。

此句釋為：孔子說：「審理訴訟，我和其他司法官員的動機是一樣的，就是盡力使訴訟雙方都能得到最公平的處理，從而消弭世間各種矛盾衝突，保持著最大限度的公平與和諧，使正義得以伸張和捍衛。」

曾參引述其師孔子這句話，仍然是為了進一步說明「止於至善」之道。在聽訟過程中，如何將至善之道反映出來呢？透過例舉孔子這句話而知，在審理糾紛和案件時，需止於智和德。止於智，而能明是非，斷對錯，曉利害，此時先驗智慧與經驗智慧都需運用。經驗智慧之運用，則知曲折；先驗智慧之運用，則知是非。知事情之曲折，是判斷事情的是非的輔助，最終必以先驗直覺下的是非為準繩。

這是儒者千百年來的一個堅守：心性之中自有一桿秤——良知、良能，它們才是審定天下事物好壞對錯的最高法官和最終的標準，且是永恆的、放之四海皆準的標準。只要有人類存在一天，此標準就存在一天。人類不存在了，此標準還在天地之間，不增減分毫。止於德，讓民眾皆能知其所止（止於君臣仁敬之道，止於父子慈孝之道等），明明德，守正道，走上德化人生。如此則社會和諧，民風歸厚，而訴訟止息。

無情者不得盡其辭，大畏民志。此謂知本。

「無情者」：不通情理，不明道理，自我私欲熾盛之人。「不得盡其辭」：不能使他們那些巧言令色、狡辯搪塞之辭得以伸張流行。「大畏民志」：讓人人（尤其是處於高位者）皆存敬畏之心，

對心性內涵本有的道德自律和道德審判生起真正的敬畏之心。心性內涵本有之道德自律和道德審判，儒家謂之「天刑」，老子謂之疏而不失的「天網」。

將審訟過程變為教化過程，讓人人明白，天下最為可畏者，不是世間的王法，而是我們生命之中先天本有的「天刑」（天網），它是最公正、最終極，也是最嚴厲的審判官。

簡言之，即道德的審判遠高於王法的審判，它才是最值得重視和敬畏的審判。以此進一步申明心性內涵的道德律之無上莊嚴與無上神聖。「此謂知本」──這是曾子的總結語。對於諍訟各方，雖然我們可以做到分清曲直，明判是非，讓那些奸巧詭詐之徒不敢有不實的辯辭，但是需讓民眾切實地明白，教化的終極目標是讓人人都能達到自覺、自新和自律，如此才能可望沒有諍訟的存在。知曉如此道理，方是知本。

聖人教化民眾，首以自明己德為根本，次以刑法之懲為輔助。為政者，不教而罰民是為不仁。修訂刑制法度的目的不在於治人，應以拯救沉淪為其主旨。教而能化之者，那種種的刑法自然對其無所裁用。而對那些兇暴奸邪、冥頑不化者，則量之以刑，施之以法，使其能有所警惕，有所悔悟，終得以自新、自覺與自律，歸於正道。

所以，聖人之治以教化為本，刑法為末。刑法能夠具備無所疏漏，執法者也要有量刑施法之智。若不以教化民眾自覺自律為根本，徒施之以刑法，則民眾無以自省、自覺，身雖有所畏，而民心終不可歸服，諍訟也必將無有窮盡，刑法也就失去了它存在的本意與宗旨。

老子曰：「民不畏死，奈何以死懼之？」若民愚欲重，必然冒

險犯法，即使有嚴刑峻法，也無法消弭作奸犯科。相反，夫子以明德自新施教於魯國，魯國上下民風為之一新。由是知之，刑為末，德為本，平訟之法、閑刑之道，在於教化，在於讓民眾皆明明德、親民和止於至善。曾子曰：「此謂知本。」孔子曰：「知所先後，則近道矣。」

孔子只指點出若悖離心性、悖離道德，則必受比王法嚴厲得多的「天刑」之懲罰；老子也只是講到「天網恢恢，疏而不失（漏）」。如若悖離道德，行不義之事，後果會怎麼樣呢？孔子於此處也只是說，你會於此後強烈地感受到良知、良心的譴責與啃噬而寢食難安，你會從此越來越遠離心性，與心性本有內涵諸屬性漸行漸遠。心性是我們的起點，也是我們的終點，更是貫穿起點與終點的全部過程。

如若我們與自己的根本漸行漸遠，如無水之魚，如無根之木，必然導致我們發自內在最深處的不安與失落。這種不安與失落，超出了我們的承受能力，使我們時刻得不到安寧、自在、舒適、光明之感受。這些珍貴的感受，被稱之為「存在感」或「生命感」，這種感受是人生的終極渴望與永恆追求，故存在感和生命感又名為「終極歸宿感」。

失去了終極歸宿感的人，時刻感受到的都是諸如被拋棄感（浮萍感）、無力感（渺小與脆弱感）、無意義感（對一切皆無興趣）、無價值感（做什麼都沒勁）、寂滅感（無常感）、空虛感（夢幻不實感）、無愛感（感受不到活著的親切與溫暖）、牢獄感（感到自身、家庭、社會和天地無非是一個個大小不等的監獄）、恐懼感（死亡如影隨形地陪伴著）、瘋狂感（感到內在有一個隨時可能發作的魔鬼）、

衝突感（感到身心內外到處充滿了矛盾和對立）、若有所失感（上述這些感受加在一起，就構成了若有所失感：總是覺得人生正在錯過一些十分重要的東西，但究竟是什麼東西被我們錯過了呢？又不知其所以。──這是人間那麼多莫名其妙的事情的真正根源）等等。

這些與「存在感」或「生命感」相反的感受，可統稱為「非存在感受」或「非生命感受」。這些「非存在感受」或「非生命感受」必須回歸心性後才能澈底消失，必須回歸德化人生後才能澈底消失。哲學上又把這些「非存在感受」或「非生命感受」稱之為「良知的呼喚」或「道德（感）的萌發」。

孔子和老子認為講到這個程度就足夠了，足以喚醒我們的良知認同和道德衝動，足以喚起我們的憂患意識和自救精神，而使我們走上回歸或超越式的人生之路（修行之路、工夫之路、覺醒之路或德化人生之路）。但印度文化和佛教認為遠遠不夠，還需於此前進一大步，將悖離心性之懲罰分析講解得更清楚一些，將墮落的生命（悖離心性之後的生物化之生命）、物化的人生和經驗化的人心（遠離德性仁義潤澤的心理學之心，即迷失後的天性。人心，後天之心、塵勞之心）之後果進行更進一步的分析講解，於是就有了六道學說、輪迴學說、三世學說、因果業報學說、天堂地獄學說、兩重世界（世間與出世間、真諦與俗諦、穢土與淨土）學說等等。

在指示生命於離其自己之階段上，印度傳統文化和佛教可能辨示得比中國儒道兩家前進了一大步，具體而詳細了一大步。生命（或曰心性）有無限之創造力，即使當它離其自己時，這種無限之創造能力仍然作為一種潛能而存在，故當生命離其自己後，各種可能性都有──故出現如印度文化和佛教所言的六道輪迴、三世因果

等是完全可能的。

尤其當佛教誕生後，一個清晰的理論框架和修學體系便形成了，這些就成了一種必然的存在了，因為這套理論框架和修學體系給了方向不太確定、處於離其自己狀態下的生命以明確的方向和結構，這個確定後的方向和結構，就會使三世、六道等由可能性轉變為了必然性。

但如此做的後果，很可能使眾生陷於深深的恐懼與無奈之中難以自拔，陷於重重法執之中難以自救。結果正如佛家自己所言的那樣：慈悲出禍害，方便出下流。相較於中國儒道兩家而言，這是不是另一種意義上的「無事生非」與「頭上安頭」？

心性的光明是無限的，我們在光明中無論走多遠，仍然置身於光明的世界，而且只能是越來越光明。當生命悖離其自己後的黑暗也是無限的，故我們於黑暗中，無論下潛多深，無論行走多遠，我們只能越陷越深，越來越黑暗。

儒聖告訴我們對於黑暗的世界，知道一些就夠了，對它的探究是沒有盡頭的，結果很可能陷於黑暗之中難以自返。還是把探究黑暗的勁力用在探究光明上來吧，你在光明中走得越深越遠，你也就距離黑暗越遠，以至於在你的世界中不復有黑暗存在，這樣豈不更好？因為當你在探索它的同時，你就不可避免地參與進你所探索的對象之中，不可避免地融入到你所探索的對象之中，不可避免地創造了你所探索的對象，它又將以你對它所創造出來的形象呈現給你。參與→融入→創造→以你所創造後的樣子呈現於你，就這樣三世、六道等，就由抽象化變為了具體化，由可能性變為了現實性。

修身在正其心

所謂修身在正其心者，身（心）有所忿懥，則不得其正；

《大學》自此開始，旨在進一步申明修、齊、治、平之道。

何謂「修身」？《禮記‧中庸》篇講的最明白了當：「好學近乎智，力行近乎仁，知恥近乎勇，知斯三者，則知所以修身矣。」

「好學」是為己之學，「力行」是盡力彰顯心性於形意舉止之間。「知恥」是拒絕的智慧，是恪守性德——展現自律道德於人生的方方面面。「所謂修身在正其心者」，所有的修行、修煉、修養，核心都是修心——修證我們這個心。所有的修行，可一言以蔽之——正心與誠意也。

身者，心之外形者也，心之另一個呈現者也。有什麼樣的心，就一定有什麼樣的身體和言行，因為身體和言行皆是心之延伸、心之具象。

是故，修身之道，旨在正心。心本為身之主，若心不正，則必然成為身之奴。一旦心成為身之奴，則會隨形變化，受身所役，整個情況就會反過來：有什麼樣的身，就有什麼樣的心。這就是修行者之身心關係與非修行者之身心關係，或曰大人與小人的身心關係。

「身有所忿懥」之「身」字，朱熹認為其語義不通，故將此字改為「心」字。所改正確。但朱熹所改之心，為實然之心，即西方心理學之心，為後天之心，小人之心，此需明辨。懥：憤怒之狀，

鄭玄注「懥，怒貌也，或作懫，或為疐」。

全句釋為：如若內心時刻充滿著一股憤世嫉俗、暴戾之氣，則心（此心為心體之心、良知之心，亦為先天之心與後天之心貫通為一之心）必然不正。

有所恐懼，則不得其正；

心性之現發不會帶來任何的恐懼，只會使人更加地敞開、自然、穩重、勇敢，只會使人視死如歸，捨生取義。唯當人們失去了心性，悖離了生命，陷落於生物性的後天身心之中時，才會有所恐懼，才會必然地發生各種恐懼感。

最大的恐懼感來自死亡，但只有肉體才有死亡；心性無限而永恆，生命是絕對而自在之主體，故無有死亡。人們越是陷溺於生物性的後天之自我中，才越會感到死亡的真切與恐懼。

當人們真切地感受到死亡的威脅時，恐懼感油然而生。當人們有了恐懼感時，會出於生物之本能而試著躲藏和逃避，就會努力地逃避到各種心理的、社會的、文化的面具後面，或製造一些心理的、社會的、文化的洞穴後躲藏於其中。如受驚的兔子那樣，在洞穴中越躲越深：有些人躲藏進金錢或權力的洞穴裡；有些人躲藏進宗教神靈的洞穴裡；有些人躲藏進豪宅名車的洞穴裡；有些人以熱愛藝術、詩歌、音樂、學術為名，實則是將其改造為自己的洞穴而躲藏進去；更多的人是將自己的身體改造為洞穴而躲藏進去。這就是自我或自戀等形成的原因。

將什麼視作為或改造為洞穴，就必然會視其為我們的一切，視

其為我們的生命。如若失去了此洞穴，我們就會認為失去了生命和一切。其實它或它們不是我們的生命，更不是我們的一切，我們的生命就是心性之本身，我們的一切就是心性之本身，從來就不曾失去，也不可能失去。但我們迷失了心性，才有後來這些人為製作的面具和洞穴，才有後來這種種之荒謬行徑與認賊為父之舉。

有所好樂，則不得其正；

此「好」為偏好，此「樂」為感官之樂。「有所好樂」是指沉溺於感官享樂之中不能自拔。「則不得其正」，其心不得所正，顯然也。正心者，中和也。不得中，不得和，不名為正。

《中庸》曰：「中也者，天下之大本也，和也者，天下之達道也。致中和，天地位焉，萬物育焉。」心體性體處於在其自己之時，飽滿充實，光明正大，萬善具足，此謂之「中」；心性創生宇宙，涵養萬有，賦予萬有以法則，令一切安處於自律、自在、自由、生化之中，此謂之「和」。致中和：處於中和境界。天地位焉：天地一切物各付物，各歸其位，各處於在其自己之狀態。萬物育焉：如是，則萬有皆得其所，皆是心性之自律、自在、自由、生化之呈現與具體化。

沉溺於感官享樂，隨軀殼起念，此時形軀就是我們的洞穴，如此我們必局限此廣大深遠之心性於小小形軀之內，如同棄天空之大而不取，自甘龜縮於蟻穴之內，當然也就「不得其正」了。

> 有所憂患，則不得其正。

此「憂患」非指儒者「天下如一家、宇宙猶一身」的親民精神，也不是儒者「先天下之憂而憂，後天下之樂而樂」的憂患意識，而是指小人式的蠅營狗苟、患得患失之憂。如存此憂，不是光明之憂，不是正大之憂，此憂實乃一己私欲之顯露，當然「不得其正」。

> 心不在焉，視而不見，聽而不聞，食而不知其味。此謂修身在正其心。

除了前面例舉的心性「不得其正」之現象外，此處還有一個更為常見、更為嚴重的現象：心不在焉。無論是先天的天心（心體，先驗之心），還是後天的心理學之心（經驗之心），都不在了、遺失了，缺位了，整日昏昏沉沉如同夢遊，心灰意懶、失魂落魄，如同行屍走肉，整個一個空心人，「視而不見，聽而不聞，食而不知其味」，此乃麻木不仁、無動於衷之狀。這是所有「其心不正」中最為嚴重的一類。對於這一類人，包括儒家在內所有流派的聖賢，都將拿他們無有辦法。

「不憤不啟，不悱不發，舉一隅不以三隅反，則不復也。」（《論語‧述而篇》）憤：心裡想求通而又未通。悱：想說又不知道怎麼說。「舉一隅不以三隅反，則不復也」：舉出一個角為例來告訴學人，而他不能推斷其他三個角如何，就不用再教他了，因為他不用心思考。自助者，天助之。一個人必須自己先振作起來，提撕奮發，然後方可教育之、啟迪之。

「夫子言之，於我心有戚戚焉。」（《孟子‧梁惠王上》）夫子：孟子。我：齊宣王之自稱。戚戚：感動、觸動，指心中產生了共鳴。整句話的意思是：孟老先生您說的這一番話，對我（齊宣王）有很深的感觸呀！心有所感、情有所動，方可啟發教育之。一個人如若自暴自棄，形同木石，縱有「萬世師表」之稱的至聖孔子來到你面前，也只能搖頭歎息，三緘其口了。

「此謂修身在正其心。」這又是一句曾子的總結語。在例舉了上述種種「不得其正」後，曾子說：由此可知，欲做修身工夫，其要在於正心──將種種不正之心，修證過來，使其相應於心性，通化於心性。若心不正，則身終不得修──因為心為身體和言行之主。

齊家 治國 平天下

> 所謂齊其家在修其身者,人之其所親愛而辟焉,之其所賤
> 惡而辟焉,之其所畏敬而辟焉,之其所哀矜而辟焉,之其
> 所敖惰而辟焉。故好而知其惡,惡而知其美者,天下鮮矣。
> 故諺有之曰:「人莫知其子之惡,莫知其苗之碩。」此謂
> 身不修,不可以齊其家。

此整段是曾子進一步闡明齊家之要。

齊家:家庭和家族成員之間於人生觀、價值觀和世界觀等觀念與言行上,力求達到接近與相通。辟:偏頗,偏向。哀矜:同情,憐憫。敖:驕傲。惰:怠慢。碩:肥壯。

整段釋為:一個家庭或一個家族,其各成員之間如若想達到三觀上的高度接近與相通,成員之間力求達到最徹底的溝通與默契,其核心要點在各自都能有很好的修身工夫。如若修身這一環節的工夫做不到位,就會出現情感上的極端:愛之欲其生,恨之欲其死;對於自己所敬的人,則會認為他完美無缺;對於自己同情的人,則會過分縱容與溺愛;對於自己所輕視、怠慢的人,則會存有頑固偏見。很少有人能喜愛某人的同時,又能冷靜地看到那人的種種缺點;在厭惡某人的同時,又能清楚地看到那人的種種優點。

所以有諺語說:「人都不知道自己的孩子有多壞,人都不滿足自己的莊稼長勢好。」這就是如若修身工夫沒做好,就沒法讓自己的家庭和家族有一個很好的情感互動與三觀統一。

儒學的進修階梯是由內向外、由形上向形下、由先天向後天、由先驗世界向經驗世界等逐次展開。（這也只是言語表述和邏輯推演上如此，事實上它們是同時完成、相互貫通的。在大成化境之中，本不存在什麼先天後天、形上形下、內外人我等等分別，皆通化於心性之中而涵攝之，圓成之，貞定之。）

「修身」是儒家進修次第中最為重要的一環，在此之前的格物、致知、誠意、正心，都是個體化的「慎獨」工夫（即本體即工夫，即工夫即本體），在此之後的齊家、治國、平天下，開始承體起用，化體為用，貫通體用，由獨善其身轉向兼濟天下，興發文明，實現大德淳化。

> 所謂治國必先齊其家者，其家不可教，而能教人者，無之。
> 故君子不出家，而成教於國。

此整段是曾子進一步闡明治國之要。

中國傳統的社會和政治結構，自始即以家庭和家族為基本單位。無論是諸侯所治之小邦，還是天子所轄之大國，皆是家庭和家族之放大而已。故一家齊則一邦齊，一邦齊則一國興，一國興則天下平。

老子「不出戶，知天下；不窺牖（窗戶），見天道」與《大學》此處的「故君子不出家，而成教於國」，有異曲同工之妙。孔子曰：「君子之德風，小人之德草；草上之風，必偃。」此句釋為：君王的道德好比勁風，平民百姓好比弱草，勁風吹於弱草，弱草一定順著風的方向倒伏。

小人之所以小，是各個方面都是小的，包括影響力也是小的。君子俊德美譽，像勁風這樣廣被天地，四海內外，無所不至。是故一個擁有俊德美譽的君子，即使終日不出家門，其影響力也會如勁風一樣，傳遍四方，所及之處，民眾無不受其德風感化，「而成教於國」——完成和實現其仁德之教化於整個國家。

孝者，所以事君也；弟者，所以事長也；慈者，所以使眾也。

弟：即悌，指弟弟敬愛哥哥。整句釋為：在君子德風所化下，國民愈發明白道德的意義與價值而自覺地踐行之，自覺地走上德化人生之路。

在家對父母恪守孝道之人，在國自然就會成為忠君愛國之臣；在家謹守悌道之人，在國自然就會敬重長官，擺正上下級的關係；在家疼愛子女的父親，在國自然就會施仁政於民眾。

《康誥》曰：「如保赤子。」

此誥命整句為：「王曰：『嗚呼！封，有敘時，乃大明服，惟民其勑懋和。若有疾，惟民其畢棄咎。若保赤子，惟民其康。』」有：能。敘：順從。時：這。明：順服。勑：告誡。懋：勉勵。和：和順。畢：盡。咎：罪過。如保：原文為若保。赤子：初生嬰兒。

整句釋為：（周成）王說：「嗚呼！康叔，如若你能照這樣去做（指施行仁政），就會使臣民順服，臣民就會互相勸勉，和順相

處。要像醫治病人一樣，盡力讓臣民放棄自己的過錯。要像愛護柔弱的嬰兒一般愛護臣民，使他們健康安寧。」

心誠求之，雖不中，不遠矣。未有學養子而後嫁者也。

整句釋為：如誠心地企求修身、齊家、治國者，有可能不會一蹴而就，如能堅持不懈，很快必有成就。這就猶如一個女子，她不可能先學會了撫養孩子，才去嫁人的。（即使她先學習如何撫養孩子，那也是紙上談兵，不切實際。都是在嫁人後，當真實地有了孩子時，才逐漸學會育兒之道。）

一家仁，一國興仁；一家讓，一國興讓；一人貪戾，一國作亂；其機如此。此謂一言僨事，一人定國。堯舜帥天下以仁，而民從之；桀紂帥天下以暴，而民從之。其所令反其所好，而民不從。是故君子有諸己，而後求諸人；無諸己，而後非諸人。所藏乎身不恕，而能喻諸人者，未之有也。故治國在齊其家。

機：作用。僨：敗壞。堯舜：父系氏族社會後期部落聯盟的兩位領袖，即堯帝和舜帝，歷來被認為是聖君的代表。帥：同「率」，率領，統帥。桀：夏朝最後一位君主，以暴戾無度著稱。紂：即殷紂王，商朝最後一位君主，亦以暴戾無度著稱。二人被認為是上古時期暴君的代表。求：追究，尋求。諸：「之於」的合成詞，反過

來追問自己，讓自己先做到。

子曰：「君子求諸己，小人求諸人。」（《論語·衛靈公篇》）意思是：君子總是努力地完善自己，小人總是責備他人。恕：即恕道。子曰：「己所不欲，勿施於人。」（《論語·顏淵篇》）──凡是自己不喜歡的，需知他人也很可能和你一樣不喜歡；凡是不想別人那樣地對待你，你也不可那樣地對待別人。這種推己及人，將心比心的品行，就是儒學一直倡導的「恕道」。喻：使別人明白。

整句釋為：如一家踐行仁義，（受其影響）整個國家都會崇尚仁義；如一家謙讓恭敬，（受其影響）整個國家都會謙讓恭敬；如一人（統治者）貪婪暴戾，全國都會群起作亂，它的「蝴蝶效應」就是這樣。這就叫做一句話可以敗壞事業，一個人可以安定整個國家。

堯、舜用仁義來引導天下，民眾就跟從他們追求仁義。桀、紂用暴虐來引導天下，民眾就跟著兇暴。統治者形式上的命令與他們實際的嗜好相反，那麼民眾是不會聽從這種命令的。所以有德行的君子始終在努力地完善自己，然後才去用品德感化別人；只有小人才會一味地去責難別人。如若總是試圖隱藏自己的過錯，總是為自己的毛病找藉口開脫，如此還想讓別人明白品德的重要性，那是不可能的，因為你永遠給不出你沒有的東西！因此，治國之要，在於齊家。

聖君只是以仁政恕道為治國之本，教每個民眾都能認識到生命中的良知性德。能真知者，必有真行，真行者必然是有高度自覺、自律之人。而對於具有高度自覺的人來說，是無需用什麼規章律法來制約的，規章律法只是對那些不自覺的人才有用處。在堯、舜大

治之世，是沒有刑法的。

據史書記載：周王朝八百餘年，其中用刑法的時期不過區區四十餘年。反之，當一個國家的國民皆需要用嚴刑峻法來制約各自的行為，那就說明這個國家的國民素質已經非常糟糕了，因此這個國家就算不得文明和先進的。

一個國家就譬如一個人，人有病才需藥，病癒重而藥就越繁多。如若無病，當然用不著藥了。誠然，亂世不可不用法，所謂「亂世須用重典」。但法度只能制其身，而不能約其心，治身只是治標，心治才是根本。所以，堯、舜大聖，以仁道感召萬民，各明其德，各復其性而同歸其根，使萬民歸心，心悅而誠服，無不從善如流者。

孟子說：「天下溺，援之以道。」離開了這個至仁之道，要實現真正意義上的大治盛世，是絕無可能的。要讓他人認知和復明這個心性本有之良知性德，就必須首先自己能知，能明。如若自己尚不能明達仁道的真義，又怎能去讓他人明白和知曉呢？所以真理必須接受實踐的檢驗，有一言就當有一行。

說起來或許頭頭是道，卻不能用之實踐，那就是愚民、害民的偽理和偽善，是算不得真理的。聖人是真知者，是真語者，是真德者。老子說：「聖人無常心，以百姓之心為心。」故聖人是真愛民、真利民者。君子恥躬之不逮，重於行而輕於言，言教不如身教。要取信於人最好的辦法就是身體力行，實踐為道。

《詩》云：「桃之夭夭，其葉蓁蓁。之子於歸，宜其家人。」

此詩引自《國風·周南·桃夭》。整句為：「桃之夭夭，灼灼

其華。之子於歸，宜其室家。桃之夭夭，有蕡其實。之子於歸，宜其家室。桃之夭夭，其葉蓁蓁。之子於歸，宜其家人。」

夭夭：此處指美豔之狀，《論語·述而篇》「子之燕居，申申如也，夭夭如也」之「夭夭」為舒緩和睦之狀。灼灼：花開鮮豔的樣子。華：花。之子：指出嫁的姑娘。歸：古時稱女子出嫁為「於歸」，或單稱「歸」，是往歸夫家之義。宜：和順，和善。室家：指夫婦。蕡：碩果累累之狀。蓁蓁：樹葉茂盛之狀。

整句詩文釋為：這是一首送新娘時唱的詩歌。在新婚喜慶的日子裡，伴娘送新娘出門，大家簇擁著新娘向新郎家走去，一路唱道「桃之夭夭，灼灼其華……」。

紅燦燦的桃花比喻新娘的美麗容貌，娶到這樣的姑娘，一家子怎不和順美滿呢？果實累累的桃樹比喻新娘將會為男家多生貴子，使其一家人丁興旺。枝葉茂密的桃樹比興新娘子將使一家如枝葉層出，永遠昌盛。通篇以紅燦燦的桃花、豐滿鮮美的桃實、青蔥茂盛的桃葉，比喻新婚夫婦美好的青春和前途無量的未來，祝福他們的愛情像桃花般絢麗、桃樹般長青。

宜其家人，而後可以教國人。

《詩經》裡有很多歌頌愛情、婚姻的詩句，如《關雎》和此詩，反映出上古人民對美好幸福生活的追求，同時也生動地再現上古人民的質樸、熱烈、從容、通達、智慧與和諧，以及「發乎情、止乎禮」的生活狀態，非常令人嚮往。

也許他們的物質不富足，但他們的精神卻很充實，情感很豐

富，人與人之間的那種親情友愛、那種其樂融融，展現出一種旺盛的生命力。

不似現在，人人都顯得筋疲力盡的樣子，人人都顯得浮躁不安的樣子。今昔對比，讓人感歎！有如此之國風，那是因為有如是之家風，每家每戶風氣淳厚了，國風自然也就清正了。「一家仁，一國興仁；一家讓，一國興讓」，是故曾子曰：「宜其家人，而後可以教國人。」

《詩》云：「宜兄宜弟。」宜兄宜弟，而後可以教國人。

「宜兄宜弟」引自《詩經・小雅・蓼蕭》。此詩是一首典型的頌詩，表達了諸侯朝見周天子時的尊崇、歌頌之意。整句詩詞為：「既見君子，孔燕豈弟。宜兄宜弟，令德壽豈。」

孔燕：非常安詳之狀。豈弟：通「愷悌」，和樂平易之狀。令德：高尚道德。壽豈：長壽而快樂，豈，通「愷」，歡樂之狀。

整句釋為：我們所見到的周天子，發現他是如此的安詳平易。兄弟之間則親愛和睦，道德高尚且長壽快樂。引申為：為何周天子所轄之國民、國風，呈現出如此的太平安樂之狀？那是因為我們的周天子有一個和睦美滿的家庭，他只不過把家放大為國而已，故有此盛世出現。宜兄宜弟，而後可以教國人。

《詩》云：「其儀不忒，正是四國。」

此詩引自《詩經‧國風‧曹風‧鳲鳩下》。整句為：「淑人君子，其儀不忒。其儀不忒，正是四國。」

鳲鳩：布穀鳥。淑：因內在品德高尚而外顯聖潔之狀。忒：差錯。正：良好的表率。

整句釋為：善良賢能的君子，他的風儀令人傾慕，因為他那令人傾慕的風采儀表，（他）成為了四方各國的表率。方玉潤（西元1811～西元1883年）在其《詩經原始》中論此句詩意曰「詩詞寬博純厚，有至德感人氣象。外雖表其儀容，內實美其心德」，信然也。

> 其為父子兄弟足法，而後民法之也。此謂治國在齊其家。

此為曾子引述三處《詩經》之後的總結：因為這些美德的行為，於家中父子兄弟所效法踐行，因而其影響所及，德風所被，亦為四海國民所紛紛仿效。這就足以證明「欲治其國，先齊其家」之理。

> 所謂平天下在治其國者，上老老，而民興孝；上長長，而民興弟；上恤孤，而民不倍。是以君子有絜矩之道也。所惡於上，毋以使下；所惡於下，毋以事上；所惡於前，毋以先後；所惡於後，毋以從前；所惡於右，毋以交於左；所惡於左，毋以交於右。此之謂絜矩之道。

自此開始申明「欲明明德於天下者，先治其國」之理。天下者，

四維之外，無極之遠，無限時空之謂也，收而為人人之個體身心，又無比切近者也。故陸九淵曰「吾心即宇宙，宇宙即吾心」，此之謂也。一切現象、一切存在，合而言之，曰「天下」。儒者所謂「天下」，主要是指吾人心性彰顯之處、道德文明所化之域而為言。

老老：先秦時期中國學者修辭之習慣，喜將名詞作動詞之用，以成重詞，如父父子子，君君臣臣等等。此處之義是：讓老人如其所是地獲得贍養，根據老年人的特徵——如身體與感官嚴重退化、易孤獨、喜懷舊、多疾病等，應給予盡力照顧之，而不是根據年輕人或局外人的主觀臆斷來對待老人所需。

儒家的父父子子、君君臣臣、老老幼幼、兄兄弟弟，此為人倫之極致、人本之真理。弟：讀作悌。恤：體恤，周濟。孤：孤兒，古時專指幼年喪父之人。倍：通「背」，背棄。絜矩之道：絜，度量，用繩子作成的規；矩，畫直角或方形時用的尺子，引申為法度、規則。儒家以「絜矩」來象徵道德上的規範，但此規範是指自律之道德，非指他律道德，是指心性在道德上的絕對命令和心性內涵本有之道德結構，即道德先天而有的自生、自發、自在、自明、自定規矩和自定方向。

整段釋為：之所以說安定天下之要在於先治理好自己的國家，是因為，在領導位的人如尊敬老人，受其影響，百姓就會孝順自己的父母；在領導位的人尊重長輩，老百姓就會尊重自己的兄長；在領導位的人體恤救濟孤兒，百姓也會同樣跟著去做。所以，品德高尚的人總是實行以身作則、推己及人的「絜矩之道」。

如若厭惡上司對你的某種行為，就不要用這種行為去對待你的下屬；如若厭惡下屬對你的某種行為，就不要用這種行為去對待你

的上司；如若厭惡在你前面的人對你的某種行為，就不要用這種行為去對待在你後面的人；如若厭惡在你後面的人對你的某種行為，就不要用這種行為去對待在你前面的人；如若厭惡在你右邊的人對你的某種行為，就不要用這種行為去對待在你左邊的人；如若厭惡在你左邊的人對你的某種行為，就不要用這種行為去對待在你右邊的人。這就叫做「絜矩之道」。

一個人處於社群之中，猶如一棵樹處於森林之中，與前後左右上下先後，構成了一個動態的、立體的因果關係，這是一個網路化結構，所謂「牽一髮而動全身」也。我們與他人、他物的關係主要有兩種：一種是對立敵視關係；一種是同體共生關係。

一般而言，小人是將人際關係視作敵對和衝突的關係，大人將其視作同體和共生的關係。一旦我們將自己與他人、他物的關係，確定為一體共生之關係，仁義之道、絜矩之道，必然伴之而生，於個人則是步入德化人生，於國家、於天下，則是行仁政和興德化。

佛道兩家是以出塵離世的方式來規避之，儒家則認為將人安處於世間人群之中，與前後左右的他人、他物之間建立「絜矩之道」，將一切人生理想、道德理想，皆放置於此生此世之內來貞定之，實現之，此方為正道，是為人本，亦為仁道。

> 《詩》云：「樂只君子，民之父母。」民之所好好之，民之所惡惡之，此之謂民之父母。

此詩引自《詩經・小雅・南山有臺》。這是一首上古貴族宴飲聚會時，頌德祝壽的樂歌。整句為：「南山有杞，北山有李。樂只

君子，民之父母。樂只君子，德音不已。」

只：語助詞。杞：枸杞。德音：好名譽。整句釋為：南山生枸杞，北山長李樹。君子以「為民父母」為真正之快樂，君子以遠近傳頌之德譽為真正之快樂。

曾子引述此詩後總結道：「民之所好好之，民之所惡惡之，此之謂民之父母。」此句淺顯易懂，無需解釋。

> 《詩》云：「節彼南山，維石岩岩。赫赫師尹，民具爾瞻。」有國者不可以不慎，辟，則為天下僇矣！

此詩引自《詩經·小雅·節南山》首段。《毛詩序》說：「《節南山》，家父刺幽王也。」這是諷刺周幽王時太師尹氏的詩。整句為：「節彼南山，維石岩岩。赫赫師尹，民具爾瞻。憂心如惔，不敢戲談。國既卒斬，何用不監？」

節：通「巀」，山勢高峻的樣子。南山：終南山，秦嶺中段之主脈，今陝西省西安市南郊，周朝發源地——岐山，即位於此山北側，故周文王、武王和周公等皆長期生活於此山之側，山北即著名的關中平原，物產豐富，先秦時有「天府之國」美譽。

維：如此。岩岩：山石重疊堆積的樣子。赫赫：顯貴盛大、威勢可怕的樣子。師：太師，官名。周代官制，稱司馬（掌兵權）、司徒（掌教育）、司空（管理土地）為三公，兼職三公即為太師，為職位最高的執政官。尹：尹氏，周王朝的貴族，其祖先尹秩在周武王時有功，宣王時尹吉甫伐異族有著勳，其子孫沿其官名為姓。具：通「俱」，都，全。爾：你。瞻：仰望。惔：火燒。國：指國運。

卒：盡，完全。斬：斷絕。何用：何以，為什麼。監：通「鑒」，察覺。僇：通「戮」，殺戮。

整句釋為：高峻偉岸的終南山呀，層層疊疊，山巒起伏。權勢顯赫的尹太師呀，為萬民所仰止。民眾的內心疾苦猶如火煎，外表也不敢隨意流露出談笑（誠惶誠恐之狀）。如此的民風證明，大周朝的國運就要斬斷了，上天為何還不開眼呢？

曾子總結道：（此詩提醒我們）當權者（國君、王公、諸侯等）於治國理政時，不可不小心謹慎呀。稍有不慎，就會被天下人推翻，（如桀、紂和周幽王那樣）引來殺戮。

《詩》云：「殷之未喪師，克配上帝。儀監於殷，峻命不易。」

此詩引自《詩經‧大雅‧文王》。師：民眾，引申為法度、原則（君王的仁政德治之原則）。配：匹配、符合。儀：法制、準則，「設儀立度，可以為準則」。監：鑒別、監察。峻命：天降之命令，峻，高大。鄭玄注曰：「天之大命，得之誠不易。」不易：恆久、不變。

整句釋為：殷商未失民眾時（即殷商昌盛之時），能謹守仁政德治之道，時刻聽命於上帝並與之心心相印（即能恪守作為上帝仁愛在世間化身之身分）。殷商滅亡的教訓（即失去民心，不再行德治）應該很好地借鑒，要牢記永葆天命在躬，是很不容易的。

> 道得眾則得國，失眾則失國。是故君子先慎乎德。

道：所以，故而。曾子總結曰：得民心者，則得國；失民心者，則失國。這就是古來聖君賢王為何如此地重視心性之發明、品德之修養。（不敢有絲毫之大意。）

> 有德此有人，有人此有土，有土此有財，有財此有用。德者，本也；財者，末也。外本內末，爭民施奪。

此：乃，才能。爭民：與民爭利。施奪：施行劫奪。

內明性德，外顯德行，如此必然感召越來越多的人歸附你，臣服你，擁護你。得人，自然也就得土地（此土地或為帶領大眾開墾而來，或為大眾原有生活處所）；有了大眾和土地，也就自然有了各種財富物產；有了這些人民和財富，就可以更好地實行仁政德治，興發心性之全體大用於天下。（一個太平盛世就是這樣誕生的。）

由此而知，性德才是成就王道大業之根本，而外在的這些財富物產，只是用來彰顯心性本有道德的工具和手段。如若不明白此理而顛倒輕重本末，勢必出現統治者與民爭利，成為巧取豪奪的暴君強盜。（結果必然被民眾推翻，引來殺戮而天下大亂。）

> 是故財聚則民散，財散則民聚。是故言悖而出者，亦悖而入；貨悖而入者，亦悖而出。

如若不明「德為本，財為末」之理，而顛倒本末，統治者必然

與民爭利，成為民賊獨夫，成為巧取豪奪的暴君強盜，這樣有可能
會獲得一時之財富，但在獲得財富之時，卻失去了比財富更為重要
得多的民心，人們就會避之如疫，離你而去。如若能深明「德為本，
財為末」之理而行之，統治者還利於民，將財富與民共用，如此表
面看上去好像臨時失去了財富，但統治者卻收穫了比財富重要得多
的民心。

得民心者，得天下。這就如同我們日常說話，如若言正行邪，
言高行低，後果必然如仰天吐痰，還致於己，自取其咎。同理，如
若統治者將自己變質為民賊獨夫，變質為巧取豪奪的暴君強盜，結
果必然是民眾與你反目成仇，將你從他們那裡搶奪去的財富，再搶
奪回來。

《康誥》曰：「惟命不於常。」道善則得之，不善則失之矣。

道：因此，引申為「順著……道路」或「恪守……法則」。《荀
子·天論篇》曰：「天行有常，不為堯存，不為桀亡。」上帝和一
切天神地祇都必須遵守道德準則之制約，如他們違背道德律，神也
將神不起來，而不如人。故知道德律（性德）才是天地之主宰，宇
宙人生和國家歷史之真主人。

說上帝或神祇是永恆的，那只不過是永恆的心性在神祇那裡的
一種展現。天帝是永恆的，但並不表明天帝對某一個暴君或國家的
眷顧是不變的。得到天帝的眷顧唯有一個規律可循：遵循善行（性
德）而行者，則得之；違之者，則失之矣。

無以為寶，惟善以為寶

《楚書》曰：「楚國無以為寶，惟善以為寶。」

這裡的《楚書》是指《國語·楚語》。《國語》是我國古代最早的一部國別史。《國語》記載史實的時間，上起西周之周穆王征犬戎（約西元前 976 年），下至韓、趙、魏滅智伯，共約五百年間的歷史。

《國語》的寫作風格以記實為主，注重客觀描寫，它不像《左傳》、《史記》那樣，在文中加「君子曰」、「太史公曰」以表明作者立場之類的評語，而是透過客觀具體的描述，讓讀者自己去細細品味，揣摩作者的寫作意圖。

《國語》以記述西周末年至春秋時期各國貴族言論為主，透過各有風格、各有特色的語言來塑造人物性格，表述不同人物的思想及命運，記載波瀾壯闊的歷史大事。其語言生動、洗練，為歷代所稱道。

「楚國無以為寶，惟善以為寶」是《國語·楚語下》記載的一個發生在楚昭王（熊王，約西元前 523～西元前 489 年，楚平王之子。西元前 516 年，楚平王死，不滿 10 歲的太子王繼位，改名熊軫，是為昭王。楚昭王是楚國的一位中興之王）時期的一次外交對話。

原文是：「王孫圉聘於晉，定公饗之，趙簡子鳴玉以相，問於王孫圉曰：『楚之白珩猶在乎？』對曰：『然。』簡子曰：『其為寶也，幾何矣。』曰：『未嘗為寶。楚之所寶者，曰觀射父，能作

訓比率，以行事於諸侯，使無以寡君為口實。又有左史倚相，能道訓典，以敘百物，以朝夕獻善敗於寡君，使寡君無忘先王之業；又能上下說於鬼神，順道其欲惡，使神無有怨痛於楚國。』」

此對話的大意是：楚昭王派王孫圉出使晉國時，晉國趙簡子問楚國的珍寶美玉現在怎麼樣了？王孫圉答道，楚國從來沒有把美玉當作珍寶，只是把善人（有才德之人）——如觀射父、倚相等這樣的大臣看作國之大寶。《大學》此處的「楚國無以為寶，惟善以為寶」不是原文，是對此次外交對話的概括。

舅犯曰：「亡人無以為寶，仁親以為寶。」

這句話出自《禮記·檀弓下》。舅犯：狐偃，字子犯，晉國重臣狐突之子，晉文公的母舅，故又稱舅犯，春秋時晉國的大夫。晉國內亂時，晉文公（公子重耳）被迫出逃，狐偃的父親狐突犧牲自己，以保護他和他的兄弟狐毛投奔重耳。他跟隨晉文公在外流亡十九年，盡心盡力輔佐文公。亡人：流亡的人，指重耳。

晉僖公四年十二月，晉獻公因受驪姬的讒言，逼迫太子申生自縊而死。重耳避難逃亡在外時，晉獻公逝世。秦穆公派人勸重耳歸國掌政。在回程途中，子犯（舅犯）對重耳說：「喪人無寶，仁親以為寶。」——我們這些流亡在外的人，沒有什麼是寶，只是把仁愛德行當作至寶而已。（以此警示重耳回國掌政後，要以仁政德治為本。）

《大學》此處並非《禮記·檀弓下》原文（原文是：喪人無寶，仁親以為寶），曾子取其大意耳。

《秦誓》曰:「若有一介臣,斷斷兮,無他技,其心休休焉,其如有容焉。人之有技,若己有之;人之彥聖,其心好之。不啻若自其口出,寔能容之,以能保我子孫黎民,尚亦有利哉!人之有技,媢疾以惡之;人之彥聖,而違之俾不通。寔不能容,以不能保我子孫黎民,亦曰殆哉!」

《秦誓》為《尚書・周書》中非常重要的一篇。此篇首段述作此文之原由:「秦穆公伐鄭,晉襄公帥師敗諸殽,還歸,作《秦誓》。」據《史記》載,秦穆公(?～西元前 621 年),春秋時代秦國國君,姓嬴,名任好,在位三十九年(西元前 659～西元前 621 年),諡號穆,春秋五霸(齊桓公、宋襄公、晉文公、秦穆公、楚莊王)之一。

秦穆公得到鄭國人出賣鄭國的消息,決定偷襲鄭國。先是徵求蹇叔和百里奚的意見,兩人分析利弊,認為不可。但秦穆公不聽勸告,遂派百里奚的兒子孟明視、蹇叔的兒子西乞術和白乙丙三位大將率兵襲鄭。

出發那天,百里奚和蹇叔這二位老人攔馬痛哭,說看見你們出去,看不見你們回來了。秦國的軍隊向東出發到了滑地,遇到來獻十二頭牛的鄭國商人弦高,並收到捎來的鄭國國君之問候。秦國將領即已知道鄭國有所準備,決定不去攻打鄭國,轉而滅掉了晉國的邊城滑地。但在回歸的途中卻遭到了晉國軍隊的伏擊,結果在殽地的戰鬥中全軍覆沒,三位將領也被俘虜。

後在晉文公夫人的請求下,三位將領被解放回秦。秦穆公穿了喪服到郊外去迎接三位回歸的將軍,痛悔自己當初不聽蹇叔、百里

奚的勸告。《秦誓》即寫於此時，是一篇歷史上有名的君王懺悔錄。誓，規約也，集將士而戒之曰「誓」。

整段原文為：「昧昧我思之，如有一介臣，斷斷猗無他技，其心休休焉，其如有容。人之有技，若己有之。人之彥聖，其心好之，不啻若自其口出。是能容之，以保我子孫黎民，亦職有利哉！人之有技，冒疾以惡之。人之彥聖，而違之俾不達。是不能容，以不能保我子孫黎民，亦曰殆哉！」

昧昧：暗暗思考、慎獨靜思之義。清末有一年科考，考題就是「昧昧我思之」，有一考生未讀過《尚書·秦誓》，將「昧昧」錯認為「妹妹」，於是整篇文章極盡愛戀之語。考官看後哭笑不得，也幽他一默，在一旁批註曰「哥哥你錯矣」，成一時笑談。斷斷：真誠的樣子。休休：寬宏大量。有容：能夠寬容待人。彥聖：彥，有才智。聖，有大德。彥聖，德才兼備之人。不啻：不僅僅。冒疾：妒嫉。違：阻抑。俾：使。放流：流放。

整段釋義為：我（秦穆公）的內心深處始終認為，如若有這樣一位大臣，他忠誠老實，雖然沒有什麼特別的本領，但他心胸寬廣，有寬容待人的心胸，別人有本領，就如同他自己有一樣；別人德才兼備，他心悅誠服，不只是在口頭上表示，而是打心眼裡讚賞。重用這樣人，才可以保護我的子孫和百姓，才可以為他們造福的。相反，如若別人有本領，他就妒嫉、厭惡；別人德才兼備，他便想方設法壓制、排擠，無論如何容忍不得，若重用這種人，不僅不能保護我的子孫和百姓，反而會使我的子孫和百姓陷於危亡之境。

曾子於《大學》此處所引之文，與原文微有出入，但無傷本義。

唯仁人放流之，迸諸四夷，不與同中國。此謂唯仁人，為能愛人，能惡人。見賢而不能舉，舉而不能先，命也；見不善而不能退，退而不能遠，過也。好人之所惡，惡人之所好，是謂拂人之性，菑必逮夫身。是故君子有大道，必忠信以得之，驕泰以失之。

此後之文至書末，皆為曾子之總結語。

迸：即「屏」，驅逐。四夷：指四方未開化之民，夷，指古代東方的部族。中國：文明教化的中心地區。命：東漢鄭玄認為應該是「慢」字之誤，慢，輕慢。拂：逆，違背。菑：災禍。逮：及、到。夫：語氣助詞。驕泰：驕橫放縱。

整段釋為：因此，有仁德的人會把這種容不得人的人流放，把他們驅逐到邊遠的、未開化的四夷之地去，不讓他們同住在國中。這說明，有德的人愛恨分明。發現賢才而不能選拔，選拔了而不能重用，這是輕慢；發現惡人而不能罷免，罷免了而不能把他驅逐得遠遠的，這是過錯。

喜歡眾人所厭惡的，厭惡眾人所喜歡的，這是違背人的天性，災難必定要落到自己身上。所以，做國君的人如若明白忠誠信義之理，便會獲得一切；如若驕奢放縱，便會失去一切。

「唯仁人放流之，迸諸四夷，不與同中國。此謂唯仁人為能愛人，能惡人。」鄭玄注曰：「放去惡人媚嫉之類者，獨仁人能之，如舜放四罪而天下咸服。」

你覺得自己是正確的，別人是錯誤的；你覺得自己很高尚，別人都很卑瑣；你認為自己的觀點和需求很重要，別人應該對此負

責……各種各樣的分別心，導致人與人之間、國與國之間不斷爆發出各種紛爭、矛盾，乃至戰爭。

每個人都覺得自己是正確的，邪惡在對方那一邊。你有什麼樣的立場，就會有什麼樣的標準和視角，紛爭存在的原因，在於人類心中有一種自以為是的觀念在作怪。當他們用這種概念、想法、觀點來判斷這個世界的時候，就很可能會傷害那些他不認可或者與他對立的人，歷史上這樣的事情多不勝數。

比如，當希特勒認為猶太人是劣等民族，必須從地球上清除的時候，他就會對猶太人發動種族滅絕式的大屠殺。

至人無己，聖人無名，因皆超越小我、自我、私我之故，而能無曲無蔽地彰顯心性之全而不偏，葆有良知本色而不變。由是，相對而言，他們最能守法秉公，處事平正，廣服眾心。故「唯仁人，為能愛人，能惡人」。

生財有大道：生之者眾，食之者寡；為之者疾，用之者舒，則財恆足矣。仁者以財發身，不仁者以身發財。未有上好仁，而下不好義者也；未有好義，其事不終者也；未有府庫財，非其財者也。孟獻子曰：「畜馬乘，不察於雞豚；伐冰之家，不畜牛羊；百乘之家，不畜聚斂之臣；與其有聚斂之臣，寧有盜臣。」此謂國不以利為利，以義為利也。長國家而務財用者，必自小人矣。彼為善之，小人之使為國家，菑害並至，雖有善者，亦無如之何矣！此謂國不以利為利，以義為利也。

發：發達、發起。發身：修身。府庫：國家收藏財物的地方。孟獻子：以德才兼備而聞名的魯國大夫，姓仲孫，名蔑。畜：養。乘：指用四匹馬拉的車，即「駟馬」。畜馬乘是士大夫必備之物，是身分的象徵。察：關注。伐冰之家：指喪祭時能用冰保存遺體的人家，此是卿大夫類大官的待遇。百乘之家：擁有一百輛「駟馬」之車的人家，指有大封地的諸侯王。聚斂之臣：聚，聚集；斂，徵收；聚斂之臣，搜刮錢財的家臣。長國家：成為國家之長，指君王。無如之何：沒有辦法。

整段釋為：生產財富也有正確的途徑——生產的人多，消費的人少；生產的人勤奮，消費的人節省，這樣，財富便會經常充足。仁愛的人仗義疏財以修養自身的德行，不仁的人不惜以生命為代價去聚斂錢財。沒有在上位的人喜愛仁德，而在下位的人卻不喜愛忠義的；沒有喜愛忠義而做事卻半途而廢的。

國庫裡的財物都是屬於國君的。魯國大夫孟獻子說：「養了四匹馬拉車的士大夫之家，就不需再去養雞養豬；祭祀用冰的卿大夫之家，就不需要再去養牛養羊；擁有一百輛駟馬兵車的諸侯之家，就不需要去收養搜刮民財的家臣。與其有搜刮民財的家臣，不如有偷盜東西的家臣。」

這段話的意思是說，一個國家不應該以財貨為利益，而應該以仁義為利益。做了國君卻還一心想著聚斂財貨，這必然是有小人在誘導，而那國君還以為這些小人是好人，讓他們去處理國家大事，結果是天災人禍一併降臨。這時雖有賢能之人，卻也沒有辦法挽救了。所以，一個國家不應該以財貨為利益，而應該以仁義為利益。

《周易・繫辭傳下》曰「天地之大德曰生，聖人之大寶曰位，

何以守位？曰仁。何以聚人？曰財。理財正辭、禁民為非，曰義。」與曾子此處語義一脈相通。

《大學》以「大人之學」開其首，以「義利之辨」束其尾。通篇之論，無非「心、性」二字，聖賢千古道統之傳承，亦無過於此。此為修身慎獨之根本，內聖外王之津要。苟能發明之並恪守之，則不辱先聖，無愧來者，「三綱八目」必大備於天下也。

有一個在古代印度很流行的佛教故事是這樣的：

那爛陀寺始建於西元五世紀，規模宏大，有藏書九百多萬卷，為古代印度佛教最高學府和學術中心。那爛陀寺歷代學者輩出，最盛時有萬余僧人學者聚集於此。《西遊記》裡的唐僧玄奘，便是在此寺師從戒賢法師學習佛法多年。

那爛陀寺於十一世紀時，有一任寺主叫那若巴（西元 1016～西元 1100 年），他幾乎精通所有的佛教經典。有一天，他遇到一個很老又很醜的婦人。婦人問他：「你能理解經典的文字嗎？」

那若巴說：「我當然能理解。」

婦人非常歡喜，於是又問他：「那你知道這些經文背後的真意嗎？」

那若巴說：「我能知道呀。」

婦人聞後悲傷地說：「想不到名揚天下的那若巴也會騙人。」

那若巴慌忙問婦人：「怎樣才能徹悟經中真意呢？」

婦人回答說：「你必須切實修行，如此方可實知經文背後之真意。」

那若巴不愧為一代宗師，馬上辭去寺主一職，潛心修行去了。若干年後，當他證悟成佛時再來看其先前學習過的佛家經典，果然

句句文字背後，皆有諸多深意、妙意在焉。

被稱為當代新儒學三聖之一的馬一浮（西元 1883～西元 1967年）先生曾說：「國家生命所系，實系於文化，而文化根本則在思想。從聞見得來的是知識，由自己體究，能將各種知識融會貫通，成立一個體系，名為思想。」（《泰和宜山會語》）

此基本觀念，馬先生於別處也多有重申：「古人之書固不可不讀，須是自己實去修證，然後有入處，否則即讀聖賢書，亦是枉然。」（《問學私記》）

「向外求知，是謂俗學；不明心性，是謂俗儒；昧於經術，是謂俗吏；隨順習氣，是謂俗人。」（《爾雅臺答問續編卷一·示吳敬生》）

不僅當代儒聖馬一浮先生於平生之中一再申述「須是自己實去修證，然後有入處，否則即讀聖賢書亦是枉然」這一基本觀念，當代儒家三聖之餘二聖——熊十力（西元 1885～西元 1968 年）與梁漱溟（西元 1893～西元 1988 年）等，論道勸學無不如是。我們的整個東方傳統文化，聖賢言教，無不是經過長期的身體力行、知行合一，才能切實領悟其真意。

儒家「一以貫之」之仁學，盡心知性以知天的成德之教，皆自聖賢之真實人生中體證而來，皆為聖賢本有心性真實無偽之呈現。任何一位學者，就算精通所有與儒學有關的概念、名詞和術語，如沒有經過切實地修證和涵養，也不可能徹知儒家經論和文字背後之真意。

學統畢竟不同於道統，必須將《大學》之三綱八目消融於自己身心性命之中而體證之，踐行之，涵養之，方能獲得諸般之真實受

用，此即儒門所謂的「為己之學」。

　　子曰：「知（智）及之，仁不能守之，雖得之，必失之。」（《論語‧衛靈公篇》）「知（智）及之」者，學術也，學統也。「仁守之」，發明心性，體證道德之謂也。

　　至聖孔子這句話的意思是：如僅僅是「知及之」，即僅僅是學術、學統而無體證，結果必然是「雖得之，必失之」。《中庸》云：「博學之，審問之，慎思之，明辨之，篤行之。」進學之道，必結穴於「篤行」，此可謂終極之教也。

　　是故，學者於此務必深切明察而後已。

附錄：新國學宣言

目錄

前言——我們的時代問題

在沒有進入正文之前，有幾點申明如下：

首先，真理是天下之公理，是真理就一定有其普遍性和永恆性。真理不會因單人說出或異口同聲，而有任何差別，也不會因時代、種族、性別和表達方式等的不同，而有任何增損。

其次，本宣言所有觀點和主張，皆是筆者多年來吸收與糅合了無數古今中外智者賢人之探索和洞見而成。故筆者不敢貪此天功為己有。在本宣言中，筆者所飾演之角色與其說是著作者，勿寧說是一名記錄員更為確當。

又次，如下所論涉及的任一主題或話頭，若欲展開而詳盡之，非宏篇巨制不可。因受體例和篇幅之約，在此文中，只能是點到為止。

復次，病無大小之分，唯有輕重之別。任何時代皆有諸多之問題，這些問題於輕時可忽略不計，但若延至沉重之時，任何疾患皆可害身喪命。我們這個時代裡的諸多問題，若於此前，或輕如感冒。但於目前，它們已發展至攸關性命了。故我們不得不悲痛地宣告：中國文化病了，我們這個時代病了，而且病得還很不輕。面對如此頑疾，我們以為，非用高聲呼救不能廣人知，非有諸賢聯手不能令其轉。

由是，我們出於對當下時代的回應，造此宣言，命名為「新國學宣言」。宣言者，公開表白一思想或一主張，以求廣為人知之謂也。

我們認為當下這個時代之頑疾主要反映在以下各方面：

大約在一個世紀前，德國化學家奧斯特瓦爾德（1909 年諾貝爾獎得主）等不無豪邁地宣稱：「科學將能憑著其所揭示的『統一的世界觀念』取代上帝的位置，它理應獲得人們所能贏得或想像到的最高地位，人類即將進入科學一元化時代。」而事實上，恰如另一位科學家普朗克所坦言：「科學絕不可能毫不遺漏地解決它所面臨的一切問題。」儘管如此，但科學一元化思想已然成為當今覆蓋全球的超級意識形態。

中國人經過一百多年的西化教育，頭腦同樣被嚴重地西化了，自覺或不自覺地以歐美文化和思維方式為認知參照和行為準則。在這百多年中，「西方」二字成了無數國人新的理想國，像佛教徒信仰西方極樂世界那樣夢想生於西半球為榮。

成就科學認知必須具有兩大原則：一是原子化原則；一是可重複性

原則。原子化原則就是我們研究一個東西時，不需要牽涉太多別的東西，即可完成對此事物的獨立研究和理解。比如說，我們研究人體，只需要用解剖學、生理學等與人體相關的方式方法來研究即可，不需要牽涉到銀河系等更大的系統。如果研究人體的前提是必須清楚整個地球，研究地球的前提是必須清楚整個太陽系……如此環環相扣下去，那就沒法成立任何一門獨立學科。

一個事物在成為科學研究和認知對象時，它必須是可獨立的和自足的，也就是說，它必須是被原子化的。在科學的原子化原則下，越來越詳細的分支科學被一個個地建立了起來。但人們在不斷分裂和細分下去的科學探索和學科建設中，認知體驗和生命體驗等同樣被不斷地分裂下去。我們的生活、人生、情感、人格、認知、思維等就會在不斷加深的原子化思維中走向不可逆轉的分裂，而成為一個越來越破碎的「人的碎片」，不再是一個有機而完整的人。原子化（也即不斷分裂化或細化）的科學思維和學科建立，形成了一個個「蟲洞型精神體」，即我們所研究或進身其中的學科，就是一個個的認知之洞，我們則是某個洞穴裡的具體生物。這樣，我們在我們的洞裡，別人在別人的洞裡，人們在各自的洞穴中越來越遠離對方。人與人的溝通越來越困難，人與人的精神距離越來越遠，人自身的完整性也越來越低。科學將人類引向了一條人格越來越分裂化，認知越來越封閉化，生存體驗越來越蟲洞化，心靈和思維越來越碎片化的深淵。

儘管近來科學界也注意到了科學自身的分裂化傾向，創立了一些「交叉科學」「邊緣科學」和「系統科學」，但由於科學探索的原子化原則註定了在科學領域，分裂永遠大於綜合，封閉永遠大於聯通。如是，科學帶給人類精神的蟲洞化傾向如果依靠科學自身力量，似乎是永難克服的宿命。

人類認識客觀世界和主體自身，本來有無限多樣種可能的方式。如果僅僅將西方科技視作人類若干種認識客觀世界和主體自身的途徑之一，在造福人類的同時，它的若干副作用將會降到最低，以致低到可以忽略不計的程度。但事實正好相反，人類日益將科學宗教化、萬能化，大有取代上帝位置之趨勢。不止是在一般民眾，即使在不少科學家和科技工作者心目中，科學已不再是探索和改造世界的一種重要方式，不再是知性和理性的化身，它成了某種新興的宗教，它的思想和學說轉化成了「科

學教」的教義和教規而成為科學一元化。如是，科學就會演變為一種超強的意識形態，凌駕於人類之上成為一個人類精神的超級囚牢，將整個人類的身心行為囚禁於其中。

在人類發展史上，起始時非常有益而在發展中逐步蛻化變質為人類的枷鎖與囚牢，這樣的事件在歷史上屢見不鮮。如果任由科學的副作用——造成人類精神的嚴重蟲洞化傾向而不能有效地化除之，誰能擔保不久的將來，科學不是人類的墳墓？科學業已引發了很多越來越嚴重的社會和精神問題。尤其「科學一元化」「蟲洞化」，我們認為是當前這個時代最不容忽視的問題，故將其放於我們這個時代各類問題之首位，意在引起大家足夠的重視與警覺。

科學一元化就是科學至上化，就是科學萬能化，更是科學霸權化。在科學被意識形態化和霸權化後，人們習慣於以「科學」為最終標準來評價一切。這樣一來，傳承了數千年的東方傳統文化都成了「偽科學」——中醫是偽科學，《易經》是偽科學，瑜伽是偽科學等等，只要與西方現代科學不吻合處，沒有什麼不被冠上「偽科學」之名而欲抹殺之。

科技所強調的是工具理性，將一切客體對象視之為可利用與否的工具，這是一種徹頭徹尾的實用主義與功利主義思維和動機。在這樣的思維和動機下，「人」也無法例外地成為了可資利用的工具。科學探索本來是為了更好地認識外部世界和主體自身，技術進步本來是為了更好地改造外部世界和主體自身，以便於更好地造福人類。但如今的科技凌駕於一切之上反將人類牢牢地掌控，將人類變成實現科技的工具和傀儡。將人類變成實現科學的工具和傀儡的具體表現和象徵就是：無論是一個社會還是一個個人，科技化程度越高，這個社會或個人的機械化、功利化、工具化的程度就越高。兩者之間是正比例關係。凡是科技所到之處，人們無有例外地變得越來越機械教條、冷漠僵化和充滿功利實用之思想，人與自己、人與人、人與社會和人與萬物之間那種與生俱來的溫柔親切、相愛無間和浪漫生動的關係，消失殆盡。僅僅數百年間，乃至僅僅數十年間，科技將人類詩意地棲居在地球上的那種充滿柔情的浪漫感和藝術氣息，一掃而光，代之而起的是鋼鐵水泥般的生硬與冰冷。人們再也見不到生活中的浪漫與詩意，人生中的溫柔與親切和身心內外那春天般的勃勃生機。科技化程度越高的地方，那裡的藝術化、生命化、一體化、

情感化和心靈化程度就越低——這絕對不是偶然，而是可悲的必然。這是因為科技只將人視作工具而非目的之故也。

　　科技催發了工商業時代的誕生。這個時代有兩大主要特色，就是政治民主化和經濟市場化。科技將人工具化，市場經濟將人商品化。這兩者有一點是相同的，即都將人視作手段，而非目的。在不斷深化的經濟市場化時代，人不再是人，而擁有了一個新的身分——消費者。消費者的意思就是，你不是人，你只是某個經濟行為和經濟環節裡的工具。由無數個商業環節編織而成的社會商業網鏈中，渺小的個人只能被迫成為這個超級網鏈中一個小小的網結，而被這個商業大潮推動著與世沉浮，隨風搖擺。換言之，在商業化很高的時代裡，作為渺小的個人是沒法做自己命運的主人的，每個人都被迫成為商業鏈中的一環而將自己高度地商業化、商品化、市場化！

　　商業化就是將自己和他人皆視作一個功利化的人，而不是一個自然人。一個商業化的人視一切（包括他自己）都是從功利主義角度出發。商品化就是將自己和他人，將一切全部作為一個有待開發、正在開發、已經開發出來，並已進入商業流通管道的商品來看待。在商業化和商品化的視角下，包括自己在內的所有人，他們的價值和意義將全部由可被市場化的程度來定。市場化就是價格化，價格化就是將人視作商品交易下的一個物。

　　科技意識形態下的將人工具化，商業社會下的將人商品化，兩者有一個共同點就是皆將人視作一個「物」，也即將人「物化」——工具是一個物，商品更是一個物。將人「物化」具體表現為：將人視作一個由諸多本能聚合起來的生物，一個可實現政治、經濟或科技等目的的工具，一個活動著的有機物質體。——這是從正面來理解「物化」的情況。若從反面來理解「物化」，所謂「物化」就是將人去精神化、去心靈化、去情感化、去神聖化、去尊嚴化、去道德化、去生命化、去美感化、去一體化、去人格化等等（如果有興趣，可以繼續列舉出更多我們這個時代特有的「去XX化」現象）。

　　在我們這個被科技和商業兩大新興文明強力挾持和主導下的時代裡，人——這一萬物之靈，這一天地間最為高貴者，遭到了史無前例的貶低、肢解和流放，其嚴重性已到了無以復加的程度。人之為人的人性和人之為人的尊嚴，在我們這個時代裡，受到了最為嚴重的蔑視和踐踏。

不僅如此，在這個由西方文明席捲全球的時代，它所倡導的價值觀，其核心是暴力的、對立的、衝突的、野蠻的、外化的（即物化的，而非向內心靈化的）等等。如此則不難理解，為什麼在科技文明如此「昌明」的近當代，會連續出現兩次世界大戰，全球性的道德崩潰，人生意義感的全面喪失，人與人之間本有之和諧關係被嚴重破壞，宗教與藝術以及各民族保存下來的傳統文化被無情地邊緣化，整個人類沉溺於本能的放縱和感官的享樂之深淵中難以自拔等等越來越嚴重的時代痼疾。一言以蔽之，西方近現代文化是物性文化，是物化文明。而東方文化，特別是中國文化，是一個始終緊扣著人之為人而運思的文明，故真正的人性化文明在東方，在中國，在以儒佛道為代表的中國傳統文化裡。中國文化是「人」的文化，不是「物」的文化，是張揚人性的文化，不是張揚物性的文化。

　　並不是沒有人對西方以科技和商業為主導的現代文明給予相應的反思，最先開始反思這個文明的正是西方思想家和科學家——卡夫卡、尼采、薩特、羅曼‧羅蘭、愛因斯坦、榮格、馬斯洛等等，還有近百年來各學科諾貝爾獎得主們。如此之多的思想家、文學家、政治家和科學家們，以各種方式表達著對現代西方文明的反思和憂慮。這些智者的聲音足以警世，足以醒人，但人們至今充耳不聞，沒有在他們的反思和憂慮基礎上，更深入地思考和覺察，以至於坐視我們這個時代的頑疾層出不窮，越來越嚴重。

　　環顧世界，唯有以中國傳統文化為代表的東方文明可以有效地糾正、治療、疏導、改善、提升、彌補、潤澤西方現代文明的嚴重痼疾和各種負面作用——我們堅信這一觀點和主張，必將被越來越多的人（當然也包括西方人在內）所認可與接受。以中國文化為代表的東方傳統文化，其在現代社會中擁有的不可取代之價值和地位，為什麼這一二百年來，並沒有更多的人給予足夠的瞭解和重視呢？其原因或許如下：

1. 西方人對中國文化的誤解

　　首先，向西方介紹中國文化，最初是經由二百年前到中國的基督教傳教士而開始的。傳教士們隨著堅船利炮來到中國，其動機是向中國人傳播基督教。傳教士為了能更好更快地向中國人傳教，他們認為有必要學一點中國文化。在如此動機下，傳教士開始進行有限的研究並向西方

介紹中國文化。因其動機乃在向中國傳教，所以他們對中國思想文化之興趣點，主要集中在詩書中論及上帝和中國古儒之尊天敬神之處，或於宋明諸儒的書籍中，找出一些抨擊佛老的言論引為己用，意圖達到排擠中國佛教和道教，以方便基督教更順利地進入中國之目的。由於其根本動機是在中國傳教，故其對中國之思想文化，並不是發自內心之喜愛和敬重而研習之和向西方介紹之。故西方學者們最初接觸到的——經由從中國返回的傳教士們介紹的中國傳統文化，是被嚴重過濾和著色後的中國文化，是傳教士眼中的中國文化，而不是中國本色之文化。如是，引發西方人對中國文化發生種種曲解和誤讀，當是必然。

其次，近一二百年來，西方列強以各種方式不斷入侵中國，除掠奪我們的土地、金銀之外，對我們的文物和古籍等也不放過。遂有圓明園之搶劫和敦煌石窟等之盜掠，所劫去、偷去、騙去的文物古籍不可勝計。西方人出於欲進一步瞭解其所盜文物之歷史、價值與文化內涵等，以此因緣和動機而開始瞭解與這些文物古籍相關的地理、歷史、交通、政治、文字、方言、宗教等，此之謂「漢學家」者是。研究稍深入者，偶爾亦有傑出之學術成果。但此等之漢學家者，有一共通之點：皆視中國傳統文化如瑪雅文化、埃及文化一樣，為一死去之文化，為中國「已有」之文化，而非當下活著的文明。換言之，在西方絕大多數所謂的漢學家眼裡，中國文化是一個曾經的文化，是一個文化木乃伊，是一個博物館裡的文化，他們像看待一個木乃伊或一件文物的眼光來研究中國文化。如是，西方人對中國文化發生種種曲解和誤讀，當是必然。

2. 我們扼殺了自己的文化

西方學者將中國文化視作一個業已死亡之文化，一個博物館裡的文化，不是偶然的。中國文化當然沒有滅亡，它依然流淌在我們每個國人的血液裡，但也並不是說中國文化仍然保持著強健的生命力，中國文化的確嚴重式微了，生病了，衰退了。在幾百年裡，中國傳統文化的被扼殺經歷了四大階段。

滿清文字獄階段：滿清為異族統治，對中國傳統文化採用陽尊陰損之政策。通過大興文字獄的方式，將社會上一切鮮活的或有創造力的學術思想全部無情地扼殺摧毀。文化思想學術領域迅速跌入僵化保守封閉狀態，自此再無思想家、文化大師或哲學家誕生。有清一朝近三百年，

僅僅考據訓詁之學一枝獨大。在考據家和訓詁家眼裡，中國文化業已亡故，只遺留下成堆的故紙和文物。這些文物典籍相距當下之心靈已漸行漸遠，以至於人們無法再讀懂和理解它們。於是便有一批學者站出來對這些文物典籍進行文字音形之訓詁，詞意演變之考據，不求後人能悟入文字三昧，但願能順利讀誦，不生誤解，心願以足。

清末打倒孔家店階段：清末之時，社會黑暗僵固，已達極限，百業廢馳，民不聊生。適於此時，西風東進越發強勁。有若干學人志士於悲憤之餘，苦思圖強之術，見三百年來學術日舊，思想日腐，生命日枯，文化日衰，遂將我傳統文化視作萬惡之源、一切罪惡之魁首。而有「打倒孔家店」的口號之誕生和五四時期要求西方的民主科學之運動。由是，中國文化在有清一朝高壓禁錮之基礎上，進一步遭受打擊和扼殺。

十年文革浩劫階段：建國後，中國傳統文化在五四運動基礎上遭遇了更進一步的打擊和扼殺。經過「掃四舊」和文革十年，中國文化在大地上幾乎被剷除殆盡，這是中國自有文明文化以來，最為全面、最為徹底也最為慘痛的一次文化毀滅運動。

改革開放階段：文革之後，中國政府撥亂反正，走上改革開放和以經濟建設為中心的時期。在改革開放的三十年中，中國的經濟建設和綜合國力的提升，開創了人類歷史上從未有過的奇跡。但三十年間，我們更多的時候只看到改革開放的偉大成果，而忽視了中國傳統文化的繼承和復興。中國傳統文化在這三十多年來始終扮演的是被漠視、被拋棄、被嘲笑的身分。在多數國人心目中，中國傳統文化依然是陳腐、落後、迷信、愚昧、貧窮、古怪、病態和不合時宜的代表。多數時候，中國傳統文化很像是一個逆來順受又不受待見的小丫環，凡是這個時代裡不好的東西，必然地歸咎於中國傳統文化遺留所致。凡是這個時代裡值得稱頌之處，全部是當代人在現代科技文明推動下的奮鬥成果。

中國文化經過了清初的禁錮和清末的打倒，再經過建國後文革「史無前例」之浩劫和改革開放後被長期漠視與拋棄，對中國文化進行無情扼殺的四個階段，歷時達三四百年之久，受此連續挫折，中國文化似乎真的衰亡了，就算沒有徹底死去，也早已奄奄一息，氣若遊絲了。中國人不知中國文化已非一輩兩輩，失去中國文化滋養潤澤已達十輩二十輩之久了。

作為炎黃子孫，我們都不珍愛自己的文化，甚至爭先恐後地鄙視自

己的文化，我們怎麼能贏得他人對自己的文化的敬意呢？我們在扼殺自己的文化時，唯恐殺之不死，死而不亡，亡而不久，試想怎麼能不讓他人得出中國文化已死的結論呢？

3. 西方的霸權主義文化心態

近幾百年來，西方在政治、軍事、經濟、文化和科技等方面稱霸世界，造就了西方人傲視全球的自大心態。在這種自大心態下，他們西方文化就是最好的文化，除此之外的文化，都是低級的、落後的、未開化的、不值一提的。這些文化只有兩個出路：一是主動向西方文化學習，被西方文化自覺地同化掉；另一種可能就是，坐以待斃。因為包括中國傳統文化在內的文化都是低級的、落後的、未開化的、不值一提的，當然也就不必要或不值得花費大量時間和精力去學習和研究它們了。

所以，在這樣一種文化心態下，東西方在文化思想上沒法真正平等地對話和交流，沒法做到真正的互補與互助。更談不上讓西方人在真正相互尊重的友好氣氛下，深入學習中國文化，認真領悟其中的美妙和神韻。在交通、通訊如此發達，跨國學術和相互訪學等活動如此頻繁的今日，非常讓人不可思議的是，西方人對我們中國人和我們的歷史文化思想學術，瞭解之淺薄，見識之鄙陋，結論之武斷，態度之傲慢，很多時候讓人大跌眼鏡。

4. 文字語言的障礙

印度的佛教經典是用巴利文和梵文寫成。中國為了吸收和消化印度佛教，無以計數的中印高僧往來於絲綢古道歷時達一千年，最後終於將佛教思想文化完整地吸收並保存在了中國，成為中國傳統文化的一個有機組成部分。由此可見，一種思想一種文化的遷移並被另一個民族或文化所吸收與消化，這是一個非常艱巨而複雜的系統工程，且這個過程持續時間是非常長久的，難以一蹴而就。西方學者當然沒有中國當年在吸收佛教思想文化時的那份熱情和虔誠，也沒有持久的恒心和全社會的支持。儘管這幾百年來西方學者在中國文化方面做了不少工作，但距離深入而全面地理解中國文化，仍然相去甚遠。

中印文化從屬性到形態，多有相近和相同之處。故中國在吸收印度佛教文化時，幾乎沒有遇到太大的障礙。但中國和西方文化在功能、屬

性和形態等方面，差異十分巨大，在不少方面幾近於水火不容。如果西方人想深入而全面地認識和消化中國傳統文化，非發大心願不可，非下大工夫不可。不僅如此，在學統傳承上，老中青不同年齡段的學者們需自覺地形成接力賽，一代代不間斷地進行學術傳承，如此，數十年乃至百年下來，可望小有所成。

吸收一個文化的大體過程是這樣的：首先是掌握這門文化所使用的語言文字，如漢語或梵文等，對這門語言文字的字、詞、成語、句式結構、語言風格、古今演變等有一個很好的瞭解。下一步是在此基礎上全面瞭解這門文化的特色、風格和相關的政治、經濟、地理、風俗、代表人物等等。最後則進至這門文化的核心部分——哲學、宗教、藝術等領域，而如實地理會之和消化之。若依此標準來衡量西方學者吸收和消化中國文化，他們進展到了哪個環節？可能最初的語言文字環節，尚未很好地完成吧？近二百年來，中國人在吸收和消化西方文化時所付出的精力、情感和心血，西方人取其一半或三分之一，投入於吸收和消化中國文化上來，我們私忖，西方也不至於如現在這樣，對中國文化感到如此的陌生隔膜而難以契合相應。

二十世紀上半葉，有兩件值得一提的文化交流事件。第一件是日本鈴木大拙（西元 1870 ～西元 1966 年）博士向西方人介紹中日佛教的禪宗。不可否認，鈴木大拙博士是傾盡畢生心血向西方介紹中日的禪，同樣不可否認，西方的學者們也是花費了巨大的精力和時間來虛心學習，一度在西方掀起了一個不小的學禪風潮。如著名的心理學家羅洛·梅和馬斯洛等人還寫過一些研究禪與心理學方面的文章和書。但統觀二十世紀上半葉乃至綿延至今的西方學禪史，至今仍然對禪宗、禪定、禪學等這一中國文化核心組成部分瞭解得很少，也很膚淺。近百年過去了，始終處在「隔靴搔癢」狀態，不得其門而入，難嘗禪宗醍醐三昧。等而下之者，在二十世紀七八十年代，西方嬉皮士們喜歡上了東方的瑜伽和禪宗，以禪者自居，談禪、習禪，發起禪的組織，出版對禪的理解和體會的書籍等等，一時蔚然成風。更為可笑的是，在西方禪風鼓動之下，中國人和日本人也開始重新喜歡上了所謂的禪，近二三十年來，中國讀書人中談禪之風已成時尚。直到現在，隨便去一家書店裡看看，可以發現至少二三十種各類談禪的暢銷書在出售。其所談之禪距離唐宋時期真正的禪宗，相去何止千里之遙。因此我們可以結論說，時至今日，發生在

二十世紀上半葉的以禪宗為橋梁的一輪東西方文化交流和會通，差不多以失敗告終。即使不能武斷地冠以「失敗」二字，但至少是讓我們深感遺憾，卻是不爭的事實。

另一件文化事件是心理學家榮格（西元 1875～西元 1961 年）對東方文化的喜愛和吸收。在榮格博士的中晚年時期，對道家內丹學代表作——《太乙金華錄》（西方譯名為《金花的祕密》）和印度教、佛教密宗文化中的曼陀羅（壇城）發生了極大的興趣，並聲稱對這兩者的研究給他的分析心理學建設，起到了不可或缺的巨大啟發。受榮格博士的影響，道家內丹術和印度文化中的曼陀羅在西方一度很為流行，在某些範圍內引發了中國或東方文化熱潮。但若深入研究榮格在各種文章和著作中論及的關於對內丹和曼陀羅的理解，與東方文化所賦予它們的真正內涵，出入很大。稍作用心比照，不難發現榮格對道家內丹修煉和曼陀羅象徵的內涵等的理解，始終停留在很淺表的層面，像個剛入門的小學生。即使在「後榮格時代」，榮格學術思想的繼承者們，對道家內丹學、曼陀羅、自性、共時性（即相應性）等中國和東方文化的一些核心思想和哲學學說，他們的理解和見地並沒有比榮格多出多少，或更為深入多少，仍然處在膚淺、零碎、猜測或削足適履等思想文化交流過程中的初級階段。至於那些在榮格及其追隨者們的影響下，以趨時鶩、獵新奇或為了迎合民眾的態度，來談論和炒作中國道家內丹修行和印度瑜伽修行，以及曼陀羅、神通、咒語、冥想、開悟等概念和術語的文章或書籍，則更是等而下之。

以榮格心理學為橋梁的一次東西方文化對話和會通，我們同樣遺憾地看到，這仍然是一次不成功的對話和交流（乃至後來的馬斯洛「超個人心理學」與東方文化的對接，半個世紀下來，如今依然處於很初級的探索階段）。從鈴木大拙的禪學到榮格的心理學，向我們反映了兩點事實：第一點，真正的東西方文化對話和會通尚未正式開始；第二點，就整體而言，西方學者對中國文化的理解始終處在膚淺、恍惚、零碎、曲解和猜測等極為初級的階段。

什麼是國學——中國人文化身分的認同

「國學」又名「漢學」或「中國學」，乃「中國傳統思想文化」之別名也。「國學」這個概念中國歷史上就有，《周禮》、《漢書》、《後漢書》、《晉書》等書籍裡，都有「國學」這一概念。被稱為宋初「四大書院」之首的「白鹿洞書院」（餘為登封嵩陽、長沙嶽麓、商丘應天），但在朱熹將其擴建之前，它並不叫白鹿洞書院，而是叫「白鹿洞國學」。

「國學」作為一個現代學術的概念是什麼時候出現的呢？至少從我們現在掌握的材料，1902 年梁啟超和黃遵憲的通信裡面，就開始使用「國學」的概念了。在 1902 至 1904 年，梁啟超寫《中國學術變遷之大勢》裡面最後一節，又使用了「國學」的概念。他說現在有人擔心，「西學」這麼興旺，新學青年吐棄「國學」，很可能「國學」會走向滅亡。梁啟超說不會的，「外學」越發達，「國學」反而增添活氣，獲得發展的生機。他在這裡再次用了「國學」的概念，而且把「國學」和「外學」兩個概念比較著使用。1922 年，北京大學「國學門」成立，1925 年清華大學「國學研究院成立」。在 1923 年，北京大學「國學門」出版了一個刊物，叫《國學季刊》。

「國學」一詞於英文可譯為「guoxue」（音譯）、「Sinology」（意譯，指中國學或漢學）。「國學」一詞是指，以先秦經典及諸子學說為根基，涵蓋兩漢經學、魏晉玄學、隋唐佛學、宋明理學和同時期的漢賦、六朝駢文、唐宋詩詞、元曲、明清小說與歷代史學等一套獨特而完整的文化、學術體系。這是縱向地理解「國學」一詞之所涵。若橫攝地理解「國學」一詞之旨，它包括中國古代的思想、哲學、歷史、地理、政治、經濟，旁及書畫、音樂、術數、醫學、星相、建築等諸多方面。

國學就是中國傳統文化。那什麼是「文化」呢？群經之首的《易經》賁卦的象辭上講：「剛柔交錯，天文也；文明以止，人文也。觀乎天文以察時變，觀乎人文以化成天下。」「文化」一詞自此而來。文化就是將人性中的一切所涵，黑暗沉墜的東西給予扭轉化除，光明積極的一面給予彰顯貞定，如此流布傳播於四方，以化成天下。文化是一個民族之精神的基因，心靈的胎記，生命的家園，人生的歸宿，是一個民族的凝聚力所在和身分認同的標識。一個民族與它的文化之間，是血與肉的關

係，是形與影的關係，故一榮俱榮，一衰俱衰，相互間須臾不可離也。

那麼，中國傳統文化從大體上看，它有哪些主要特徵呢？

1. 中國文化最為悠久

全世界只有兩個偉大的文化傳統最為悠久──那就是四大文明古國裡的中國和印度。相對於印度而言，中國文化有印度所不可企及之處。

首先，就是中國文化在其發軔之初，即自覺地生起追求長久之願望，自覺地生起維護道統不絕之誓願。中國有捨生取義的傳統。在捨生取義中，就包括如果有必要，隨時可為文化和道統而獻身這一內容。在中國學人心目中，文化、道統、學術和傳承等都是平等於生命之物，甚至高於生命之物。中國文化雖經無數曲折，一再死而復生，綿延不絕，這與大多數中國學者皆自覺地擁有強烈的文化傳承意識與文化擔當精神，是分不開的。

為國家、為民族而主動殉身者，各國皆有；為宗教信仰或為神靈巫術而主動殉身者，各國皆有；為愛情或友情等而主動殉身者，各國皆有。但如王國維者輩，為一個文化、為一個道統而殉身者，此乃中華學者所獨有道義擔當，世界各國皆無。這是中國文化獨特之處──自始即有自覺追求其長久之願望，更有自覺擔當起維護其長久之責任。

其次是天不變，道亦不變。中國人始終堅持認為，我們的文化是如實地反映天地人物之真相與本性的文化，是順天之道、順人之性形著而成之文化，是順事之理、順物之勢形著而成之文化。也即是說，中國文化是順天地之常、順人倫之常的文化，故這種文化即可以說是人們創造的，人們發明的，也可以說是天造地設的，本來即有的、本來當有的、本來已有的文化。中國文化是「人法地，地法天，天法道，道法自然」的文化。如此，這種文化即是源自先天的文化，是存在型的文化，而不是構造型文化。最精確地定義這種文化的是孔子：「夫大人者，與天地合其德，與日月合其明，與四時合其序，與鬼神合其吉凶，先天而天弗違，後天而奉天時。」如果將這句話中的「大人」換為「中國文化」不僅無損於這句話的真意，且能助我等了知中國文化之特性。

因中國文化是「天」的文化，是「道」的文化，故先輩對中國文化早有一個評斷：「天不變，道亦不變」。中國文化是一個天地間的常道文化，是人倫間的常道文化。只要有天地在，只要有人倫在，這個文化

就必然存在，因為這種文化是與天地同在、與人倫同在的文化。

設若中國文化因某種原因從地球上消失了，另有聖賢出世，為億萬人民身心之安頓計，重開創一種新的文明，那麼這種新的文明形態必然與中國文化相同或相似，不可能有太大的出入與悖逆——這就是中國先輩們對自己的文化的肯認與自信。《老子》曰：「天長地久，天地所以能長且久者，以其不自生，故能長生；是以聖人後其身而身先，外其身而身存，非以其無私邪，故能成其私。」——這就是中國的常道文化之所以「天長地久」之理由。這句話同時也解答了，為什麼中國學者將自己的文化與天地終極之常道一體而觀之，視殉身文化就是以身殉道，就是將渺小的個人與天地合其德的一種方式——類似於西方人為上帝殉道。

西方人抨擊我們的文化裡沒有宗教——我們是沒有像西方基督教式的宗教，我們沒有神靈和上帝，但我們有「天」，有「道」，有「法」，天、道、法就是我們的敬拜對象，就是我們的上帝，我們的文化就是我們的宗教之教義。因我們的文化是人文文化，我們的宗教自然也就成了人文宗教。在這個人文宗教中，我們同樣可以實現西方基督教所推崇出來的全部人之美德：獻身、熱情、無我、虔誠、奮鬥、超越、犧牲、重德、博愛等等，而無一遺漏之，且以更為善巧之方式而貞定之，成全之，充實之。

2. 人口最多，地域最大，歷史最久的文化圈

中國自古人口眾多，地域跨度大，全世界所僅有。在地域如此廣大，人口如此眾多，歷史如此悠久，外族入侵如此頻繁的情況下，中華民族始終屹立不倒，分久必合，形成天下一統，中國一家之局勢。究其原因，實賴我中國文化內含超強凝聚力之故也。中國文化中所含有的和平、慈愛、禮讓、博大、穩健和圓融等諸要素，造就了中國這個國家與各國歷史相比較，它有著更強健的感召力、同化力、再生力和意志力，因而塑造了中華民族和中國人特有的世界觀、價值觀、人生觀和特有的性格。

《易經》形容「易」曰：寂然不動，感而遂通。易的這一特質與中國文化的根本特質完全一致——因為中國文化的源頭就是易經文化。中國文化如天地一般最為顯著——世上再也沒有什麼東西比之天地更為顯著的了，但中國文化也如天地一般最為無形——世之人終日生活於天地間，而於天地熟視無睹，故天地在觀者心目中，成為一隱形之存在。中

國文化亦復如是——若視中國文化為顯著，它也的確很顯著，若論中國文化為無形，它也的確為「潤物細無聲」般的無形。以其無形，故謂中國文化「寂然不動」——視之不見，聽之不聞，搏之不得，如此這般地如如而在，但中國文化卻又是「感而遂通」的——即感即應，隨感赴應，「千江有水千江月」。雖千萬里之外，雖千百年之後，隨感而至，無往而不應。中國文化此等文而化之之力，此等文而明之之威，於世界民族之林中，一枝獨秀。故中國文化是印度文化勉強可以比肩的世界上最為博大而精深之文化體系，涵孕出世界上最強大也是最持久的文化圈——漢文化圈。

3. 中國文化歷久彌新

德國歷史學家和歷史哲學家奧斯瓦爾德・斯賓格勒（西元 1880 ～西元 1936 年）寫過一本影響廣泛的著作，名為《西方的沒落》。在這本書中，作者有一個著名的觀點，就是「文化花期論」。斯賓格勒認為，文化的興盛是有季節性的，就像花朵，且它們的季節只有一次，季節過後，剩下的只有凋零。在斯賓格勒看來，東方文化或者說中國文化的花季已經過去了，現在是西方文化當令的時代，正是西方文化之花盛開的季節。但西方文化雖然正在花季中，但也不要得意太早，因為它也有花果凋零之時。斯賓格勒的這個文化觀，得到不少包括中國學者在內的支持和認同。

西方文化是不是如斯賓格勒所言，我們可以拭目以待。但我們想表達的是，斯賓格勒的文化觀不是唯一的文化觀，我們中國文化有著與斯氏全然不同的文化觀——生生不息的文化觀。中國人視自己的文化生命，既不是斷滅論，也不是恒常論。斷滅論就是如同斯賓格勒「文化花期論」，季節一過，如一個青春不再的老婦，枯守著無可奈何花落去的淒涼晚景。恒常論就是一廂情願地認為一個文化必然會一盛永盛，一強永強，萬歲、萬歲、萬萬歲。斷常二論在中國人看來，都不是文化生命當有之命運。中國文化的命運既不會斷滅，也不是恒常，而是波浪式前進，或再生式前進——如鳳凰涅槃那樣，不斷地從自己的灰燼中自發地、自覺地和自然地不斷更新著和再生著自己，而且在每一次的自發與自覺的更新與再生後，會變得更有生命力，更為美麗。故中國文化是龍鳳文化——如龍一般集百家之精華，也如鳳一般不斷地涅槃重生。

保證中國文化如鳳一般可以不斷地通過重生而獲得新的生命力和新

的創造力的原因是：中國文化是一個非常成熟的文化，這個文化在其初始階段，即包含著極深刻的自我反省能力。這使中國文化有著這樣的幾個特色：很強的生存能力；很強的超越能力；很強的自覺（反省）能力。這三大能力確保中國文化能夠達到日久彌新，能夠達到即使經歷了毀滅性的災難，也能迅速地如鳳凰涅槃般地重生──這就是中國文化無與倫比的自我拯救和自我更新的超強生命力。

4. 儒佛道是中國文化的主流

　　中國文化大體上分為兩個發展階段：漢以前和漢以後。在漢以前，中國文化以儒、道、墨三家為主體。秦後墨家式微，退出歷史。整個有漢一朝在思想文化上只有儒道兩家。迄至東漢明帝時，史籍正式記載，印度佛教開始傳入我國。自此，中國文化格局逐步走向定型──以儒佛道三家為主幹。這三家文化體系彼此融攝、會通、比照、互動、衝突、借鑒，援引另兩家為參照的自身反省，如此構成了交錯互動、此起彼伏的中國文化發展史。

　　自東漢始，中國人開始全面吸收和消化另一個文明古國──印度的文化精華──佛教文化。佛教文化是印度文化的精神之花，是印度文化的精粹和生命所在。整個印度文明用了數千年的奮鬥，只是為了促成佛教的誕生。事實上，佛教也沒有令印度人失望，如約而來，應運而生。佛教誕生後，擷取和融攝了印度數千年來的智慧成果。佛教對印度文化裡的哲學、宗教、文學、修行、藝術、倫理等等，給予了最為徹底和全面的反省、整合、提煉，令印度文化從此獲得了巨大的飛躍──而這一切皆肇始於大聖釋迦牟尼佛的開悟和悟後四十九年的傳法佈道。這一代表印度智慧乃至人類智慧最高成果的佛教，同樣贏得了中國人的敬重與喜愛。在中印兩國人民齊心合力下，用了上千年的時間，來吸收和消化這個文化、這個智慧體系。最後終於成功地將這門文化吸收進來，並給予了很好的消化與創新，形成了一個新型的佛教──中國佛教。這個全新的中國式佛教與印度舊時之佛教相比，有如下之不同：

　　(1) 佛教文化的傳承者由在印度時以出家和尚為主，轉為在中國以出家在家兩眾共主，有時則以在家眾為主。

　　(2) 佛教文化在印度時經論散亂，到中國後，中國人花大力氣翻譯和整理佛教經論，並集結歸類，形成了《大藏經》這一佛教經律論三藏之

總彙，大大方便了學者的研習和傳播。

(3) 佛教文化在印度時思想流派混雜，到中國後，中國佛教學者進行了深入的疏理和體系化，繼而創立了中國佛教特有的八大兩小，共計十個宗派（唐初法藏大師所創之華嚴宗；唐玄宗時善無畏、金剛智、不空大師所創之密宗；唐太宗時玄奘大師所創之唯識宗；東晉時慧遠大師所創之淨土宗；唐初終南山道宣律師所創之律宗；隋唐時吉藏大師所創之三論宗；唐武則天時慧能大師所創之禪宗；隋時智顗所創之天臺宗；梁武帝時真諦三藏法師所創之俱舍宗；姚秦時僧睿法師等所創之成實宗）。這八大兩小十個宗派在中國的相續誕生，標誌著佛教思想文化在此前吸收了印度數千年的文明和智慧成果的基礎上，進入到一個全新的階段——開始融攝和吸收了中國思想文化的智慧和成果。故中國佛教十個宗派具是中印智慧之結晶，漢印文化會通的成果。

(4) 傳入中國後的佛教在規章制度、生活習慣、思想傾向等方面大大的中國化了，在某些方面甚至出現了相反的轉化。同時，佛教在接受中國化改造過程中，也在全方位並持久地影響著中國的文學、藝術、風俗、建築、信仰、倫理和人生觀、世界觀和價值觀等。佛教中國化的過程，同樣也是中國佛教化的過程。佛教傳入中國不久，中國人即接受佛教為「我們自己的宗教和文化」。中國傳統文化因而增加了一個重要的成員——佛教文化。

(5) 印度向來不重視歷史，印度文化中沒有歷史意識和歷史視角。而中國是「歷史學家的天堂」，是世界上最重視歷史記載和歷史意識最強的民族。佛教進入中國，被影響後，也開始注重佛教的歷史記載和研究，也開始了歷史意識的覺醒和習慣於用歷史視角來考量佛學。

(6) 儒道兩家不喜歡宗教儀式和信仰體系的建設，而是將宗教的功能和作用融攝於人文之中，成為一個「實踐的宗教」「生命自覺的宗教」，而不是一個「信仰的宗教」「求神靈或菩薩救贖的宗教」。受此影響，佛教傳入中國後，很注重佛教哲學的闡述和生命自覺的提倡，而大大地淡化了佛教通過信仰來獲得救贖的強調。儘管時至今日，佛教仍然沒有完全脫去它作為一個有著豐富而獨立的信仰體系的宗教擁有的所有宗教都有的偶像崇拜、教主、神靈譜系、儀軌和信眾等，但就其教義上大大增加了哲學思辨和學術內涵，以及對理性、知性和邏輯等的重視與提倡，卻是顯而易見的歷史事實。這些讓佛教除了始終是一個有國際影響的大

宗教之外，它更是一個博大精深的生命哲學、倫理學、邏輯學、美學、史學等學術體系。

自東漢以後，中國文化以儒佛道之三足鼎立為其不變的格局綿延至今，佛教作為印度文化之核心和代表全盤移植到中國，並成為中國文化的一個重要有機組成部分，這充分說明，中國文化是由中印兩個文明古國和文化大國的文化匯流而成的，是中印兩國人民的智慧之結晶。故中國文化實是整個東方文化之代表，它融攝了印度河文明、恒河文明和黃河文明、長江文明這四條大河之文明成果。

《周易·系辭傳》曰：「範圍天地之化而不過，曲成萬物而不遺。」以這句話來形容儒佛道三家文化之特性是十分貼切的。就特性而言，儒家以德立體，所求在於德性之知（德智）和德性之理，可簡稱「性智」與「性理」。此智為道德創造之智，故曰「德智」或「仁智」；此理為道德的先天存在之理，故曰「天理」或「性理」。此仁智和天理為宇宙之基、人倫之本、道德之源、智慧之體，先天地已在，後天地不滅。故可創造出人倫和天地萬有一切，為一切價值與意義之所依所本。在儒家看來，道德之源即天地之源、萬有之源、人生之源、生命之源，更是人存在的價值與意義之源，儒者在此基礎上立言、立功、立德，在此基礎上成就文化創設。

……

後記

2012 年秋，我自印度訪學歸國不久，百事纏身，只能勉強抽出一個月左右的時間從事著述。於是我來到南國某城開始閉關寫作。當時計畫在這一個月的時間內寫作出一部關於《心經》的注解之書和一篇關於國學的長文。當我把《心經》注解出來時（即現在大家看到的《直指生命的真相──〈心經〉直解》一書），所剩僅幾日而已。雖然我在這有限的幾天內晝夜不停地寫作，遺憾的是只能完成一小部分──就是大家看到的這個半篇《新國學宣言》。出關後，我四處講學並主持東方生命研究院的日常教務與科研工作，「偷得浮生半日閑」對我來說幾成奢望，故這個殘文至今無法完璧。與其完璧無期，不如早早公佈出來，以就教於方家。姑且告慰自己曰：殘缺也是另一種美。

就某方面而言，像《新國學宣言》這樣的文章是寫不完的，她永遠在路上。故此文僅僅是一個拋磚引玉之作，需要所有志在國學復興者和民族復興者共同來繼寫，若干年後，方可成就一篇真正的輝煌之著。

潘麟
記於長安

《大學》廣義

作　　　者／潘麟
出 版 統 籌／秦鼎文流實業有限公司
美 術 編 輯／孤獨船長工作室
責 任 編 輯／許典春
企畫選書人／賈俊國

總　編　輯／賈俊國
副 總 編 輯／蘇士尹
編　　　輯／高懿萩
行 銷 企 畫／張莉滎・廖可筠・蕭羽猜

發　行　人／何飛鵬
法 律 顧 問／元禾法律事務所王子文律師
出　　　版／布克文化出版事業部
　　　　　　臺北市中山區民生東路二段 141 號 8 樓
　　　　　　電話：(02)2500-7008 傳真：(02)2502-7676
　　　　　　Email：sbooker.service@cite.com.tw
發　　　行／英屬蓋曼群島商家庭傳媒股份有限公司城邦分公司
　　　　　　臺北市中山區民生東路二段 141 號 2 樓
　　　　　　書虫客服服務專線：(02)2500-7718；2500-7719
　　　　　　24 小時傳真專線：(02)2500-1990；2500-1991
　　　　　　畫撥帳號：19863813；戶名：書虫股份有限公司
　　　　　　讀者服務信箱：service@readingclub.com.tw
香港發行所／城邦（香港）出版集團有限公司
　　　　　　香港灣仔駱克道 193 號東超商業中心 1 樓
　　　　　　電話：+852-2508-6231 傳真：+852-2578-9337
　　　　　　Email：hkcite@biznetvigator.com
馬新發行所／城邦（馬新）出版集團 Cité(M) Sdn. Bhd.
　　　　　　41, Jalan Radin Anum, Bandar Baru Sri Petaling,
　　　　　　57000 Kuala Lumpur, Malaysia
　　　　　　電話：+603-9057-8822 傳真：+603-9057-6622
　　　　　　Email：cite@cite.com.my
印　　　刷／卡樂彩色製版印刷有限公司
初　　　版／2020 年 1 月
售　　　價／330 元
Ｉ Ｓ Ｂ Ｎ／978-986-5405-12-0

城邦讀書花園　布克文化
www.cite.com.tw　www.SBOOKER.COM.TW